A PROJECT BASED COURSE OF INNOVATION AND ENTREPRENEURSHIP FOR COLLEGE STUDENTS

大学生创新创业项目化教程

主　编　雷玉梅

副主编　陈彦晓　葛丹阳　张妍珲

ZHEJIANG UNIVERSITY PRESS
浙江大学出版社
·杭州·

图书在版编目（CIP）数据

大学生创新创业项目化教程/雷玉梅主编. —杭州：浙江大学出版社，2023.1（2024.1重印）
ISBN 978-7-308-23327-9

Ⅰ. ①大… Ⅱ. ①雷… Ⅲ. ①大学生－创业－教材
Ⅳ. ①G647.38

中国版本图书馆CIP数据核字（2022）第226055号

大学生创新创业项目化教程
DAXUESHENG CHUANGXIN CHUANGYE XIANGMUHUA JIAOCHENG
雷玉梅 主编

责任编辑 李 晨
责任校对 高士吟
责任印制 范洪法
封面设计 周 灵
出版发行 浙江大学出版社
（杭州市天目山路148号 邮政编码 310007）
（网址：http：//www.zjupress.com）
排 版 杭州林智广告有限公司
印 刷 杭州宏雅印刷有限公司
开 本 787mm×1092mm 1/16
印 张 17.25
字 数 380千
版 印 次 2023年1月第1版 2024年1月第2次印刷
书 号 ISBN 978-7-308-23327-9
定 价 45.00元

PREFACE 前言

改革开放40余年来，我国的经济和社会发生了翻天覆地的变化，创业者和企业家在其中功不可没。从改革开放初期允许个体户经商到当下大力弘扬优秀企业家精神，创业的价值越来越被肯定。

习近平总书记在党的二十大报告中指出：“教育、科技、人才是全面建设社会主义现代化强国的基础性、战略性支撑。必须坚持科技是第一生产力、人才是第一资源，创新是第一动力，深入实施科教兴国战略、人才强国战略、创新驱动发展战略，开辟发展新领域新赛道，不断塑造发展新动能新优势。”[①]其中“创新创业”论述涉及了文化、科技、人才、体系、项目、战略、企业、营商环境、实体经济等22条。创业教育要立足于创新，培养多元化人才。培育更多具有创新意识、创新精神、创新本领的高质量人才，为国家“大众创业、万众创新”的发展战略汇聚青年力量。

近年来，为深入贯彻落实习近平总书记关于教育的重要论述和党中央、国务院的决策部署，教育部实施了一系列有力措施促进创新创业教育改革，特别是联合11家中央单位和地方省级人民政府，打造了中国国际“互联网+”大学生创新创业大赛，到2021年已经是第七届。目前，大赛已经成为高等教育领域落实立德树人根本任务、提高人才培养质量的重要举措，成为推动高校创新创业教育改革的重要平台，成为展示新时代高等教育教学改革成果的重要窗口，成为世界大学生实现创新创业梦想的全球盛会。

在“大众创业、万众创新”的今天，中国国际“互联网+”大学生创新创业大赛顺利举办，各高校都在大力推进创新创业教育，不断深化创新创业教育改革。大学生创业逐渐成为社会热点话题，越来越多的大学生在毕业后投身创业的浪潮，并取得了骄人的成果。目前，各高校都开设了大学生创新创业的课程，为了更好地帮助

① 习近平．高举中国特色社会主义伟大旗帜　为全面建设社会主义现代化国家而团结奋斗——在中国共产党第二十次全国代表大会上的报告 [J]. 先锋，2022（10）：24.

大学生走入社会，开创事业，实现创业梦想，我们编写了《大学生创新创业项目化教程》。

本书在参考、借鉴部分同类书籍的基础上，形成了自己的编写特色。

第一，体现“立德树人”教育理念。在书中增加了“思政目标”，使课程与思想政治教育方面的部分内容同向同行，形成协同效应，帮助学生在学习知识的过程中形成正确的世界观、人生观和价值观。

第二，符合能力素质培养要求。本书从大学生的能力要求、心理素质、创业环境、创业能力与创业流程等方面进行详细阐述，引导大学生树立创新意识，培养创业精神和创业能力。

第三，融入丰富的创业案例。本书含有大量的案例，包括大学生创业案例、优秀创业者的创业案例等。这些案例真实有趣，具有很强的可读性和参考性，大学生可以从中得到感悟并吸取经验和教训。

第四，充分利用新形态教材技术。书中添加了二维码，大大丰富了学习资源。

第五，按照项目化、任务式框架编排。本书共分三大模块，细分为13个项目、42个任务。创新创业背景模块设有认识创新创业教育、互联网+创业2个项目；创新创业基础模块设有创业者及其素质的培养、创业团队的组建与管理、创业机会的识别与评价、商业模式的设计与创新、创业资源的整合、创业市场的细分与调查、创业计划书撰写7个项目；创新创业实践模块设有企业的注册与选址、企业的运营与管理、企业的风险规避与防范、创新创业大赛实践4个项目。

本书是济源职业技术学院立项的新形态教材，由雷玉梅担任主编，陈彦晓、葛丹阳、张妍珲担任副主编。在本书的编写过程中，参考、借鉴了部分专家学者的专著和教材，在此对这些专家表示由衷的感谢。

随着时代的进步与发展，创新创业的相关研究也在不断进步和发展，新的研究成果和思想不断出现。由于编者时间和水平所限，书中难免会出现内容的疏漏和不足之处，敬请广大读者批评指正，以便日后修订完善，不胜感激！

编者

2022年11月

目 录

CONTENTS

C O N T E N T S

C O N T E N T S

模块 1

创新创业背景

项目 1
认识创新创业教育

知识目标

1. 了解高校创新创业教育的内涵、意义和新形势。
2. 掌握创新与创业的概念、特征和类型。
3. 掌握创新与创业的关系。
4. 了解创新创业对大学生人生发展的影响。

能力目标

1. 能够初步树立创新创业意识。
2. 能够自觉接受创新创业教育。

思政目标

1. 通过对创业类型的了解，理解任何事物都存在多面性，我们在看待事物时要尽可能全面。
2. 通过对创新创业的了解，理解创新创业对国家和民族的重要作用。

案例引入

找准创业切入点

吴雨奇是“90后”大学生创业者，是海马体照相馆的创始人、高级副总裁。大三时，她就开始在浙江省杭州市下沙高教园区创办了缦图摄影，一路克服了众多细碎的难点痛点，比如，怎样和用户高效沟通，如何研发产品，资金是否匹配发展规模，如何招引人才……她认为，探索未知的过程是有趣的，也带着迷茫。2020年开始，企业重新梳理创业方向和愿景，打造线下体验和线上智能服务，以应对未来更多挑战。

她说，照相算是传统行业，以前大家对照相的印象停留在婚纱摄影等业态，海马体融入年轻人喜欢的场景元素和消费习惯，打造家庭合影、节日留念、人生重要节点记录等情感体验，用影像力量感染更多受众。

吴雨奇说，大学生创业者要找准创业方向，比如，一些传统行业值得用互联网模式进行重塑。当有一个好想法但没有思考成熟时，需要对用户进行深入观察，深度思考创业的核心能力和对象用户资源，进而找到最适合切入的细分场景，“不要急于求成，先想清楚创业产品能够服务的范围，再着手去做，这样创业落地会更顺利”。

成功者往往都是有独到见解的人，他们总是从不同的角度看问题，从而能不断产生创意，发现新的需求。不仅要看到市场的需求是什么，还要注意事物间的联系。

任务1 认识高校的创新创业教育

一 创新创业教育内涵

创新创业教育是以培养具有创业基本素质和开创型个性的人才为目标，不仅仅是培育在校学生的创业意识、创新精神、创新创业能力的教育，更是面向全社会，针对那些打算创业、已经创业、成功创业的创业群体，分阶段、分层次地进行创新思维培养和创业能力锻炼的教育。创新创业教育本质上是一种实用教育。

认识创新创业教育

高等院校的创新创业教育是高校向大学生传授创业知识、增强创业意识、培养创业精神、提高创业能力的教育。创新创业教育具有以下特征。

（一）先进性

创新创业教育不是局限于现在，而是精确瞄准了未来教育的趋势和需要，是一种先进的、科学的、全新的教育理念和模式。

（二）实践性

社会实践是创新创业教育必不可少的组成部分，能够使大学生更好地掌握创业技巧，学习融入社会。

（三）灵活性

创新创业教育没有固定的模式，总体灵活多变，可从成功案例、方针政策、创业实践、具体思考等方面综合运用。

（四）系统性

教育部有关文件强调要将创新创业教育纳入专业教育和素质教育体系，因此它的推行与实施具有系统性。

二 开展大学生创新创业教育的意义

（一）适应当前人才培养的需求和国家的发展战略

社会主义市场经济的发展，使我国经济与国际市场接轨，而参与国际市场竞争，就需要一批视野开阔、知识广博、具有市场开拓意识的创业者。这些素质的培养，正是创新创业教育的着力点。大学生的创新创业教育，可以挖掘学生的创业潜能，使其摆脱安于现状的心态，养成奋发进取、开拓创新的个性。

什么是创新

当前，我国把鼓励创业、支持创业摆到了更加突出的位置。我国人口多，就业任务重，就业压力长期存在。扩大就业，不仅要保持一定的经济发展速度，为劳动者尽可能多地提供就业岗位，更要营造良好的创业环境，鼓励开展各种类型的创业活动，以创造更多的就业机会。开展大学生创新创业教育，不仅能够促进高校毕业生充分就业，而且能够促进经济结构的调整和产业结构的升级，符合国家制定的战略方向。

（二）实现高等教育大众化和变革的必然选择

目前我国的高等教育已经进入大众化阶段，毕业生就业问题尤为突出。因此，大学生与社会力量合作、与家庭合作、与同学合作创造属于自己的产业，不仅是一种可能，而且也是一种必须。高等学校为社会输送了大量的毕业生，如果他们不能顺利地就业，就会反过来制约高等教育自身的发展，阻碍中国高等教育由精英教育向大众化教育迈进的步伐。高等教育大众化的实现，一方面提高了国民素质，另一方面也带来了巨大的就业压力。以往那种传统的就业教育观念已不能适应时代要求，必然要向新的创新创业教育理念转变。创新创业教育就是要改变就业教育思维模式，使高校毕业生不仅是求职者，而且成为工作岗位的创造者。高等教育承担着培养高级专门人才、发展科学技术文化、促进现代化建设的重大任务。我国的高等教育必须不断进行变革，才能够培养出适应经济社会发展所需要的创新创业型人才。从就业教育走向创业教育，是中国高等教育大众化和变革的必然选择。

（三）促进经济和社会发展的必然要求

经济全球化和生产国际化使得企业的竞争日益激烈，一方面推动了企业间的兼并、合作，另一方面也导致了大企业供应大市场的活动不断向小企业供应小市场的活动转移，这对于大学生创办知识型科技企业是一个有利条件。现今的社会需求正在日益多样化和个性化，这必然会对产品的多品种、小批量、个性化提出更高要求。在这种大背景下，很多新的行业、新的企业、新的产品不断涌现，中小企业具有相对优势。这种发展趋势为大学生自主创业带来了前所未有的机遇。

高校作为知识传播人才培养的社会组织，在知识的创造转化和人才培养等方面具有独特的优势，对于促进知识经济的发展具有举足轻重的作用。创新型经济时代的到来，迫切需要一大批高素质的人才去振兴传统工业，发展具有竞争力的新兴产业和高新技术企业，这为高校创新创业教育的开展提供了十分有利的环境。所以，从促进我国经济发展的角度来看，必须在高等教育中重视推行创新创业教育。

任务2 了解创新创业的基础知识

一 创新与创业的概念

（一）创新的概念

在西方，最先提出创新这一概念的是美籍奥地利经济学家约瑟夫·阿罗斯·熊彼特，他在自己1912年德文版的《经济发展理论》一书中，首先使用了创新（innovation）一词。他将创新定义为新的生产函数的建立，即企业家实行对生产要素的新的组合。它包括以下五种情况：一是引入一种新产品或提供一种新的产品质量；二是采用一种新的生产方法；三是开辟一个新的市场；四是获得一种原料或半成品的新的供给来源；五是实行一种新的企业组织形式。人们之所以要进行这些方面的创新，乃是出于经济原因，即强烈的利润动机和潜在的利润前景的驱使。

（二）创业的概念

对于创业，不同的学者从不同的角度给出不同的解释。有人认为，创业是创业者对自己拥有的资源或通过努力能够拥有的资源进行优化整合，从而创造出更大经济或社会价值的过程。还有人认为，创业是一种劳动方式，是一种需要创业者运营、组织和运用服务、技术、器物，进行思考、推理和判断的行为。在这里，我们将开创新事业、扩大现有的生产规模或改变现有的经营模式都归结为创业。

二 创新与创业的特征

（一）创新的特征

1. 目的性

创新是有目的的，其目的就是不断满足人类自身生存发展的需要。具体来讲，就是创新总是围绕着解决一定的问题而进行的，总是与完成某个任务相联系。所以，创新是一种有目的地认识世界和改造世界的实践活动。

2. 价值性

从创新的成果来看，创新具有明显、具体的价值，也就是具有一定的社会和经济效益。创新是各种社会事物进步与发展的共同因素，它能够满足人们的某种需要，促使企业获得成功，国家经济活力得到增强，社会取得进步。创新成果的价值可以分为社会价值、经济价值和学术价值。若没有价值，创新也就失去了意义。

3．新颖性

就创新的特性来看，创新是把新的或重新组合和再次发现的知识引入所研究对象系统的过程，是引入新概念、新东西和革新的过程，因而其成果必然是新颖的，与过去相比具有新的因素或成分。原有事物的内容和形式正是由于增加了新的因素而得以更新、发展和突破。“求新”是其灵魂，没有“求新”的变革，称不上创新。

4．先进性

先进性就是与旧事物相比具有相对优势。创新在多大优势上优于已有的和现存的事物，这是人们是否愿意采纳创新成果的关键。一个创新产品的先进性主要体现在：结构更合理、功能更齐全、效率进一步提高，等等。一个创新的管理方法的相对优势表现在：提高了利润、降低了成本、调动了人的积极性、提高了管理效率，等等。如果不具有先进性，新事物就不可能替代旧事物，创新就失去了意义。另外，创新的先进性还体现在它代表了事物的发展规律和趋势。

5．发展性

创新是一个不断发展的过程。创新发展是创造新知识、应用新知识并不断发展知识的过程。知识是创新之源，通过知识创新推动科技创新、文化创新、管理创新，以及其他各方面的创新。创新使知识生生不息，没有知识的不断更新，创新的源泉就会干涸。对知识的创造、应用、再创造、再应用，这种形式循环往复，以至无穷，而每个循环创造和应用的内容都进入了高一级的程度。这是人类创新永无止境、无限发展的客观规律。

6．变革性

就创新的实质来看，都是变革旧事物，使其更新，成为新的东西。“穷则变，变则通，通则久。”当遇到难以解决的问题时，就应该采用“变”的方式，如改变思考角度、方式方法、结构、功能等。“变”了，问题就解决了，即“通”了。这个由“变”到“通”的过程，就是创新的过程。故步自封，安于现状，不想变革，就没有创新。

7．再创造性

再创造就是对原有事物、现有知识和已有创新成果的再次发现和重新组合，既包括使知识达到新的深度和广度，又包括修正错误和更新知识；既包括从研究新情况、新问题中获得新知识和新成果，又包括从研究老情况、老问题中获得新知识和新成果。

8．层次性

根据人们解决问题的新颖、独特程度不同，可以将创新划分为以下三个层次：第一层次为高级创新，是指经过长期的研究和探索所产生的科学发现，它是一种从无到有、填补空白的创新活动。第二层次为中级创新，主要是指经过改革或发明，在原有知识和经验的基础上重组材料，获得有社会价值的技术革新。这一层次的创新已成为社会生产力发展的巨大力量。第三层次为初级创新，主要是指在别人率先创新的基础上，通过引进技术和购买专利等方式，消化、吸收而进行的一种创新。这是以跟踪当前国际先进水平并加以模仿为主的创新思路。

头脑风暴

如今，很多在职场打拼的女性都会开车上下班，所以她们往往会在车里放一双平底鞋。但这毕竟有些麻烦，所以“换鞋”问题成了这类人群的痛点。对女鞋市场具有较高市场敏锐度的赵明发现了这一市场需求，便萌生了研制换跟鞋的想法。赵明的父亲开了一家女鞋加工厂。工厂的研发团队人才济济，有高等院校教授、早期3D打印机研发者、民间老工匠等。强大的研发实力给了赵明充足的信心。父亲在听取赵明的创新想法后表示支持，并为他提供了研发和生产所需的人才与资金。历经一年时间，赵明和他的团队成功研制出了第一批换跟鞋。虽然目前市场上已经有换跟鞋，但它们大多数工艺不达标，消费者穿上后体验不佳，因此销量不理想。而赵明团队研发的换跟鞋的鞋掌部分采用了特殊工艺，使鞋跟与鞋掌紧密贴合，提高了消费者上脚的舒适度，同时鞋跟还能轻松拆卸。因此，赵明对本次研发的换跟鞋的销售前景十分看好。再过几天，赵明将举办一场新品发布会，公开发布自己研制的换跟鞋。

问题讨论：

（1）赵明是采用何种方法来创新的呢？

（2）创新的前提是创意吗？是不是有了创意就可以实现创新呢？

（二）创业的特征

1. 自主性

自主性即创业应是完全凭借创业者自己的力量完成的，整个创业过程是由创业者自己主导的，而不是由他人主导的。创业者运用自己的资本、知识和技能，自主进行产品开发、生产或提供服务，是一种完全独立自主的行为。这是创业和就业最主要的不同。

2. 创新性

创新性即创业者所创造的职业或事业是先前不存在的，只是通过创业者的作用才第一次诞生。因此，创业总是和创新联系在一起的。

3. 功利性

创业是一个创造财富、积累财富的过程，创业者尽管有不同的创业动机，但追求财富几乎是创业的最原始、最直接的动力。如果没有利益的驱动，人们就不会甘冒风险去创业，无论创业者采取什么手段或方式创业，其目的只有一个——获取利润，这是创业的共性。

4. 复杂性

从创业者的角度看，创业活动所涉及的内容要比打一份工复杂得多。创业者要研究分析各种环境因素，要随时根据市场变动做出正确的决策，要充分开发和利用身边的各种资源，组织协调企业内部的各种因素，要处理企业创办和经营过程中出现的各种情况，包括各种突发事件和风险挑战等。所以，创业是一个非常复杂的过程。

5. 风险性

正因为创业是一个复杂的过程，会面临许多不利的、不确定因素的影响，因而创业也充满了风险性。一旦创业过程中出现一些挑战而创业者应付不当，企业随时都有可能面临风险，甚至失败。创业的风险性可以从新创企业的存活率上反映出来。

三 创新与创业的类型

（一）创新的类型

创新若按属性划分，可以粗略地分为知识创新、管理创新、方法创新和技术创新四大类。

创新与创新的类型

1. 知识创新

知识创新就是对现有知识构成要素进行新的组合或分解，是在现有知识基础上的进步或发展，是在现有知识基础上的发明或创造。

2. 管理创新

管理创新就是对现有管理构成要素进行新的组合或分解，是在现有管理基础上的进步或发展，是在现有管理基础上的发明或创造。

3. 方法创新

方法创新就是对现有方法构成要素进行新的组合或分解，是在现有方法基础上的进步或发展，是在现有方法基础上的发明或创造。

4. 技术创新

技术创新就是对现有技术构成要素进行新的组合或分解，是在现有技术基础上的进步或发展，是在现有技术基础上的发明或创造。

（二）创业的类型

1. 依创业动机，分为机会型创业与就业型创业

①机会型创业指创业的出发点并非谋生，而是为了抓住、利用市场机遇。它以市场机会为目标，能创造出新的需求或满足潜在的需求。

②就业型创业指为了谋生而自觉地或被迫地走上创业之路。这类创业是在现有的市场上寻找创业机会，并没有创造新需求，大多属于尾随型和模仿型，因而往往小富即安，极难做大做强。

创业类型

2. 依创业起点，分为创建新企业与企业内创业

①创建新企业指创业者个人或团队从无到有地创建出全新的企业组织。自主型创业充满挑战和刺激，个人的想象力、创造力可得到最大限度的发挥，但风险和难度也很大，创业者往往缺乏足够的资源、经验和支持。

②企业内创业指一个已经存在的企业，由于产品、市场营销及企业组织管理体系等方面的原因，因而需要进行重新创建的过程。企业流程再造本质上也是一种创业行为。企业内创业是动态的，正是通过二次创业、三次创业乃至连续不断地创业，企业的生命周期才能不断地在循环中延伸。

3. 依创业者数量，分为独立创业与合伙创业

①独立创业指创业者独立创办自己的企业。其特点在于产权是创业者个人独有的，企业由创业者自由掌控，决策迅速。但它需要创业者独自承担风险，创业资源准备也比较困难，还受个人才能的限制。

②合伙创业是指与他人共同创办企业。其优劣势正好与独立创业相反。

4. 依创业项目性质，分为传统技能、高新技术和知识服务型创业

①传统技能型创业指使用传统技术、工艺的创业项目，它具有永恒的生命力。尤其是酿酒、饮料、中药、工艺美术品、服装与食品加工、修理等与人们日常生活紧密相关的行业，独特的传统技能项目表现出了经久不衰的竞争力，许多现代技术都无法与之竞争。

案例鉴赏

用视频弘扬中国文化

2015年，李子柒开始拍摄美食短视频，她的视频内容是以她大山深处的家为背景拍摄的。视频中，她亲自养殖鸭、羊，制作各种美食，制作书房四宝，制作家具服饰，等等。她选的食材不是自己种的，就是自己摘的。黄豆用来做豆腐和酱油，大米用来做年糕和米酒，竹笋、莲藕和香菇用来做笋干、藕粉和香菇酱。她还会钓鱼，会烤全羊，会自己做面包烤窑，会砍树并用树皮进行古法造纸，会剪羊毛织大毛衣，会用葡萄皮当染料和纱线缝汉服，会用竹子做沙发，会用旧门板做家具，还会绣花……她什么活都能做，什么菜都能做，什么事都能做（见图1-1）。她的视频不仅内容好，质量也很高，简直是一部部高质量纪录片，堪与央视播出的有“纪录片之母”美誉的《舌尖上的中国》相媲美，在众多上传微博平台的视频中脱颖而出，为网友们所热捧，迅速吸引了成千上万的粉丝。

图 1-1　李子柒自己做的雪花酥

《人民日报》评：没有热爱就成不了李子柒，没有热爱也看不懂李子柒。她的视频内容独具风格，让人耳目一新，满足了外国网友对中国的想象，堪称网络传播时代的中国“田园诗”。同时，李子柒的视频含有被外国网友广泛认同的情感需求和价值理念，满足了人们释放压力的心理需求。

央视新闻评：李子柒的视频，没有一个字夸中国好，但她讲好了中国文化，讲好了中国故事。她只是默默地在那里干着农活，偶尔地跟奶奶说几句四川方言，但全世界各地的人，却开始了解“有趣好看”的中国传统文化，并纷纷夸赞中国人的勤奋、聪慧，进而开始喜欢中国人，喜欢这个国家。不得不说，李子柒是个奇迹，一颗平常心做出了国际文化传播的奇迹。

②高新技术型创业指知识密集度高，带有前沿性、研究开发性质的新技术、新产品项目。

③知识服务型创业指为人们提供知识、信息的创业项目，如律师事务所、管理咨询公司、广告公司等。这类项目投资少、见效快。

6. 依创业方向或风险，分为依附型、尾随型、独创型和对抗型创业

①依附型创业可分为两种情况：一是依附于大企业或产业链而生存，为大企业提供配套服务，如专门为某个或某类企业生产零配件，或生产、印刷包装材料；二是使用特许经营权，如加盟华莱士、瑞幸咖啡等。

②尾随型创业即模仿他人创业，“学着别人做”。其特点一是短期内只求能维持下去，随着学习的成熟，再逐步进入强者行列；二是在市场上拾遗补缺，不求独家承揽全部业务，只求在市场上分得一杯羹。

③独创型创业指提供的产品或服务能够填补市场空白。大到商品独创性，小到商品的某种技术的独创性。

④对抗型创业指进入其他企业业已形成垄断地位的某个市场，与之对抗较量。这类创业风险最高，必须在知己知彼、科学决策的前提下，抓住市场机遇，乘势而上，把自己的优势发挥得淋漓尽致。

7. 依创新内容，分为基于产品、营销模式与组织管理体系创新而创业

①基于产品创新而创建企业，指基于技术创新或工艺创新等产生了新的消费者群体，从而导致创业的行为发生。

②基于市场营销模式的创新而创建企业，指采取了一种有别于其他厂商的市场营销模式，因而有可能给消费者带来更高的满意度。

③基于企业组织管理体系创新而创建企业，指采取了一种有别于其他厂商的企业组织管理体系，因而能够更高效地实现产品的商业化和产业化。

任务3 掌握创新与创业的关系

一 创新与创业的关系

（一）创新是创业的基础，创业推动着创新

从总体上说，一方面，科学技术和思想观念的创新促进了人们物质生产和生活方式的变革，产生了新的生产生活方式，进而为整个社会不断地提供新的消费需求，这是创业活动之所以源源不断的根本动力。另一方面，创业在本质上是人们的一种创新性实践活动。无论是何种性质、何种类型的创业活动，它们都有一个共同的特征，那就是创业是主体的一种能动性的、开创性的创新活动，是一种高度的自主行为。创业实践的过程中，主体的主观能动性将会得到充分的发挥，正是这种主观能动性，充分体现了创业的创新性特征。

（二）创新的价值在于创业

从一定层面上讲，创新的价值在于将潜在的知识、技术和市场机会转变为现实的生产力，实现社会财富的增长，造福于人类社会，而这种转化的根本途径就是创业。

（三）创业推动并深化创新

创业可以推动新发明、新产品或新服务的不断涌现，创造出新的市场需求，从而进一步推动和深化各方面的创新，进而提高了企业甚至是整个国家的创新能力，推动了经济的增长。

二 创新对创业的作用

（一）创新能够帮助创业者开拓市场

创新能够帮助创业者开拓新的市场，体现在两个方面，一是通过创新可以满足消费者的新需求，比如为了满足淘金的需要，发明结实耐磨的牛仔裤，从而开辟了工装裤的新市场。二是通过创新能够解决以前未能解决的问题，比如为了解决鱼类长途运输中死亡的问题，进行人工增氧，从而将鱼类产品投放到更远的市场上。

创新和创业的关系

（二）创新能帮助创业者赢得消费者

创新帮助创业者赢得消费者，体现在很多消费者有求新求异的心理，新颖的产品和服务能够吸引消费者关注并提高其消费欲望。

（三）创新能帮助创业者获得竞争优势

创新帮助创业者获得竞争优势，体现在三个层面：一是通过创新提高产品使用价值，增强产品竞争力；二是通过创新降低生产、存储、运输等成本，增加利润率；三是通过创新的方式进行宣传，提高产品知名度。

任务4 创新创业与大学生人生发展

一 创新与人生发展

（一）创新是大学生获取知识的关键

在知识经济时代，知识的增长率加快，知识的陈旧周期不断缩短，知识转化的速度猛增。在这种情形下，知识的接受变得并不重要，重要的是知识的选择、整合、转换和操作。学生最需要掌握的是那些涉及面广、迁移性强、概括程度高的“核心”知识，而这些知识并不是靠言语所能“传授”的，它只能通过学生主动的“构建”和“再创造”而获得，这就需要大学生的创新能力在其中主动发挥作用。

（二）创新是大学生终身学习的保证

随着高等教育规模的不断扩大，高等教育职能正在由精英教育向素质教育转化，学习也正由阶段教育向终身教育转化，学习将成为个人生存、竞争、发展和完善的第一需要。在知识无限膨胀，陈旧周期迅速缩短的情况下，大学生的社会职业将变得更加不稳定。在创新意识的指引下，大学生有能力在毕业之后，利用各种有利条件，根据所从事的工作不断完善自身的知识和能力结构，更好地达到完善自我和适应社会的目的，从而为终身教育打下坚实的基础。

（三）创新决定大学生的未来

创新是人的综合能力的一种外在表现，它是以深厚的文化底蕴、高度综合化的知识、个性化的思想和崇高的精神境界为基础的。创新思维的有与无，将决定一个人的发展前途；创新能力的高与低，将决定一个人的事业天地。创新能力强，就能敢于说别人没有说过的话，敢于做别人没有做过的事，敢于思考别人没有思考过的问题。创新思维的水平，将决定一个人的勇气、胆识的大小，谋略水平的高低。准确了解、把握自己创新思维能力的大小及其表现形式，将有助于自己的发展定位和目标设计。

二 创业与人生发展

（一）创业能力有助于增强自我认知意识与能力

创业能力首先体现在创新思维能力。创新思维能力和创新意识在引导个人发现客观世界新生事物的同时，也启迪个人客观对待人的生理、心理和性别等差异，对自身的兴趣和特长更加敏感，敢于发现、肯定和主动培养自己的优势，挖掘自身潜力，尝试新的领域。创业能力和创业精神则使个体在创业实践中不断开拓进取和锐意创新，有助于个人发现自我，实现自我。

创业案例

（二）创业能力有助于引导个人主动进行职业探索

创业能力有助于引导个体主动地进行职业探索，积极地规划未来，以良好的心态，在职业生涯的发展中不断自我调整、自我更新、自我完善，以适应外部职业环境的变化，使自身的职业规划与社会发展匹配。

（三）创业能力能提升大学生职业生涯发展的高度和广度

创业能力能帮助个人带着创业的思路去主动就业，以创业带动就业。创业能力使得个人在工作岗位上可以实现不断创新，为社会做出更大的贡献。创业能力也体现为较强的岗位转换能力和抗挫折能力，不惧怕失业和失败，在职业生涯的发展中不断开辟新路。因此创业能力可以为职业生涯发展提供源源不断的精神动力和智力支持，给人以百折不挠的毅力和坚定的信心，不断提升个体职业生涯发展的高度和广度。

双创榜样

最美是故乡——赞皇县7名大学生回乡创业

石彦方等7人都是从赞皇县走出去的大学生，在城市打拼多年的他们都事业有成，家庭幸福美满。在家乡人心里，他们都是“聪明人”“出息人”，是教育自己孩子的榜样。可是，就在2014年，他们却做出了一个在乡亲们看来“不可思议”的决定：一起回家乡再创业，做新式农民。

回归故里，呼吸着家乡熟悉的泥土气息，播撒青春与汗水，石彦方“七兄弟”

觉得心里特别踏实。他们很快注册成立了河北恒实农业技术开发有限公司，发展现代农业。公司秉持发展高效、绿色、健康、品牌农业的理念，决心带领山区百姓走上产业农业脱贫致富的道路。韩国旺说，他们在张楞、龙门两乡，流转了3000余亩[①]土地，其中大部分是几近荒芜的岗坡次地。

他们尽己所能地带动家乡百姓脱贫致富：公司兴建了4座大型蓄水池，满足了周围五六千亩耕地的灌溉需要，为周边百姓农业种植提供了水利保障；定期义务为周边的贫困群众传授果树种植技术；以低于市场的价格为农民提供优质种苗，帮助农民发展绿色标准林果种植业，并为农民种植的产品提供销路；优先录用有劳动能力的贫困户在园区常年务工，使他们每年有两三万元的固定收入，帮助他们走出贫困。

公司经过多年的发展，也得到了社会各界的认可和各级政府的大力支持，先后获得"赞皇县扶贫产业园区""赞皇县农业产业化重点龙头企业""石家庄市现代农业园区""石家庄市西部山区综合开发示范园区""2018年度石家庄市级农业产业化重点龙头企业""河北省科技型中小企业""河北省省级观光采摘园""河北省五星级休闲农业采摘园""2018年度河北省扶贫龙头企业"等多个荣誉称号。

项目小结

本项目主要介绍了高校的创新创业教育、创新创业的基础知识、创新与创业的关系、创新创业与大学生的人生发展等内容，主要帮助学生认识创新创业，了解创新创业的基础知识，明白接受创新创业教育的重要作用和意义，能自觉主动地接受创新创业教育。

练习题

练习题答案

一、单选题

1. 下列关于创新的描述正确的是（　　）。

A.创新是指科学技术上的发明创造

B.创新是指把已发明的科学技术引入企业之中，形成一种新的生产能力的活动

C.发明是创新的一种形式

D.只有当一个发明投放市场并被消费者所接受，并且消费者认为其具有某种实际的、正面的、革新性的价值后，人们才会意识到这个发明是一种"创新性"的产品

① 1亩≈666.67平方米。

2. 以下关于创新和创业关系的描述不正确的是（　　）。

A.创业与创新密不可分

B.创业和创新的融合是一个动态整合、集成与优化的过程

C.创新精神、创业能力和市场意识始终是创业成功和企业持续成长的内在动力

D.创新比创业意义更重大

3. 关于创业，下列说法有误的是（　　）。

A.创业可以挖掘个人潜力，有助于实现自身价值

B.创业者的动机是多种多样的，可能是生理需求、安全需求、尊重需求等等

C.在创业过程中考验的是综合素质和创业精神

D.就职业的稳定性而言，创业没有就业稳定

4. 提出一种能满足用户需求或解决用户麻烦的新产品或服务属于（　　）。

A.产品创新　　B.服务创新　　C.变革创新　　D.市场创新

5. 创业的第一个条件，就是要有（　　）。

A.众人相助　　B.强烈的欲望　　C.充足的资金　　D.平和的心态

二、多选题

1. 创新创业教育的特征有（　　）。

A.先进性　　B.片面性　　C.实践性　　D.灵活性

2. 创新的特征有（　　）。

A.目的性　　B.价值性　　C.新颖性　　D.层次性

3. 创业的特征有（　　）。

A.自主性　　B.功利性　　C.复杂性　　D.风险性

4. 创新的类型有（　　）。

A.知识创新　　B.管理创新　　C.方法创新　　D.技术创新

5. 创业按项目性质可分为（　　）。

A.机会型　　B.传统技能型　　C.高新技术型　　D.知识服务型

三、判断题

1. 大学生学习创新创业课的目标就是为了“创新创业”。（　　）

2. 创新创业课程可以帮同学们确立正确的人生观和价值观。（　　）

3. 不准备创业的学生学习创新创业课程有助于提升综合素养和能力。（　　）

4. 创业教育是面对大学生就业压力的被动选择。（　　）

5. 学习成为一个工作岗位上的创新者主要是培养创新思维和能力，提升综合素质。（　　）

四、测试题

创新思维能力测试

下面是10道题，如果符合你的情况，则回答“是”，不符合则回答“否”，拿不准则回答“不确定”。

1. 你认为那些使用古怪和生僻词语的作家，纯粹是为了炫耀。
2. 无论什么问题，要让你产生兴趣，总比让别人产生兴趣要困难得多。
3. 对那些经常做没把握事情的人，你不看好他们。
4. 你常常凭直觉来判断问题的正确与错误。
5. 你善于分析问题，但不擅长对分析结果进行综合、提炼。
6. 你审美能力较强
7. 你的兴趣在于不断提出新的建议，而不在于说服别人去接受这些建议。
8. 你喜欢那些一门心思埋头苦干的人。
9. 你不喜欢提那些显得无知的问题。
10. 你做事总是有的放矢，不盲目行事。

评分标准

题号	“是”评分	“不确定”评分	“否”评分
1	–1	0	2
2	0	1	4
3	0	1	2
4	4	0	–2
5	–1	0	2
6	3	0	–1
7	2	1	2
8	0	1	2
9	0	1	3
10	0	1	2

项目实训

调查大学生创新创业现状及需求。

实训目的

1. 学会分析大学生创新创业现状。
2. 掌握设计问卷的基本流程。
3. 具备对数据进行筛选、分析的能力。

实训流程

1. 查找相关资料。

学生以4 ~ 5人为一组，通过搜索引擎查找已有的相关文章，并记录所需内容。

资料名称：
查找资料的目的：
主要内容：
你的看法：

2. 设计调查问卷。

通过查找到的资料、文章和自己想要调查的问题，设计7 ~ 11道题道。

____

____

____

3. 实施问卷调研。

（1）你会选择以下哪种方式展开实地调查：网上填写或实地发放。

（2）你选择这种方式的理由是什么？

____

____

____

（3）你认为发放和回收问卷的过程中，应注意哪些问题？

____

____

____

4. 分析调查结果。

（1）你的调研结果是什么？

____

____

____

（2）通过此次调查，你受到什么启发？

____

____

____

▶ 实训思考

1. 通过此次问卷调查，你对创新创业又有了哪些全新的理解呢？

____

____

____

2. 你认为创新创业对未来人生发展有影响吗？为什么？

____

____

____

项目 2
“互联网 +”创业

知识目标

1. 了解“互联网 +”的概念。
2. 熟悉“互联网 +”背景下主要产业发展趋势。
3. 掌握互联网创业要素。
4. 了解大学生互联网创业的优势和起步选择。

能力目标

1. 能够判断出互联网创业未来的发展趋势。
2. 能够根据自己的兴趣、爱好等实际情况进行互联网创业。

思政目标

1. “互联网 +”是未来的一个发展趋势，在创业时我们要学会顺应发展趋势，在日常生活中也要紧跟国家的大方向。
2. 通过对“互联网 +”创业成功案例的学习，了解我国“互联网 +”的优秀发展成果，提高民族自豪感。

案例引入

微商的“互联网 +”银奖之路

2015 年，在首届中国“互联网”大学生创新创业大赛广西选拔赛决赛的舞台上，广西某商务职业技术学院L同学的创业项目“一县一品特产微商城”获得了银奖，同时获得广西电子商务创业大赛二等奖。

“一县一品”的创意从何而来呢？近年来，根据自治区发展农村电子商务的工作部署，广西多县市将发展农村电子商务作为推进县域经济转型升级和促进“三农”发展的重要举措，努力探索电商扶贫的新路径。而随着社会的发展及互联网信息的普及，传统的商超、实体店、电商、直销、传统微商等商业模式和创业渠道的发展遇到了很大的瓶颈。“大众创业”“分享经济”“碎片式创业”已经成为趋势，“新零售、新微商”销售模式吸收了以上商业模式的优点、满足了以上趋势的特点，同时也避免了它们的缺点和相应的法律风险。在这样的背景下，“一县一品特产微商城”借着自身“成本低、渠道便捷、零门槛”的优势，充分发挥微商平台的作用，通过推行农特产品线上销售，拓宽销售渠道，促进电商与产业融合发展，达到产销平衡。

当前“全民创业”时代的常态下，与互联网相结合的项目越来越多，这些项目从诞生开始就是“互联网 +”的形态。可以说，每一个社会和商业阶段都有一个常态及发展趋势，“互联网 +”提出之前的常态是千万企业需要转型升级的大背景。

任务1 认识“互联网+”

一 “互联网+”概念的提出

国内“互联网+”理念的提出，最早可以追溯到2012年11月于扬在易观第五届移动互联网博览会的发言。他认为在未来，“互联网+”公式应该是我们所在的行业的产品和服务，在与我们未来看到的多屏全网跨平台用户场景结合之后产生的这样一种化学公式。我们可以按照这样一个思路找到若干这样的想法。而怎么找到你所在行业的“互联网+”，则是企业需要思考的问题。

2014年11月，李克强总理出席首届世界互联网大会时指出，互联网是大众创业、万众创新的新工具。其中“大众创业、万众创新”被称作中国经济提质增效升级的“新引擎”，可见其重要性①。

2015年3月，在全国两会上，全国人大代表马化腾提交了《关于以“互联网+”为驱动，推进我国经济社会创新发展的建议》的议案，表达了对经济社会创新的建议和看法。他呼吁，我们需要持续以“互联网+”为驱动，鼓励产业创新，促进跨界融合，惠及社会民生，推动我国经济和社会的创新发展。马化腾表示，“互联网+”是指利用互联网平台、信息通信技术把互联网和包括传统行业在内的各行各业结合起来，从而在新领域创造一种新生态。他希望这种生态战略能够被国家采纳，成为国家战略。

2015年12月16日，第二届世界互联网大会在浙江乌镇开幕。在举行“互联网+”的论坛上，中国互联网发展基金会联合百度、阿里巴巴、腾讯共同发起倡议，成立“中国互联网+联盟”。

知识链接

中国互联网＋联盟②

一、联盟定位。由我国互联网及相关传统行业的大中小企业、事业单位、社会组织共同倡议，自愿发起，是依法组织开展“互联网+”社会活动的全国性、社会性、行业性、非营利的联合体。“联盟”是“互联网+”从业者的组织网络和服务平台，是政府、市场、社会合作沟通的纽带和桥梁，是追求社会效应和经济效应共赢的共同体。

① 新华网评：中国有了“互联网＋”计划 [EB/OL].（2015-03-06）[2022-09-01]. http://www.gov.cn/zhengce/2015-03/06/content_2828868.htm.

② 中国互联网发展基金联合“BAT”成立“中国互联网＋联盟”[EB/OL].（2015-12-16）[2022-09-01]. http://www.cac.gov.cn/2015-12/16/c_1117627158.htm.

二、联盟宗旨。以助推国家“互联网+”行动为目标，以促进中国经济发展转型升级提质增效为己任，全面服务于国家互联网战略实施，全面服务于中国经济社会可持续发展。

三、价值理念。平等互利，优势互补，融合创新，开放共赢。

四、联盟使命。推动“互联网+”及相关领域的技术革新，商业模式创新和体制机制的创新，打造技术标准，信息共享。鼓励联盟成员共同探索发展前沿，共享创新成果，实现融合发展。促进大中小企业优势互补，促进资本关注和解决创新型企业融资和发展的瓶颈，聚合优势资源，助力中小企业成长。倡导社会价值，引领社会价值的投资理念，引导联盟成员遵守自律公约，主动承担社会责任。协调建立政府、企业、社会组织共治的新机制，营造跨界合作的社会创新生态，形成大众创业、万众创新的良好环境。服务互联网以及相关传统企业抱团出海，共同开拓国际市场，加强海外合作，增强中国产品、中国标准在全球市场的影响力和竞争力。

二 “互联网+”的特征

（一）跨界融合

“+”就是跨界，就是变革，就是开放，就是重塑融合。敢于跨界，创新的基础就更坚实；融合协同，群体智能才会实现，从研发到产业化的路径才会更通畅。

“互联网 +”的特征

（二）创新驱动

中国粗放的资源驱动型增长方式早就难以为继，必须转变到创新驱动发展这条正确的道路上来。这正是互联网的特质，用互联网思维来求变、自我革命，更能发挥创新的力量。

（三）重塑结构

信息革命、全球化互联网业已打破了原有的社会结构、经济结构、地缘结构和文化结构，权利、议事规则、话语权不断在发生变化，“互联网+”社会治理、虚拟社会治理会有很大的不同。

（四）尊重人性

人性的光辉是推动科技进步、经济增长、社会进步、文化繁荣的最根本的力量。互联网的力量之强大最根本的原因是其对人性的最大限度的尊重、对个人体验的敬畏、对人的创造性发挥的重视，如UGC、卷入式营销、分享经济等。

（五）开放生态

关于“互联网+”，生态是非常重要的特征，而生态的本身就是开放的。推进“互联网+”，其中一个重要的方向就是要把过去制约创新的障碍化解掉，把孤岛式创新连接起来，让研发由人性决定市场驱动，让创业者有机会实现价值。

（六）连接一切

连接是有层次的，可连接性是有差异的，连接的价值是相差很大的，但是连接一切是“互联网+”的目标。

三 “互联网+”的社会影响

“互联网+”中重要的一点是催生新的经济形态，并为大众创业、万众创新提供环境。李克强总理所提的“互联网+”在较早的互联网企业讨论聚焦的“互联网改造传统产业”的基础上有了进一步的深入和发展。李克强总理在2015年政府工作报告中首次提出的“互联网+”实际上是创新背景下互联网发展的新形态、新业态，是知识社会创新推动下的互联网形态演进。

伴随知识社会的来临，驱动当今社会变革的不仅仅是无所不在的网络，还有无所不在的计算、数据、知识。“互联网+”不仅仅使互联网移动了、泛在了、应用于某个传统行业了，还造就了无所不在的创新，推动了知识社会以用户创新、开放创新、大众创新、协同创新为特点的创新，改变了我们的生产、工作、生活方式，也引领了创新驱动发展的“新常态”。

“互联网+”是中国工业和信息化深度融合的成果与标志，也是进一步促进信息消费的重要抓手。“互联网+”为经济发展提供了新引擎。

头脑风暴

随着智能手机、可穿戴设备等智能硬件市场的大规模发展，智能硬件之火烧到了平衡车市场。技术的突破和硬件成本大幅下降，使得平衡车开始走向平价化、时尚化，轻巧、快速、便携的特点促使平衡车开始向更多元化的领域演化和发展。

爱尔威电动平衡车A3的发布，更是颠覆了人们对电动平衡车产品只能解决“五公里短途代步”的既定印象，在电动平衡车中加入座椅元素，解决了人体在坐姿状态下的平衡控制能力，采用手、臂、脚五点操控，均匀受力，重心不再只集中在腿上。并且在设计上，大多数女性在停车时，都可以轻易地双脚触地，保证稳定驾驶的安全。所以爱尔威A3不仅可以满足用户在城市交通过程中远距离行驶的需求，还在体验上标新立异，别人站着我坐着，与众不同。爱尔威也正在逐步打造出一个完整的生态圈，在完成交通代步这个功能的基础上，实现以A系列产品为载体的全方位的功能服务。目前，爱尔威已开发出A系列相关App，用户下载App后，就可以在手机上实时监测电动平衡车数据，了解骑行状况，更能利用App更新校准电动平衡车，让骑行随心所欲，更加舒适。

问题讨论：

（1）爱尔威电动平衡车是如何利用“互联网+”的？

（2）未来代步工具可以在哪些方面有更大发展？

任务2 了解“互联网+”重大产业趋势

一 “互联网+制造业”

企业家精神

2015年全国两会期间，国务院总理李克强提出要制订“互联网+”行动计划，推动移动互联网、云计算、大数据、物联网等与现代制造业结合，促进电子商务、工业互联网和互联网金融健康发展，引导互联网企业拓展国际市场，并针对产业发展提出了一个新概念——中国制造2025。制造业是我们的优势产业，要实施“中国制造2025”，就必须坚持创新驱动、智能转型、强化基础、绿色发展，加快从制造大国转向制造强国。目前，我国制造业规模居世界前列，但制造业资源消耗大、自主创新能力不强等问题依然突出。经济规模大而不强，主要依靠资源等要素投入推动经济增长和规模扩张的粗放型发展方式不可持续，转变经济发展方式刻不容缓。

二 “互联网+零售业”

在2015年政府工作报告中，李克强总理提出，把以互联网为载体、线上线下互动的新兴消费搞得红红火火。这是总理第一次提及鼓励O2O线上线下互动消费。“互联网+”大背景下的零售业将更具机遇与挑战。

从曾经红火一时的实体店到铺天盖地的网络电商，从人潮涌动的商场购物到人人网购的消费转变，阿里巴巴和京东商城等电商掀起的新商业思潮，正在冲击中国零售业市场的传统模式。早已面临市场萎缩、勉强支撑运营的实体店，或将落入一个规模倒闭的困境。由此可以看到电商对传统零售业的“创造性破坏”。

“创造性破坏”也颠覆了流通领域，过去全国的流通领域由中国邮政一家独大，而网购交易的红火，使得“四通一达”及顺丰迅速崛起，打破了中国邮政的垄断。因此，“创造性破坏”的本质是市场利益的重新分配，掌握了信息、资金流的平台型的巨头进一步对实体产业产生更强大的管控能力。

知识链接

电子商务的优点

（1）电子商务将传统的商务流程电子化、数字化，一方面以电子流代替了实物流，可以大量减少人力、物力，降低了成本；另一方面突破了时间和空间的限制，使得交易活动可以在任何时间、任何地点进行，从而大大提高了效率。

（2）电子商务所具有的开放性和全球性的特点，为企业创造了更多的贸易机会。

（3）电子商务使企业可以以相近的成本进入全球电子化市场，使得中小企业有可能拥有和大企业一样的信息资源，提高了中小企业的竞争能力。

（4）电子商务重新定义了传统的流通模式，减少了中间环节，使得生产者和消费者的直接交易成为可能，从而在一定程度上改变了整个社会经济运行的方式。

（5）电子商务一方面破除了时空的壁垒，另一方面又提供了丰富的信息资源，为各种社会经济要素的重新组合提供了更多的可能，这将影响到社会的经济布局和结构。

（6）互动性：通过互联网，商家之间可以直接交流、谈判、签合同，消费者也可以把自己的反馈建议反映到企业或商家的网站，而企业或者商家则要根据消费者的反馈及时调查产品种类及服务品质，做到良性互动。

三 “互联网+服务业”

近几年，移动互联网取得了大发展，O2O蓬勃兴起并逐渐成形，掀起了互联网对各个传统行业的改造大潮，这是服务业“互联网+”模式发展的一种体现。其本质是互联网对传统行业生产关系的重塑。

O2O模式备受服务业青睐，产业链逐渐成熟，传统企业与互联网企业纷纷入局。站在风口上，一批批O2O实践者登上了属于他们的历史舞台。越来越多的行业涉足O2O，教育O2O、医疗O2O、美容O2O、家政O2O、汽车服务O2O……市场的发展和商业趋势让O2O成为必然。随着O2O市场的迅速升温，玩家们疯狂烧钱，资本市场成为O2O概念爆红的最大推手，整体发展热火朝天。O2O市场玩家越来越多，提供的服务几乎覆盖到人们日常消费的各个方面，在这转型纷乱期，O2O几乎成为线上线下企业共同的业务模式。

案例鉴赏

爱鲜蜂：盘活社区小店资源

爱鲜蜂是以众包微物流配送为核心模式，基于移动终端定位的O2O品牌，用户定位为年轻白领人群。爱鲜蜂依托社区小店，为消费者提供一小时内的零售和配送服务，它锁定都市“懒人”，主打那些撬动人味蕾的东西，配送时间从早晨10点持续到凌晨2点，以便及时满足他们各种突如其来的消费意愿。

从冷配链门槛高的生鲜类食品入手，通过与上游供应商合作，提供一些独特的食品，如中粮我买网的盱眙小龙虾、华夏畜牧公司的万得妙牛奶等。每种品类，爱鲜蜂只选择与一个供应商合作。

这是一个典型的利用闲置资源，组建“最后一公里”配送能力的案例。抓住了“懒人经济”的人潮，基于客户的急迫需求，打通了快送平台、小商超与客户之间的渠道，满足客户不一样的消费体验，具有创新性。

四 “互联网+金融业”

站在“互联网+”之巅，互联网金融无疑将为产业链变革带来机会。互联网新技术与庞大的用户群让更多人参与到金融投资之中，也让金融产品传播更广；而金融灵活与强大的产品设计能力，又使互联网发展空间更为广阔，两者的结合将衍生“产业集群”，产生巨大的发展空间。

互联网金融产业链包括资金募集、理财、支付、网络货币、金融信息服务等多个环节，资金募集的模式包括股权众筹、P2P贷款、电商小贷等，理财包括互联网公司与券商合作发行产品、与基金合作的货币基金及银行推出的各类理财产品等，支付包括网上支付和移动支付。此外，还有一些互联网金融信息服务，主要是将互联网已经成熟的技术和思维用在金融细分领域中。

总而言之，金融服务是实现产业互联网闭环生态系统中不可或缺的重要一环，对于互联网金融这个年轻的行业来说，能够迅速成为总理政府报告的热点是千载难逢的机遇，谋求上市也只是开始，互联网金融离整个行业定型尚有距离，传统金融IT企业依然扮演着更重要的角色。“互联网+金融”正在进行商业模式转型，将成为推动经济发展的支柱。

五 “互联网+供应链”

所谓供应链，是指由涉及将产品或服务提供给最终消费者的整个活动过程的上游、中游和下游企业所构成的网络。它由围绕核心企业的供应商、供应商的供应商和用户组成，包括从原材料采购开始，历经供应商、制造商、分销商、零售商，直到最终消费者的整个运作过程。供应链管理是指围绕核心企业，对供应链中的物流、信息流、资金流及贸易伙伴关系等进行组织、计划、协调、控制和优化的一系列现代化管理。

供应链发展经历了3个阶段：早期的物流管理阶段，供应链仅仅被视为企业内部的一个物流过程；进入20世纪90年代的价值增值阶段，供应链不再只是一条生产链了，而是一个涵盖了整个产品运动过程的增值链；如今的网链阶段，企业间关系正在呈现日益明显的网络化趋势。

六 “互联网+农业”

农业看起来离互联网最远，但“互联网+农业”的潜力却是巨大的。农业是中国最传统的基础产业，急需用数字技术提升农业生产效率，通过信息技术对地块的土壤、肥力、气候等进行大数据分析，然后据此提供种植、施肥相关的解决方案，大大提升农业生产效率。此外，农业信息的互联网化将有助于需求市场的对接，互联网时代的新农民不仅可以利用互联网获取先进的技术信息，也可以通过大数据掌握最新的农产品价格走势，从而决定农业生产重点。与此同时，农业电商将推动农业现代化进程，通过互联网交易平台减少农产品买卖中间环节，增加农民收益。面对万亿元以上的农资市场及近7亿的农村用户人口，农业电商面临巨大的市场空间。

双创榜样

“双创”成果：农产品电商成就农村创业之梦

密云是北京市重要水源地之一，具有得天独厚的环境优势，优质农产品资源丰富，但受到交通不便、观念落后及销售渠道等因素制约，优质的产品往往不能实现应有的价值。

孔博2008年毕业于北京理工大学，毕业后就职于一家外企投资咨询公司，解决一个又一个产业规划方案的同时，一直在思考在消费升级的背景下如何能通过新渠道和新模式解决家乡农产品优质优价的问题。2012年，孔博回到家乡北京市密云区河南寨镇中庄村，创办了农产品销售电商企业“密农人家”，依托密云区的优质农产品资源，通过互联网渠道进行农产品的推广和销售，实现了“互联网+农业”的完美结合，为密云的农产品插上了腾飞的翅膀，同时也实现了自己农村创业之梦。

2015年，“密农人家”拥有职工50多人，吸引26名大学生回乡创业，与当地50多家合作社签约种植生产。“密农人家”电商平台在天猫、淘宝、京东、微信等渠道全年稳定供应140余种优质农产品的销售，如图2-1所示。聚焦北京城区中高端市场，辐射津冀、江浙沪等省份。其中，淘宝店铺2013—2015年连续3年位居淘宝网蔬菜类目首位，2015年销售额突破1000万元，带动2000余户农民生产种植转型，用大数据支持生产，早上采摘、当日送达，在网络市场上塑造了密云农产品“优质、新鲜、放心”的品牌形象。2016年实现销售收入2800多万元，每天有近5000千克农产品通过“密农人家”配送到京津冀甚至更远的城市。

经过4年的努力，“密农人家”荣获北京市农业信息化龙头企业、北京市农业信息化示范基地等称号，2015年获团市委首都青年创新创业大赛第一名。创始人孔博荣获团中央和农业部组织的“第九届全国农村青年致富带头人”荣誉称号，以及第三十届北京青年五四奖章。

图 2-1 “密农人家”销售品类

任务3 了解大学生互联网创业

一 大学生互联网创业的优势

（一）大学生创业氛围浓厚

党的二十大报告提出，加快实施创新驱动发展战略。因此，要鼓励青年成长，支持青年创业。大学生创业工作已引起国家的高度重视，各省、自治区、直辖市也积极响应国家号召，广泛宣传国家鼓励大学生自主创业的政策，创建大学生创业孵化基地（创业园），如图2-3所示，鼓励和吸引大学生积极参与创业，为大学生创业营造了良好的舆论氛围。在社会创业大氛围的影响和带动下，大学生创业氛围也越来越浓厚，大学生创业得到了社会和家长的广泛认可与支持。

什么是互联网思维

（二）大学生思维活跃，有较强的创新思维

大学生具有极强的领悟能力和可迁移能力，自主学习能力也比较强，善于接受和利用新事物，有一定的批判思维，能将所学的知识内化为能力，外化为创造，进而对事物加以改进创新。而且，大学生运用IT技术的能力较强，能够通过互联网获得和发现很多信息，能更快地适应互联网发展潮流，掌握更先进的互联网技术，也能推动互联网技术的变革与创新。同时，互联网创业可以涵盖所有学历层次的大学生，竞争机会均等。

图 2-3　大学生创业孵化园

（三）互联网创业门槛低、风险小

互联网创业不受时间、地点、条件的限制，前期投入较少，有的项目只需要一台或几台能上网的电脑就可以开展。电子商务迅猛发展，人们的消费观念也发生了很大的变化，极大地满足了消费者个性化的需求，具有传统消费渠道不可比拟的优势。基于淘宝网、京东等电子商务平台的网络创业属于微型创业，创业启动资金要求不高，投入不大。

（四）互联网是全球性大市场，创业机会多，发展前景广阔

互联网是全球一体的，不受时间、地点、区域的限制，应用十分广泛，国内、国外市场连成一体。而且随着互联网技术的高速发展，时间、空间观念不断被改变，在互联网的两端，不需要任何中介，就能将产品和服务信息传送给全球任何一个角落的顾客。同时，随着互联网技术的不断发展，物联网、云计算、云服务等网络技术被广泛应用，依托互联网技术的开发、服务、项目等方面还有很大的市场空间和发展前景，其所带来的市场也在不断、迅速地扩大和增长。

二　大学生互联网创业能力存在的问题

（一）创业意识与创造能力存在的问题

目前大学生的创业激情高昂，但成功率较低。大部分学生缺乏创业精神，只要亏损的可能性稍大就裹足不前。有一部分大学生盲目创业，把创业看得非常容易，缺乏前期调研规划，创业的风险意识很弱，一旦遇到风险和失败就会选择退出。

（二）机会识别与开发能力存在的问题

作为一名创业者应该具有发现商机的能力，并且利用一切资源来开发商机。但是大学生进行创业常常会局限于课堂知识，缺乏一定的市场开发能力。除此之外，一些大学生甚至盲目跟风创业，不考虑市场可行性，对市场风险不具备预测能力，导致创业过程的停滞。

（三）经营管理与领导能力存在的问题

只有具有较强的经营管理能力及领导能力，才能成为一名合格的创业者。而作为一名大学生，缺乏社会经验，在用人及管理上会造成合伙人、投资人和员工的不信任，难以进行管理，从而阻碍创业的发展。

（四）人际交流与沟通能力存在的问题

在Timmons模型中，沟通能力主要存在于商机与资源之间，创业者要将发现的商机与投资者、合伙人、参与者等创业干系人共享并使他们愿意为商机提供资源支持，这就需要创业者具有良好的人际关系和沟通能力，使创业干系人真正地愿意加盟并产生实际的支持创业的行动，如图2-4所示。大学生在校接触社会的机会较少，使得大学生在创业时与商家、投资人、合伙人及参与人的沟通将会有一定的困难。

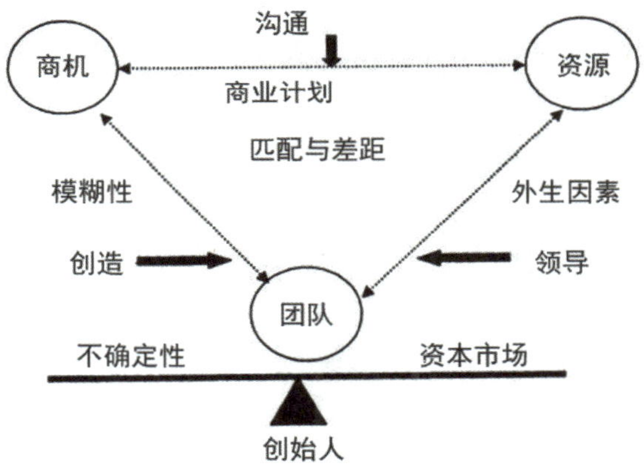

图 2-4 Timmons 模型

（五）风险感知与决策能力存在的问题

创业过程中将会发生很多不可预测的风险。创业者在创业活动中即使没有投入物质资本，不用承担物质资本风险，但还是承担着人力资本的风险。由此可见，认识风险和化解风险已经成为创业活动面临的最重要的任务之一。有些大学生创业者刚刚步入社会，在遇到将要发生或者已经发生的风险面前，缺少决策能力，最后导致创业项目在风险面前停滞不前。

创业的过程

三 大学生互联网创业的起步选择

（一）从自己的痛点做起

互联网创业，从何处起步？从你自己的痛点做起。用户的痛点，就是创业最好的出发点。结合互联网的技术手段，寻找有相同痛点的人，用互联网和移动互联网来解决痛点，就是极佳的互联网创业出发点。

怎样利用互联网思维进行创业

案例鉴赏

痛点激发创业灵感

一个解决户外充电问题的创业项目，团队成员来自知名高校，有着专业的技术背景，研发新材料用太阳能充电，目前是对公司和对个人业务同时展开。

因为现在智能手机市场规模很大，随之而来的就是手机充电问题，这是一个很大的市场。因此创业者研发了一种新材料来解决户外充电的问题，一方面是自己生产充电产品——充电宝、充电器等；另一方面是开发户外充电装备，这种材料可以用在户外太阳能屋顶，热电联动，产生热能，同时手机可以控制热水的流向。这种太阳能折叠充电器在阳光下只需要两个小时就能完成智能手机充电。

这种新材料、新能源的创业项目很不错，从未来看，市场前景很好，规模也很大，而且只有这种真正的科技创新才能从本质上改变生活。

（二）从自己的兴趣爱好做起

如果连自己都不爱，又怎么能吸引到互联网的黏性用户？有句话说，业余时间决定你未来的职业生涯。上学、上班做的事常常并非一个人所爱而是迫于生计，但是业余时间痴迷的事却是不给钱甚至自己掏钱也愿意做的事。这个爱好吸引力如此之大，是否存在有相同爱好的人呢？你不妨将个人爱好与互联网社区或互联网产品相结合，做一个聚集所有与你有相似爱好的人的方案网站。你对他们够了解，因为你就是他们。

案例鉴赏

兴趣保持创业恒心

17岁的“宅男”蒋磊开始创办军事阅读网站“铁血网”时完全出于自娱自乐，只因他喜爱军事这一领域。历经多年发展，铁血网成为能够提供社区、电子商务、在线阅读、游戏等产品的综合平台，是中国最大的军事垂直门户。

铁血网的主要产品包括全球最大、最负盛名的军事交流平台——铁血社区，原创网络小说平台——铁血读书，覆盖全国的实体店铺和电子商务网站——铁血君品行，自主研发与联合运营模式并行的铁血游戏，以及最精准有效的市场营销业务——铁血广告。

（三）从自己的专业做起

把你的专业放到互联网上去，让所有人参与。你的工作也许是卖保险、做销售、做人力资源、做文员、做律师、做生产检验。无论你过去从事什么工作，都可以试着想一想如何将曾经的专业与互联网结合，服务大众，同时让大众也能广泛参与进来。互联网创业的特点是有连续性，连接你的用户和你，以及和你有相同背景的人。

案例鉴赏

专业提供创业底气

张馨心曾是一个在法律行业工作10年的人，她深深感到在这个行业里待久了像是个手工作坊。一方面律师的收入不稳定，寻找客户资源难，竞争激烈；而另一方面，中国有上千万的中小企业，每年还新增上百万家，但90%以上没有请法律顾问，不是没需求而是请不起。一家中小公司聘请一位法律顾问的年费至少3万元。极少数大律师很忙，80%律师很闲，律师与客户间彼此不信任。如何让90%的公司请得起律师，让80%的律师有事做？张馨心结合自己10年做律师的经历，开办了绿狗网，为中小微企业提供专业、全方位的法律产品与服务，从咨询律师“问”开始，到“写”法律文书、“审”法律文书、“打”官司等，帮助小企业解决日常的法律问题。家庭个人及企业用户可直接在线上进行法律服务自助交易，用户可以在绿狗网上一站式解决法律问题。“想做法律界的天猫，用淘宝模式卖法律服务！”这是绿狗网的目标。

项目小结

本项目主要介绍了“互联网+”的概念、特征、发展趋势与大学生互联网创业等内容，主要帮助学生了解“互联网+”是依托互联网信息技术实现互联网与传统产业的联合，以优化生产要素、更新业务体系、重构商业模式等途径来完成经济转型和升级，使学生能够学会以“互联网+”为平台进行创业的方法。

练习题

练习题答案

一、单选题

1. 国内最早提出“互联网+”理念的是（　　）。

A.马化腾　　B.李克强　　C.于扬　　D.马云

2.“互联网+”的新生产要素是（　　）。

A.数据　　B.产品　　C.内容　　D.生态

3. Timmons模型中，（　　）、资源和创业团队这三个创业核心要素构成一个倒立三角形。

A.人才　　B.创意　　C.商机　　D.融资

4. 对互联网+正确理解的是（　　）。

A.互联网+是将互联网成果深度融合于各领域的一种新经济形态

B.互联网+指网上销售商品

C.互联网+指传统产业应用计算机信息系统进行管理

D.互联网+是指信息产业的升级

5. 天猫的商业模式是（　　）。

A.O2O　　B.B2B　　C.B2C　　D.C2C

二、多选题

1.“互联网+”的特征有（　　）。

A.跨界融合　　B.创新驱动　　C.重塑结构

D.连接一切　　E.开放生态　　F.尊重人性

2. 电子商业模式有（　　）。

A.O2O　　B.B2B　　C.B2C　　D.C2C

3.“互联网+”发展趋势有（　　）。

A.“互联网+制造业”　　B.“互联网+零售业”

C.“互联网+供应链”　　D.“互联网+服务业”

4. 大学生互联网创业可能会欠缺的能力有（　　）。

A.意识与创造能力　　B.机会识别与开发能力

C.经营管理与领导能力　　D.人际交流与沟通能力

E.风险感知与决策能力

5. 大学生互联网创业的起步选择有（　　）。

A.从自己的痛点做起　　B.从自己的兴趣爱好做起

C.从自己的专业做起　　D.直接照搬其他企业创业模式

三、判断题

1. 2016年3月5日上午十二届全国人大三次会议上，李克强总理在政府工作报告中首次提出“互联网+”行动计划。（　　）

2. “互联网+”的本质是传统产业的在线化、数据化。（　　）

3. 在“互联网+”的冲击下，教育组织和非教育组织的界限会模糊不清，甚至有可能彻底消失。（　　）

4. “互联网+”等于产业互联网化。（　　）

5. O2O是一种消费者需求，也是一种商业模式。（　　）

四、测试题

测评创新潜质

下面的每道问题，如果符合你的情况，请在括号里打“√”，不符合的则打“×”。

1 你平时说话、写文章时总喜欢用比喻的方法。（　　）

2 你在做事、观察事物和听别人说话时，能专心致志。（　　）

3 你能全神贯注地做自己喜欢的事情。（　　）

4 你并不认为权威或有成就者的某些观点一定正确。（　　）

5 当你终于解决了一道难题或完成了一项任务时，总有种兴奋感。（　　）

6 喜欢寻找各种事物存在的各种原因。（　　）

7 观察事物时，向来都很认真，能够注意到细节方面。（　　）

8 能够从别人的谈话中发现问题的所在。（　　）

9 在进行带有创造性的活动时（如写作文、画画、做手工等）常常废寝忘食。（　　）

10 能主动发现一些别人不在意的问题，并发现与问题有关的各种联系。（　　）

11 平时都是在学习或琢磨问题中度过的。（　　）

12 好奇心比较强烈。（　　）

13 如果对某一问题有了新发现时，总是感到异常兴奋。（　　）

14 在通常情况下，对事物能预测其结果，并能通过自己的研究得出结果。（　　）

15 平常遇到困难和挫折时，表现得都很顽强。（　　）

16 经常思考事物的不同于原来的新答案和新结果。（　　）

17 有较强的洞察力，能够一针见血地指出关键问题。（　　）

18 在解题或研究课题时，总喜欢在解题方法上求新、求异。（　　）

19 遇到问题时能从多个角度、多个方面探索解决，而不是固定在一种思路上或局限在某一方面。（　　）

20 脑子里总是能够涌现一些新的想法，即使在游玩时也常能产生新的设想。（　　）

▶ 项目实训

分析典型的“互联网+”企业创业案例。

▶ 实训目的

1. 了解“互联网+”创业中可能出现的问题。

2. 学习成功企业的经验。

▶ 实训流程

1. 查找案例。

通过网络等途径查找企业创业成功和失败的案例（如饿了么、滴滴打车、悟空单车等）。

2. 分析原因。

根据查找到的案例，分析其成功的原因或是失败的原因。

____

____

____

3. 小组交流。

与小组成员交流你认为的企业成功或失败的原因，然后和小组成员共同讨论写出分析报告。

____

____

____

____

▶ 实训思考

你觉得该如何乘上互联网快车，成就自己的事业？

____

____

____

模块 2

创新创业基础

项目 3 创业者及其素质的培养

知识目标

1. 了解创业者的内涵和分类。
2. 了解成功创业者的必备素质。
3. 掌握培养自己的创业特质的方法。

能力目标

1. 能够进行创业者素质的自我评价。
2. 能够自觉提升自己在创业方面的相关能力。

思政目标

1. 创业是一个需长期努力奋斗的过程，要培养自己坚韧的意志和坚持不懈的精神。
2. 创业者需要掌握更多的知识，不断更新自己才能获得成功，因此要树立终身学习的理念。

案例引入

点燃创业激情、造就精彩人生

某职业院校毕业生卢雪萍，2012年参加了SYB创业培训。随后，她和创业培训班的几位学员组成创业团队，筹资1500元创建了砺志淘宝屋，从批发市场选购适合学生消费的文具用品、十字绣等产品，开拓学生市场，经营针织品、小饰品等商品。

2013年，团队成员到某培训学校学习凉皮生产技术，回来后，对凉皮生产的传统工艺进行改进，将开放式土炉改造成封闭式火炉，开始制作凉皮。2014年，他们建设凉皮生产基地，创新了凉皮原料，加入了黑芝麻，得到了消费者的认可和喜爱，产品供不应求。2015年，“砺志大学生香凉皮”成为济源市家喻户晓的餐饮品牌。2015年底，创业团队已拥有净资产200万。2016年，团队投资60万建设凉皮新的生产基地，投资20万元建设砺志大学生香凉皮旗舰店，利用互联网技术建设电子商务平台（砺志大学生香凉皮），跨时间、跨空间销售砺志大学生香凉皮，具有强劲的发展势头。2017年，在砺志香凉皮原有的基础上，团队成功开发出砺志大骨面、砺志牛肉面、砺志热拌面、砺志麻辣烫等系列产品。同时，团队积极探索公司的经营模式，为公司下一步进行连锁加盟奠定基础。2018年之后，团队创新了商业模式，利用自媒体进行网络直播带货，进一步扩大了凉皮生产基地，增加了产品销量，年营业额已达700万元。

卢雪萍说：“做生意就是做良心。立业先立身，立身先立本，本立而道生。我们做凉皮时的口号就是‘用好良心，做好凉皮‘。只有对消费者负责，才能得到消费者的认可，天地之道唯至诚而已，至诚而不息，不息而久远，只有持久地发展，才能成就一番事业。“

要想创业，就要有接受磨难的心理准备，不吃苦中苦难为人上人。苦难造就辉煌，苦行生智，财富永远隐藏在苦难背后。所以要对自己从事的事业充满激情，有了激情便会在困难中找到快乐，要保持良好的心态；要学会在奋斗过程中找到成就感，有了成就感就会更加坚定自己的创业信念，坚持不懈，百折不挠，一定能成大业。

任务1 认识创业者

一 创业者的内涵

“创业者”一词来源于17世纪的法语，表示某个新企业的风险承担者。在欧美的经济学研究中，“创业者”被定义为一个组织、管理生意或企业并愿意承担风险的人。美籍奥地利经济学家熊彼特认为，创业者应该是创新者，具有发现和引入更好的能赚钱的产品、服务和过程的能力。国内一些学者认为，创业者就是创造性地将商业机会转变为经济实体，并扮演经济实体中组织、管理、控制、协调等关键角色的个人或团体。现实生活中，人们通常会对创业者和职业经理人进行对比和区分。职业经理人仅仅是一名管理者，他并非所管理公司的所有者，而是被公司雇用来负责公司日常工作运转的人。因此，创业者不同于职业经理人，创业者包含了管理者的活动，如图3-1所示。

认识创业者

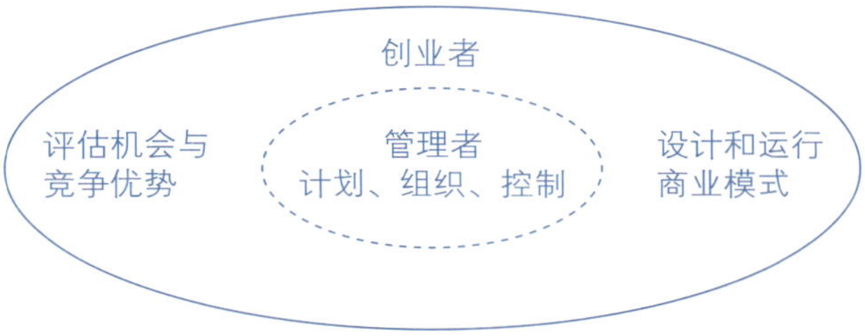

图 3-1 创业者活动包含管理者活动

创业者首先是一个有梦想的追求者，他追求的是未来的回报，而非现在的回报。因此，创业者进行创业活动是为了获得更大的价值，这种价值的实现，有物质上的诉求，而更多的是人生价值的实现。当前，国内外普遍认为创业者是指创业活动的主体，它既可以是一个单独的个体，也可以是一个创业团队；既可以是新兴企业的意志主体，又可以是行动主体。优秀的创业者具有高度的能动性，能够在不断变化的环境中主动适应局势的变化，充分利用创业环境和资源，进而实现成功创业。

二 创业者的分类

（一）从创业过程所处的角色和所发挥的作用划分

从创业过程所处的角色和所发挥的作用划分，创业者可分为独立型创业者和合伙型创业者两种类型。

1．独立型创业者

独立型创业者是指独立出资、自己管理企业的创业者，这种类型的人往往在现实生活中富有智慧和行动力，独立性强、严于律己、知人善用、处事果断、意志坚定，他们有一定的资金，喜欢自己说了算，但不善与人相处，听不进别人的意见。独立创业的难度和风险较大，可能会缺乏管理经验，或缺少资金、技术资源、社会资源、客户资源等某一方面或几方面的条件，压力较大，因而对于创业者自身的综合素质要求较高。

2．合伙型创业者

这种类型的创业往往是与兄弟、朋友合伙，或合作性质，或加盟性质，具体来看，又可以分为如下两种。

①主导型创业者：这种创业者适合做主要领导，吸收与自己合得来的或条件互补的伙伴参与创业，自己是企业的最终决策人或所占企业股权最多。

②参与跟随型创业者：这种创业者欠缺独立性，容易优柔寡断，缺乏资金、人员、技术、管理方法或信息，只适合参与创业，跟随能力强的人或资金充足的人士创业。

（二）从创业的背景和创业者动机划分

从创业的背景和创业者动机划分，可将创业者分为生存型创业者、变现型创业者和主动型创业者。

1．生存型创业者

这种创业者大多是生活中的工作机会不好或者丢失工作的人群，如刚毕业找不到理想工作的大学毕业生、下岗职工、失去土地或不愿困守乡村的农民。

2．变现型创业者

变现型创业者是指在从业期间聚拢了大量的资源，在机会适当的时候，自己开公司办企业，将自己所积累的无形资源变现成有形货币的人。

3. 主动型创业者

主动型创业者可以分为盲目型创业者和冷静型创业者两种。

①盲目型创业者：盲目型创业者大多数做事冲动，极为自信。他们喜欢当老板的感觉，而不计较自己喜欢做什么，这种创业者失败概率较大，但是一旦成功，往往就是一番大事业。

②冷静型创业者：冷静型创业者是创业者中的精华。他们或是掌握资源，或是拥有技术，一旦行动，他们往往是经过深思熟虑而有充分的创业准备，成功概率通常很高。

双创榜样

接过爷爷的种子和梦想

从肤色来看，26岁的徐旭东已经是一名农民了。他在大学里学的是建筑学，但对电脑画图始终提不起兴趣。2018年7月，他回到张槐村老家，进入了爷爷创办的安徽省阜阳市太和县淙祥现代农业种植专业合作社，成为这里最年轻的成员。

他的爷爷徐淙祥是全国劳动模范和全国种粮标兵。徐淙祥种出的小麦亩产量曾吸引中国小麦远缘杂交育种奠基人、中国科学院院士李振声前去考察。对于孙子的回归，徐淙祥的想法只有一个："好好干。"祖孙二人一人一辆电动车，日复一日去下田。

回到合作社工作后，他向科技特派员、农业技术专家学习，后来又负责与科研院所合作。他发现，不同品种的小麦性状不同，麦苗有嫩绿、深绿、青绿等多种颜色，远观就好像衣服的线条，一道道"条纹"间，蕴藏着选种的智慧。这让他觉得，"农业是有趣的"。

返乡以来，徐旭东经常参加农技培训，合作社也成立了农机服务团队，为有需要的农民提供从播种到售卖的全流程种粮"托管"服务。他坦言，种粮收成并不稳定，比如，小麦平均一亩卖2000元，但刨去地租、种子、人工等成本，可能只剩几百元利润。

他知道，和在城市发展的同龄人相比，自己的个人收入处于"较低水平"。但他觉得，20多岁时就跟着专家学技术、做试验，是幸运的，要珍惜。"慢慢积累，后期一定会有一番作为，不要想着付出立刻有回报。"

他已经打算长期在地里扎根了。这几年，无论是县里组织中小学生到试验田参观，还是团组织和机关工委等组织年轻人到农村考察学习，老徐和小徐都很愿意到场"授课"，他们的愿望是一致的：希望能"喊"更多有头脑的年轻人到农村种粮，就像习近平总书记说的那样，把中国人的饭碗，"牢牢端在自己手中"。

任务2 了解成功创业者的必备素质

一 创业者的素质

创业活动是由创业者主导和组织的商业活动。要成功创业，不仅需要创业者富有开创新事业的激情和冒险精神、面对挫折和失败的勇气和坚韧，以及各种优良的品质素养，还需要具备解决和处理创业活动中各种挑战及问题的知识和能力。

1992年，美国的一个研究部门对数千名企业老板和高层管理人员做了调查，进而对创业者最重要的20项素质与能力按重要程度做了排序，如表3-1所示。

表3-1　创业者最重要的20项素质与能力

序号	素质与能力内容	序号	素质与能力内容
1	财务管理能力与经验	11	行业及技术知识
2	交流与人际关系能力	12	领导与管理能力
3	激励下属的能力	13	对下属的培养与选择能力
4	远见与洞察能力	14	与重要客户建立关系的能力
5	自我激励与自我突破	15	创造性
6	决策与计划能力	16	组织能力
7	市场营销能力	17	向下级授权能力
8	建立各种关系的能力	18	个人适应能力
9	人事管理能力	19	工作效率与时间管理水平
10	形成良好企业文化的能力	20	技术发展趋势预测能力

二 成功创业者的必备素质

（一）创业的激情与创业意识

创业的激情指的不是一时冲动，而是持久的追求与不懈的努力。创业需要百折不挠、坚持不懈的意志。保持创业的激情，是创业者成功的关键因素之一。要想取得创业的成功，创业者还必须具备自我实现、追求成功的强烈的创业意识。强烈的创业意识，能帮助创业者克服创业道路上的各种艰难险阻，将创业目标作为自己的人生奋斗目标。

创业者应具备的素质与能力

（二）自信、自强、自主、自立的创业精神

自信就是对自己充满信心。自信心能赋予人主动积极的人生态度和进取精神。不依赖、不等待，要成为一名成功的创业者，必须信念坚定，顽强拼搏，直到成功。信念是生命的力量，是创立事业之本，信念是创业的原动力。自强就是在自信的基础上，不贪图眼前的利益，不依恋平淡的生活，敢于实践，不断增长自己各方面的能力与才干，勇于使自己成为生活与事业的强者。自主就是具有独立的人格，具有独立性思维能力，不受传统和世俗偏见的束缚，不受舆论和环境的影响，能自己选择自己的道路，善于设计和规划自己的未来，并采取相应的行动。自主还要有远见、有敢为人先的胆略和实事求是的科学态度，能把握住自己的航向，直至达到成功的彼岸。自立就是凭自己的头脑和双手，凭借自己的智慧和才能，凭借自己的努力和奋斗，建立起自己生活和事业的基础。

（三）优秀的创业人格品质

1. 使命责任

使命感和责任心是驱动创业者勇往直前的力量之源。成功的创业者具有高度的使命感和强烈的责任意识。只有对自己、家庭、员工、投资人、顾客、供应商及对社会拥有高度使命感和负责精神的创业者，才可能赢得人们的信任、尊重和支持。

2. 创新冒险

创新是创业精神的核心要素，创新意识和冒险精神是创业的内在要求。创业机会的发现和创意的形成需要进行创造性思维，发挥创造力。同样，资源的整合、商业模式的设计更是创新能力的集中体现。创业的开创性需要有冒险精神，需要有胆略和胆识。同时，在创业实践中也要有风险意识，要注意冒险精神和风险意识的平衡，保持理性思维，降低风险损失。

3. 坚忍执着

创业是对人的意志力的挑战。面对险境、身处逆境能否坚持信念、承受压力、坚持到底常常决定创业的成败；最后的成功往往就在于再坚持一下的努力之中。

案例鉴赏

坚强的意志力支撑王云完成比赛

王云在一家互联网公司上班，某次公司组织员工参加了一场24小时60千米的慈善毅行活动，但因为临时有同事生病了，只能由不擅长运动的王云代替他参加。24小时不睡觉，徒步行走60千米，对王云来说是非常大的挑战。前20千米王云还比较轻松，20千米后就是对王云体能和意志力的考验。这次活动每10千米有一个补给站，王云每次到达补给站都会给自己打气，鼓励自己再走10千米，最终她成功通过了终点。

这个活动对运动员来说都有一定难度，但王云凭着顽强的意志力完成了。有时任务看上去不可能完成，是因为没有尝试和全力以赴。

4. 正直诚信

正直诚信是创业者必备的品质，它体现了成功创业者的人格魅力：讲信誉、守诺言，言行一致，身体力行，胸襟广阔，厚人薄己，敢于承担责任，勇于自我否定，尊重人才，以人为本，倡导团队合作和学习，帮助团队成员获得成就感，坚持顾客价值、公司价值和社会价值的创造。具有良好口碑的人格魅力可以帮助创业者凝聚人心，鼓舞士气，赢得更多合作者的信任和支持。

（四）一定的创业知识素养

创业知识是进行创业的基本要素。创业需要专业技术知识、经营管理知识和综合性知识三类知识。创业实践证明，良好的知识结构对于成功创业具有决定性的作用，创业者不仅要具备必要的专业知识，更要掌握必备的现代科学、文学、艺术、哲学、伦理学、经济学、社会学、心理学、法学等综合性知识和管理科学知识。

（五）一定的专业技术能力

创业者是以自己的服务式产品为社会做贡献的，这就需要以精通专业操作为基础。一个具有丰富经验和较高水平的经营管理者，如果不熟悉、不了解某一专业或职业的特殊性，就无法施展和发挥其经营管理的能力或综合能力。只有掌握了某一专业技术能力，才能对症下药，因事制宜，采取适当的经营管理方法。

（六）强烈的竞争意识

竞争是市场经济最重要的特征之一，是企业赖以生存和发展的基础，也是立足社会不可或缺的一种精神。人生即竞争，竞争本身就是提高，竞争的目的只有一个，那就是取胜。因此，创业者如果缺乏竞争意识，实际上就等于放弃了自己的生存权利。创业者只有敢于竞争，善于竞争，才能取得成功。创业者创业之初面临的是一个充满压力的市场。如果创业者缺乏竞争的心理准备，甚至害怕竞争，就只能是一事无成。

（七）良好的人际关系

在创业的道路上，人际关系具有重要的促进作用。良好的人际关系可以帮助创业者排除交流障碍，化解交往矛盾，降低工作难度，提高客户的信任度，从而提高办事效率，增加成功的机会，并且良好的人际关系还会有助于创业者在遇到困难时及时得到朋友的帮助。

（八）良好的创业心理品质

创业之路是充满艰险与曲折的。自主创业就等于是一个人去面对变化莫测的激烈竞争及随时出现的需要迅速正确解决的问题和矛盾，这需要创业者具有非常强的心理调控能力，能够持续保持一种积极、沉稳的心态，即有良好的创业心理品质。

（九）良好的经营管理能力

当今市场经济社会中，小企业要生存、要发展，创业者必须具有良好的经营管理能力，小企业虽小，但它也和大中型企业一样，需要协调和控制企业的人、财、物。如何把现有的人、财、物，通过管理赚取最佳的效益，如何调动每一位雇员的积极性使之全力以赴为企业工作，如何使自己的产品或服务项目被社会认可、受用户欢迎，这些都需要通过创业者良好的经营管理来实现，需要依靠创业者所建立起来的高效的管理体系。

（十）较强的综合性能力

在创业活动中，综合性能力是一种最高层次的能力，具有很强的综合性特征，主要包括：把握机遇的能力，信息的获取、加工和处理能力，交往公关能力，创新能力等。这些特殊能力一旦与经营管理能力相结合，就从整体上全方位地影响和作用于创业实践活动，使创业实践活动的方式和效率发生显著的改变。

（十一）领导与决策的能力

创办一个企业，不仅需要处理大量的事务性问题，还要为企业建章立制，即便是只有一两个人的小店铺或家庭企业也不能例外。企业虽小，但面临的环境及经营发展的变化却不小。因此，创业者还需要具备相当的领导与决策能力，能把企业的人员与业务安排得井井有条，并能及时处理所遇到的一切问题。

任务3 培养自己的创业特质

一 认真学习创业知识

创业知识是用于开展创业活动的基本知识，包括专业技术知识、经营管理知识和综合性知识。创业知识能为创业者的心理和行为活动提供信息框架，其广度和深度决定了创业活动的广度和深度。

①专业技术知识是从事某一专业工作或职业必须具备的知识，一般与专业能力、职业能力结合在一起发挥作用。

②经营管理知识是从事经营管理工作必须具备的知识，包括领导、组织、管理、沟通和协调等方面的知识。

③综合性知识是发挥社会关系运筹作用的多种专门知识，包括政策、法规、工商、税务、金融、保险、人际交往和公共关系等。

在创业知识的构成中，经营管理知识和综合性知识是具有重要价值的知识，它们只有与经营管理能力和综合性能力结合在一起，才能共同发挥作用。

二 准确把握创业政策

随着我国“大众创业、万众创新”热潮的蓬勃兴起，为了鼓励和支持大学生创新创业，国务院和地方各级政府、各地高校先后出台了许多支持措施和优惠政策，精简了与创业相关的若干申请手续和办理程序，内容涉及金融贷款、场地、培训、指导、税收和学籍管理等方方面面。大学生在投身于创新创业实践之前认知、理解和运用这些政策，是走好创业第一步的关键。

（一）税收优惠

持人社部门核发的《就业创业证》（注明“毕业年度内自主创业税收政策”）的高校毕业生在毕业年度内（指毕业所在自然年，即1月1日至12月31日）创办个体工商户、个人独资企业的，3年内按每户每年8000元为限额依次扣减其当年实际应缴纳的营业税、城市维护建设税、教育费附加和个人所得税。对高校毕业生创办的小型微利企业，按国家规定享受相关税收支持政策。

（二）创业担保贷款和贴息

对符合条件的大学生自主创业，可在创业地按规定申请创业担保贷款，贷款额度为10万元。鼓励金融机构参照贷款基础利率，结合风险分担情况，合理确定贷款利率水平；对个人发放的创业担保贷款，在贷款基础利率基础上上浮3个百分点以内的，由财政给予贴息。

创业精神

（三）免收有关行政事业性收费

毕业两年以内的普通高校学生从事个体经营（除国家限制的行业外）的，自其在工商部门首次注册登记之日起3年内，免收管理类、登记类和证照类等有关行政事业性收费。

（四）享受培训补贴

对大学生创办的小微企业新招用毕业年度高校毕业生，签订1年以上劳动合同并交纳社会保险费的，给予1年社会保险补贴。对大学生在毕业学年（即从毕业前一年7月1日起的12个月）内参加创业培训的，根据其获得创业培训合格证书或就业、创业情况，按规定给予培训补贴。

（五）免费创业服务

有创业意愿的大学生，可免费获得公共就业和人才服务机构提供的创业指导服务，包括政策咨询、信息服务、项目开发、风险评估、开业指导、融资服务、跟踪扶持等“一条龙”创业服务。

（六）取消高校毕业生落户限制

高校毕业生可在创业地办理落户手续（直辖市按有关规定执行）。

（七）创新人才培养

创业大学生可享受各地各高校实施的系列“卓越计划”、科教结合协同育人行动计划等，同时享受跨学科专业开设的交叉课程、创新创业教育实验班等，以及探索建立跨院系、跨学科、跨专业交叉培养创新创业人才的新机制。

（八）开设创新创业教育课程

自主创业大学生可享受各高校挖掘和充实的各类专业课程和创新创业教育资源，以及面向全体学生开发开设的研究方法、学科前沿、创业基础、就业创业指导等方面的必修课和选修课；同时享受各地区、各高校推出的资源共享的慕课、视频公开课等在线开放课程，以及在线开放课程学习认证和学分认定制度。

（九）强化创新创业实践

自主创业大学生可共享学校面向全体学生开放的大学科技园、创业园、创业孵化基地、教育部工程研究中心、各类实验室和教学仪器设备等科技创新资源及实验教学平台。自主创业大学生可参加全国大学生创新创业大赛、全国高职院校技能大赛，各类科技创新、创意设计、创业计划等专题竞赛，以及高校学生成立的创新创业协会、创业俱乐部等社团，提升创新创业实践能力。

（十）改革教学制度

自主创业大学生可享受各高校建立的自主创业大学生创新创业学分累计与转换制度；可享受学生开展创新实验、发表论文、获得专利和自主创业等情况折算为学分，将学生参与课题研究、项目实验等活动认定为课堂学习的新探索；还可享受为有意愿、有潜质的学生制订的创新创业能力培养计划，以及参与将创新创业档案和成绩单等系列客观记录量化为评价学生开展创新创业活动情况的教学实践活动。另外，优先支持参与创业的学生转入相关专业学习。

（十一）完善学籍管理规定

有自主创业意愿的大学生，可享受高校实施的弹性学制，放宽学生修业年限，允许调整学业进程和保留学籍休学创新创业。

（十二）大学生创业指导服务

自主创业大学生可享受各地、各高校对自主创业学生实行的持续帮扶、全程指导、一站式服务。地方、高校两级信息服务平台为学生实时提供国家政策、市场动向等信息，提供和创业项目对接、知识产权交易等服务。自主创业大学生可享受各地在充分发挥各类创业孵化基地作用的基础上，因地制宜建设的大学生创业孵化基地和相关培训、指导服务等扶持政策。

三 努力提升创业能力

（一）专业能力的培养

实践证明，没有专业能力的人要想创业成功，是很困难的。因此，大学生应努力提高自己的专业能力。具体来说，需要做到以下两点：①热爱自己的专业，并努力学好专业知识，为创业打好理论基础；②通过实践活动不断提高专业技能。

（二）社交能力的培养

大学生培养并提升社交能力的方法有以下几种：①找出社交的困扰。现实生活中，每个人在与他人的交往中都可能遇到这样或那样的困惑。正确找出自身困惑来源于哪些方面，有助于对症下药，进而解决自身存在的社交问题。②树立正确的心态。在与人交往的过程中，应持包容的心态去面对他人不同的观点；遇到比自己能力强的同学、朋友，不要自卑，而要学习他人的优点，同时展示自己的才能；不要因为与他人“不投缘”就拒绝与人交往。③了解社交心理并掌握社交技巧。可以通过阅读社交心理、待人接物方面的书籍来学习人际交往技巧。

（三）管理能力的培养

大学生培养和提升管理能力的方法有如下几种：①学会管理时间。首先，记录时间的使用情况，并连续记录一个月，一年之内记录3至4个月；然后，分析哪些事情根本不必做，哪些事情可以由他人代为而不用亲力亲为，做哪些事情时可以改进方法、提高效率；最后，优化时间分配与使用，将有效的时间用来处理重要的事情。②学会用人所长。人无完人，真正优秀的管理者会首先了解一个人最擅长做什么事，再根据其长处来安排工作。③确保要事优先。即将主要精力用于处理重要的事情。④学会及时做出有效的决策。

知识链接

四象限法则

把要做的事情按照紧急、不紧急、重要、不重要的排列组合分成四个象限，这四个象限的划分有利于我们对时间进行深刻的认识及有效的管理，如图3-2所示。

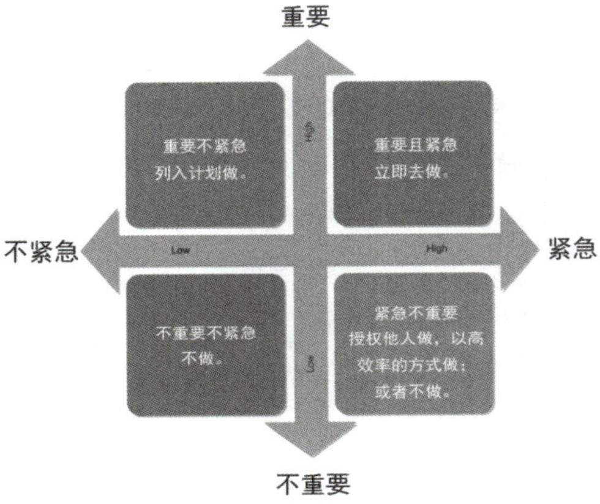

图 3-2　四象限法则示意图

第一象限包含的是一些紧急而重要的事情，这一类的事情具有时间的紧迫性和影响的重要性，无法回避也不能拖延，必须首先处理、优先解决。它表现为重大项目的谈判、重要的会议工作等。

第二象限包含的事件是那些紧急但不重要的事情，这些事情很紧急但并不重要，因此这一象限的事件具有很大的欺骗性。很多人有认识上的误区，认为紧急的事情都显得重要，实际上，像无谓的电话、附和别人期望的事、打麻将三缺一等事件都并不重要。这些不重要的事件往往因为它紧急，就会占据人们的很多宝贵时间。

第三象限的事件大多是些琐碎的杂事，没有时间的紧迫性，没有任何的重要性，这种事件与时间的结合纯粹是在扼杀时间，是在浪费生命。发呆、上网、闲聊、游逛，这是饱食终日无所事事的人的生活方式。

第四象限不同于第一象限，这一象限的事件不具有时间上的紧迫性，但是，它具有重大的影响，对于个人或者企业的存在和发展及周围环境的建立维护，都具有重大的意义。

（四）创新能力的培养

创新是创业精神的核心。大学生可通过下列方法来培养和提升创新能力，如完善个性发展、保持好奇心和求知欲、敢于质疑、突破书本思维的桎梏、自觉培养科学精神、训练创新思维等。

四 积极参加创业大赛

大学生应积极参加创业大赛，以锻炼创新思维、培养创业综合素质，进而提升创业能力。常见的创业大赛有中国“互联网+”大学生创新创业大赛、“挑战杯”中国大学生创业计划竞赛、“创青春”全国大学生创业大赛等。

中国“互联网+”大学生创新创业大赛由教育部与有关部委、地方人民政府共同举办，自2015年开始，每年举行一届。大赛主题、目的与任务、总体安排、具体组织机构、参赛项目要求、比赛赛制和赛程安排等以教育部发布的关于举办中国“互联网+”大学生创新创业大赛的通知为准。“挑战杯”全国大学生系列科技学术竞赛简称“挑战杯”，是由共青团中央、中国科协、教育部和全国学联共同主办的全国性的大学生课外学术实践竞赛，竞赛官方网站为http://www.tiaozhanbei.net/，“挑战杯”竞赛在中国共有两个并列项目，一个是“挑战杯”中国大学生创业计划竞赛，另一个是“挑战杯”全国大学生课外学术科技作品竞赛。这两个项目的全国竞赛交叉轮流开展，每个项目每两年举办一届。

项目小结

本项目主要介绍了创业者的内涵和分类、成功创业者的必备素质、培养自己的创业特质等内容，主要帮助学生认识创业者，了解创业者应该具备哪些素质，并能根据实际情况提升自身素质。

练习题

练习题答案

一、单选题

1. 一般认为，创业是创业者在创新创业精神驱动下，对（　　）进行识别和开发的创建过程。创业要求创业者具备一定的综合素质和能力。

A.创业机会　　B.服务　　C.客户需要　　D.产品

2. 一个优秀的创业者需要具备一些素质，比如（　　）能力，就是能够保持经常的社会性接触，在工作之外经常与同事或顾客发展友好的个人关系，甚至家庭接触，扩大关系网。

A.市场调研　　B.公共关系　　C.为人处世　　D.关系构建

3. 一个优秀的创业者需要具备一些素质，比如（　　）能力，有能力安排好自己的工作与生活，且使工作任务与信息条理化、逻辑清晰。

A.安排　B.办事　C.组织　D.时间管理

4. 优秀的创业者，一般具有影响特征，主要通过价值观引领，通常以（　　）来引导和影响团队，其行为方式也集中体现组织所倡导的价值观。

A.公司文化　B.公司战略　C.价值观　D.顾客价值

5. 优秀的创业者，有一项创业素质是（　　），是指能够适应各种环境的变化，具备应对各种新情况的能力且能够创造性地提出问题的解决方案。

A.创新能力　B.创新意识与能力　C.适应能力　D.价值创造能力

二、多选题

1. 创业者应具备的素质有（　　）。

A.敢于创新　B.敢担风险　C.积极乐观

D.按部就班　E.诚信为本

2. 创业者的心理特征包括（　　）。

A.抗压能力　B.敢于面对失败

C.承担风险　D.克服盲目冲动

3. 创业者应该具备的知识（　　）。

A.专业知识　B.创业知识

C.营销知识　D.财务知识

4. 下列哪些是创业者应该具备的条件（　　）。

A.才智　B.家庭的资金支持

C.网络和关系　D.确定的管理

5. 创业者需要提升（　　）。

A.专业能力　B.社交能力

C.管理能力　D.创新能力

三、判断题

1. 要成为未来的创新创业者，应有多元化的知识储备。（　　）

2. “成功与失败只是一步之差”告诉所有创业者：只要我们意志坚定，不轻言放弃，就一定可以取得成功。（　　）

3. 创新创业者心理特征中最不重要的是抗压能力。（　　）

4. 创新素质是由创新意识和创新精神与思维、创新人格和能力以及实践能力三个维度组成。（　　）

5. 创业者的能力主要是与生俱来的，后天很难培养锻炼出来。（　　）

四、测试题

创业基本素质测评

以下每题都有4个选项：A.经常；B.有时；C.很少；D.从不。你可以在每题后面填写相应的选项。

1. 在急需决策时，你是否在想“再让我考虑一下吧”？（　）
2. 你是否为自己的优柔寡断找借口说“得慎重，怎能轻易下结论呢”？（　）
3. 你是否为避免冒犯某个有实力的客户而有意回避一些关键性的问题，甚至有意迎合顾客？（　）
4. 你是否无论遇到什么紧急任务都先处理日常的琐碎事务？（　）
5. 你是否非得在巨大压力下才肯承担重任？（　）
6. 你是否无力抵御妨碍你完成重要任务的干扰和危机？（　）
7. 你在决策重要的行动和计划时，常忽视其后果吗？（　）
8. 当你需要做出很可能不得人心的决策时，是否找借口逃避而不敢面对？（　）
9. 你是否总是在晚上才发现有要紧的事没办？（　）
10. 你是否因不愿接受艰巨的任务而寻找各种借口？（　）
11. 你是否常来不及躲避或预防困难情形的发生？（　）
12. 你总是拐弯抹角地宣布可能得罪他人的决定吗？（　）
13. 你喜欢让别人替你做你自己不愿做而又不得不做的事吗？（　）

计分：选A得4分，选B得3分，选C得2分，选D得1分。

▶ 项目实训

创业者访谈。

▶ 实训目的

1. 从创业者身上学习成功创业的战略。
2. 评估个人创业潜力。

▶ 实训流程

1. 访谈要求。

（1）该创业者不能是家族成员或朋友，这是一个你扩大自己网络的机会。

（2）尽可能高标准选择创业者，公司年龄在3年以上，年收入达到500万元以上。

2. 列访问谈提纲。

访谈对象：________________________________

访谈人：________________________________

研究现象：________________________________

研究目的：________________________________

访谈问题：

（1）您为什么要创业？（2）您创业的决心是谁或者什么推动的？（3）创业伊始您自身具备哪些资源？（4）您是如何寻找到或者整合得到这些资源？（5）您认为身边的创业氛围浓厚吗？（6）您在创业过程中遇到最大的困难是什么？（7）您是如何克服这些困难的？（8）您从创业中得到了什么？（9）您认为创业对于在校大学生有什么意义？（10）结合您的创业历程，可以给即将创业的同学们一些建议吗？

3. 访谈前准备。

（1）采访组员先明确访谈目的，由组长做好分工，每支采访队伍由两人组成，负责进行各自采访工作，并且完成采访报告。

（2）采访组员收集被受访者的资料，尤其是他们的创业经历，并且做到熟记于心，避免访谈过程中出现慌乱状况。

（3）事先准备好访谈稿，队员熟悉访谈问题，合理地添加导语、串词及结尾，使整篇访谈结构饱满，让受访者便于回答。

（4）在采访前礼貌询问受访者是否方便接受采访，并先让对方了解采访问题。

4. 撰写访谈总结报告。

____

____

____

▶ 实训思考

如果你创业，你觉得自己还欠缺哪些方面的能力？

____

____

____

项目 4 创业团队的组建与管理

知识目标

1. 了解创业团队的内涵、构成要素与类型。
2. 掌握创业团队的组建形式、原则与程序。
3. 掌握创业团队的管理技巧和策略。

能力目标

1. 能够组建自己的创业团队。
2. 能够协调处理好创业团队内部的各项关系。

思政目标

1. 通过对创业团队意义的了解，明白团队的重要作用，在日常生活中学会团结他人。
2. 做任何事都不能盲干，要讲究技巧和策略，只有这样才能达到事半功倍的效果。

案例引入

团队的力量

小米公司在短短几年的时间内就在手机行业开创了一片天地，正是因为该公司拥有一个非常优秀的创业团队。小米公司的核心人物是董事长兼首席执行官——雷军，雷军同时是国内软件公司——金山软件的董事长，也是一位业界知名的投资者。小米公司的总裁林斌在此之前是谷歌中国工程研究院的副院长，互联网行业的专家；副总裁周光平是前摩托罗拉北京研发中心的高级总监，对手机具有丰富的经验；副总裁刘德则是北京科技大学工业设计系主任，代表着国内一流的设计水平。团队内还有些曾经供职于微软等知名互联网企业的研发总监、产品经理等，这些高水平的团队成员具有过硬的专业能力和在各个领域内广泛的社会关系，与雷军正是强强联合，共同组成了一个优秀的创业团队。

小米公司在初创时就提出了成为世界500强公司的期望，并明确了“使手机取代计算机”的愿景。各个领域的优秀成员被同样的愿景打动，这个愿景使他们凝聚在一起共同奋斗。同时小米公司的创业团队成员之间没有严格的等级界限，他们营造了一种轻松的伙伴式工作氛围，彼此可以自由交换意见、传递信息、共同解决问题，这使团队的运作非常高效，从而能够对市场做出及时且有效的反应。在如此优秀的创业团队的带领下，小米公司很快适应了新的行业和新的市场需求，取得了惊人的成绩，在智能手机领域占据了一席之地。

任务1 了解创业团队

一 创业团队概述

（一）创业团队的内涵

创业团队是指由两个或两个以上创业者组成的具有特定的组织功能并协同工作的创业群体，团队中的成员有着共同的创业理想，具备不同的专业知识和能力，能够形成一个优势互补的动态系统。狭义的创业团队是有着共同目的、共享创业收益、共担创业风险的一群创建新企业的人。广义的创业团队不仅包括狭义的创业团队，还包括与创业过程有关的各种利益相关者，如风险投资家、专家顾问等。

（二）创业团队的组织与结构

1. 创业团队的规模

如果创业团队的成员为7人或7人以上，由于人数多、情况复杂，那么意见难以达成一致的情况就会较多，而且还会消耗太多的管理精力和费用，股东利益和管理权威之间也比较容易产生矛盾。在一般情况下，创业团队保持在3 ~ 6人的规模比较合理。团队角色的分配中必须有一人担任领导者角色，这个人一定要把握企业发展的宏观方向和前进路线，提出战略计划，交给团队其他人去执行。除领导者以外，团队中的技术专家、运营人员、资金来源者等都是不可或缺的成员。

2. 创业团队的关系

很多创业团队最初大多是由亲戚、朋友、原先的同事或同学组成的。公司创办、经营过程中要时刻注意平衡团队成员关系结构，关系的亲密程度、内容及形式等都可能会影响到团队的稳定性和企业业绩等。

3. 创业团队的能力结构

一个优秀的创业团队，成员之间要职责明确、分工合理，也就是说团队成员在决策制定、企业管理、技术创新、决策执行等方面要形成能力互补的结构，这样才能促进企业健康、可持续发展。

4. 创业团队的权力结构

根据管理权力理论，在企业管理层中拥有较大权力的往往是在企业中任职时间较长、在企业创始和发展过程中发挥了重要作用的人。这些人是企业管理层中权力最大，也是情感上最受人尊重的。当然这些创始人除拥有较高地位之外，他们持有的股份比例也是比较高的，可以根据实际情况按照重要性、贡献度等确定不同的股权比例。

案例鉴赏

马化腾五兄弟：难得的创业团队

腾讯创造出奇迹靠的是团队。1998年的秋天，马化腾与他的同学张志东“合资”注册了深圳腾讯计算机系统有限公司。之后又吸纳了3位股东：曾李青、许晨晔、陈一丹。为避免彼此争夺权力，马化腾在创立腾讯之初就和4个伙伴约定清楚：各展所长、各管一摊。之所以将创业五兄弟称之为“难得”，是因为直到2005年的时候，这5人的创始团队还基本是保持这样的合作阵形，不离不弃，直到腾讯做到如今的帝国局面。

在企业迅速壮大的过程中，要保持创始人团队的稳定合作尤其不易。在这个背后，工程师出身的马化腾一开始对于团队合作的理性设计功不可没。从股份构成上看，5个人一共凑了50万元，其中马化腾出资23.75万元，占了47.5%的股份；张志东出了10万元，占20%；曾李青出了6.25万元，占12.5%的股份；其他两人各出5万元，各占10%的股份。虽然主要资金都由马化腾出，他却自愿把所占的股份降到一半以下。“要他们的总和比我多一点点，不要形成垄断、独裁的局面。”而同时，他自己又一定要出主要的资金，占大股。“如果没有一个主心骨，股份大家平分，到时候也肯定会出问题，同样完蛋。”

保持稳定的另一个关键因素，就在于搭档之间的“合理组合”。据《中国互联网史》作者林军回忆说，“马化腾非常聪明，但非常固执，注重用户体验，愿意从用户的角度去看产品。张志东是脑袋非常活跃，对技术很沉迷的一个人。马化腾技术上也非常好，但是他的长处是能够把很多事情简单化，而张志东更多是把一个事情做得完美化。”许晨晔和马化腾、张志东同为深圳大学计算机专业的同学，他是一个非常随和、有主见，但不轻易表达的人，是有名的“好好先生”。而陈一丹是马化腾在深圳中学时的同学，后来也就读深圳大学，他十分严谨，同时又是一个非常张扬的人，他能在不同的状态下激起大家的激情。如果说其他几位合作者都只是“搭档级人物”的话，那么曾李青就是腾讯五个人创始人中最好玩、最开放、最具激情和感召力的一个人，与温和的马化腾、爱好技术的张志东相比，是另一个类型。其大开大合的性格，也比马化腾更具攻击性，更像拿主意的人。不过或许正是这一点，也导致他最早脱离了团队，单独创业。

后来，马化腾在接受多家媒体的联合采访时承认，他最开始也考虑过和张志东、曾李青三个人均分股份的方法，但是最后还是采取了五人创业团队，根据分工占据不同的股份结构的策略。即便是后来有人想加钱、占更大股份，马化腾说不行，“根据我对你能力的判断，你不适合拿更多的股份”。因为在马化腾看来，未来的潜力要和应有的股份匹配，不匹配就要出问题。如果拿大股的不干事，干事的股份又少，矛盾就会发生。

当然经过几次稀释，最后他们上市所持有的股份比例只有当初的1/3，但即便是这样，他们每个人的身价都还是达到了数十亿元人民币，是一个皆大欢喜的结局。

可以说，在中国的民营企业中，能够像马化腾这样，既包容又拉拢，选择性格不同、各有特长的人组成一个创业团队，并在成功开拓局面后还能依旧保持着长期默契的合作，是很少见的。而马化腾的成功之处，就在于其从一开始就很好地设计了创业团队的责、权、利。能力越大，责任越大，权力越大，收益也就越大。

一 创业团队类型

从不同的角度、层次和结构可以将创业团队划分为不同的类型，而依据创业团队的组成者来划分，创业团队有星状创业团队、网状创业团队和虚拟星状创业团队。

创业团队的类型

（一）星状创业团队

一般在团队中有一个核心人物，充当了领队的角色。这种团队在形成之前，通常是核心人物有了创业的想法，然后根据自己的设想进行创业团队的组织。因此，在团队形成之前，核心人物已经就团队的组成进行过仔细思考，根据自己的想法选择相应人员加入团队。这些加入创业团队的成员也许是核心人物以前熟悉的人，也有可能是不熟悉的人，但这些团队成员在企业中更多时候是支持者的角色。

这种创业团队有几个明显的特点。

①组织结构紧密，向心力强，核心人物在组织中的行为对其他个体影响巨大。

②决策程序相对简单，组织效率较高。

③容易形成权力过分集中的局面，从而使决策失误的风险加大。

④当其他团队成员和核心人物发生冲突时，因为核心人物的特殊权威，使其他团队成员在冲突发生时往往处于被动地位，在冲突较严重时，一般都会选择离开团队，因而对组织的影响较大。

（二）网状创业团队

这种创业团队的成员一般在创业之前都有较密切的关系，比如同学、亲友、同事、朋友等。一般是在交往过程中，共同认可某一创业想法，并就创业达成了共识以后，开始共同进行创业。在创业团队组成时，没有明确的核心人物，大家根据各自的特点进行自发地组织角色定位。因此，在企业初创时期，各位成员基本上扮演的是协作者或者伙伴角色。

这种创业团队的特点表现为以下4个方面。

①团队没有明显的核心，整体结构较为松散。

②组织决策时，一般采取集体决策的方式，通过大量的沟通和讨论达成一致意见，因此组织的决策效率相对较低。

③由于团队成员在团队中的地位相似，因此容易在组织中形成多头领导的局面。

④当团队成员之间发生冲突时，一般都采取平等协商、积极解决的态度消除冲突，使团队成员不会轻易离开。但是一旦团队成员间的冲突升级，使某些团队成员撤出团队，就容易导致整个团队的涣散。

（三）虚拟星状创业团队

这种创业团队是由网状创业团队演化而来，基本上是前两种的中间形态。在团队中，有一个核心人物，但是该核心人物地位的确立是团队成员协商的结果。因此，核心人物从某种意义上说是整个团队的代言人，而不是主导型人物，其在团队中的行为必须充分考虑其他团队成员的意见，不如星状创业团队中的核心主导人物那样有权威。

任务2 创业团队的组建

一 创业团队的组建形式

组建创业团队的形式主要有合伙制和公司制两种。

（一）合伙制

合伙制由合伙人订立合伙协议，共同出资、合伙经营、共享收益、共担风险，并对债务承担无限连带责任。创业团队采取合伙制是一种过渡型创业模式，有利于将创业中的激励机制与约束机制有机地衔接起来。合伙人执行合伙企业事务，有全体合伙人共同执行合伙企业事务、委托一名或数名合伙人执行合伙企业事务两种形式。这种创业模式比较自由灵活，启动资金少，创业者可以抓住消费群体的特点来确定行业，降低了创业风险。

组建创业团队

（二）公司制

公司制是采取设立有限责任公司或股份有限公司的形式组建创业团队，运用公司的运作机制及形式进行创业。公司制能够集中资金进行投资活动，以自有资本进行投资有利于控制风险；投资收益可以根据自身发展需求，做必要扣除和提留后再进行分配；随着业务的快速发展，可以申请进行改制上市，使得投资者的股份可以公开转让，进而将所得资金用于循环投资。

二 创业团队的组建程序

（一）确定创业目标

“凡事预则立，不预则废。”组建创业团队之前一定要明确创业团队的总目标，即通过完成创业阶段的技术、市场、规划、组织和管理等各项工作，实现新创企业的从无到有，从起步到成熟。为了推动团队最终实现总目标，需要将总目标进行再分解，设定若干可行的、阶段性的子目标。

（二）制作创业计划书

当阶段性的目标和总目标确定之后，就要研究如何实现这些目标，这就需要制作周密的创业计划书。通过制作创业计划书可以进一步使创业团队的思路清晰，为后来的寻求合作伙伴奠定基础。

（三）SWOT分析

创业者要认真分析自我，发掘自己的特长，确定自己的不足。SWOT分析，即基于内外部竞争环境和竞争条件下的态势分析，就是将与创业团队组建密切相关的各种主要内部优势、劣势和外部的机会、威胁等，通过调查列举出来，并依照矩阵形式排列，然后用系统分析的思想，把各种因素相互匹配起来加以分析，从中得出一系列相应的结论，而结论通常带有一定的决策性，进而使得创业者能够对自己正在或即将从事的创业活动有足够清晰的认知。

案例鉴赏

SWOT 自我分析

- 优势

1. 做事比较认真：脚踏实地，不懂的问题虚心向他人求教。

2. 用心向上，乐观地看待生活中遇到的困难和挫折。

3. 独立自主，富有极强的职责心和耐心，做人自然不做作。

4. 能主动关心他人，能为他人着想，人缘好，和同学友好相处，对人真诚友善，且乐于助人。

5. 有较强的组织潜力，适应性较强。

6. 身体素质好，运动潜力强。

7. 除了学习本专业的知识，我还去考了会计从业资格证。

● 劣势

1. 有点认生，应对不熟悉的人比较拘谨，偏内向，而且异性朋友较少，只和熟悉的人相处时才放得比较开。

2. 专业知识不够牢固，对所学的知识资料理解不透，知识面窄。

3. 语言表达潜力较差，普通话不是很标准，带有方言口音，胆子比较小，很少在公共场合发言。

4. 有时心直口快，不经意间伤害到他人，对事物容易感到厌烦。

5. 不常参与校里、院内举办的活动，缺乏潜力上的锻炼和经验。

6. 学习没有明确的目标与合理的规划，而且学习不够主动，很多时候是一股热劲，容易受周围环境影响。

7. 由于不喜欢英语，所以英语潜力较差。

● 机会

1. 学校是一个学习的地方，有良好的师资、物资和财力，校图书室图书资源丰富，那里学习环境和氛围都很好。

2. 学校、学院都会举办许多活动，给我们一个平台去展示和锻炼自我的机会。

3. 信息时代发达，传媒业也发展迅速，我们能够在报纸、电视、杂志及网络上找到许多自我所需的知识。

● 威胁

1. 就业形势严峻，市场竞争激烈。

2. 大学人才资源丰富，企业门槛高，要求严格，而且企业对应届毕业生的潜力也有所顾虑。

3. 社会十分复杂，要应对各种各样的诱惑，以防迷失自我。

4. 与自己同专业的人有很多，竞争大。

（四）寻找创业合作伙伴

通过SWOT分析，创业团队根据自身情况，选择有利于实现创业计划的合作方式，寻找那些与自身优势互补的创业合作伙伴。

（五）职权的合理划分

为保证创业团队成员执行创业计划，顺利开展工作，创业团队成员要进行职权划分，也就是根据执行创业计划的需要，具体确定每个团队成员所要担负的职责及相应所享有的权限。

知识链接

《西游记》取经团队成员角色分析

“团队管理”这一名词是随着工商管理的概念进入中国的，但实际上最早阐述团队理念的是中国，那就是我们早已熟知的《西游记》。这部名著本身就是一个团队合作的深刻案例。《西游记》中的师徒4人组成了一个团队，如图4-1所示。

图 4-1 《西游记》取经团队

唐僧是这个团队的最高领导，是决策层，在企业里面就好比是总经理。他运用自己的强硬管理方式和制度（紧箍咒）来管理团队，并且通过“软权力”和“硬权力”的结合来调动整个团队。从根本上讲，几个徒弟很服从他，佩服他的学识（软权力），因为唐僧是当时著名的高僧，而且是个翻译，按现在衡量高层管理人员的标准，他是同声传译员，而且是个工商管理硕士，德高望重，绝对是个优秀的管理者。他领导团队去西天取经，并获得成功。

孙悟空应该是这个团队中的职业经理人，具体一点就是部门经理。他本领高强，到哪里都能混口饭吃，而且社会关系和社会资源极其丰富，但性格有点“猴急”。从个人素质上讲，孙悟空是非常优秀的，总经理（唐僧）布置的任务都能高效完成，而且处处留下美名，颇有跨国公司职业经理人的风范。

猪八戒虽然不太受人喜欢，但是作为组织中的小人物，他本人还是有很多优点的，而且在许多方面还在团队中起了不小的作用，比如调节矛盾，运用公共关系的方法来协调众人之间的关系，这都是他对组织的贡献。他本人幽默、可爱，充当着组织润滑剂的角色，所以在组织中功不可没。没有猪八戒的团队是残缺的，而且也是不完美的。用一句话来概括：猪八戒是公司中跨部门沟通的典范！

沙僧自不必说，他朴实无华，工作踏实，从企业的角度讲，他是“广大劳动者”，兢兢业业，是劳动的模范。他虽然没有职业经理人的风光与协调关系者的公关本领，但是他所做的工作却是最基础的。在团队中，每个人都应该向他学习，主动挑起自己的责任，努力工作，从而为团队做出自己的贡献。

白龙马更是一个默默无闻的劳动者身份，任劳任怨，主要工作就是唐僧的司机兼座驾，偶尔在关键时刻挺身而出，表现一下。

在认同他们优秀的同时，我们还要认识到他们的缺点。例如，唐僧性格优柔寡断，不明是非；孙悟空个人英雄主义严重，无视组织的纪律和制度；猪八戒悟性较差，贪吃、好色；沙僧缺乏主见，工作欠灵活等。这些都是我们应该注意的，只有熟悉自己的缺点，我们才能将工作做好。

（六）团队的调整融合

运转流畅的创业团队并非创业一开始就能建立，很多时候是随着创业团队的运作逐渐形成。团队组建时在人员匹配、制度设计、权责划分等方面的不合理之处逐渐暴露出来，团队对问题进行修正调整，当问题逐渐被解决后，展现在我们面前的才会是一个初具规模的创业团队。团队问题的暴露是一个动态持续的过程，所以团队调整也是分阶段的动态过程。创业团队阶段特征与调整重点见表4–1。

表4–1　创业团队阶段特征与调整重点

阶段	特征与调整重点
形成期	初步形成创业团队的内部框架，建立创业团队对外工作机制
规范期	通过交流想法设定团队目标、成员职责、流程标准等规范性制度
震荡期	隐藏问题暴露，公开讨论、顺畅沟通、改善关系、解决矛盾
凝聚期	形成有力的团队文化、更广泛的授权与更清晰的权责划分
收获期	遇到挑战，提升团队效率，解决问题，取得阶段性成功
调整期	对团队进行整顿，明确新阶段的计划、目标，优化团队规范

任务3　创业团队的管理

一　创业团队的管理技巧和策略

（一）凝聚人心

创业团队所有成员都认同整个团队是一股密切联系而又缺一不可的力量，大家都能够认识到只有企业获得成功才能保证团队中每一个人的利益，团队中任何人都不会因为自己的个人利益去损坏公司的整体利益。

（二）合作精神

成功的创业公司最显著的特点是拥有一个能整体协同配合的团队，而不仅仅是培养一两个杰出的人物。团队成员注重互相配合，减轻他人的工作负担并提高整体的效率。他们注重在创业者和关键成员中培养核心人物，并通过奖酬制度进行有效激励。

创业团队的管理

（三）全局视野

团队中每个人可能只承担了任务的一个部分，但是每个人都要明白整个任务的目标、设计思路及预期目标，不能只关心自己所负责的部分，形成狭隘的部门思维。

（四）立足长远

创业是一个艰苦卓绝的过程，团队成员们应该认同企业的长远目标，不能指望一夜暴富。创业是一个持续5年甚至10年的过程，在这个过程中不会是一帆风顺的，会有酸甜苦辣各种经历，团队成员需要的是不断奋斗，坚持到最后的胜利。

（五）收益目标

创业者的目标是企业的成功，而非每月的薪水。团队成员需要认识到，最终的资本收益才是他们获得成功的标准，在这之前任何的薪水或者奖励都是可以取消的。

（六）价值创造

团队成员都致力于价值创造。新时代创业者要明白，因为每个参与分蛋糕的人都会帮助将蛋糕做大，所以不需要担心人多粥少的问题。当企业能够为顾客、供应商、销售商提供更多的价值时，已经赢得了市场的认可。

（七）公平分配

对关键员工的奖励及团队的股本分配设计应该与一段时期内团队成员的贡献、业绩和成果挂钩，尽量做到公平、公正，以避免意外情况的出现。

二 创业团队常见问题与解决方法

（一）创业团队常见的问题

创业团队存在的问题主要从创业理念、素质能力和团队合作3个方面体现，具体情况见表4-2。

表4-2　创业团队常见问题

问题类型	问题表现
创业理念	团队成员想法不一，各有所图；团队成员心态不够好，准备不足或信心不足
素质能力	核心领导人的德和才不足以领导整个团队；团队成员能力不足，结构不合理
团队合作	团队缺乏有效的沟通机制，缺少合理的工作程序

（二）创业团队常见问题的解决方案

1. 创业理念

在创业理念方面，创业团队经常碰到的具体问题就是团队成员想法不同或心态不好，直接表现为团队班子不稳定、意见不一致等问题。在创业初期，团队成员拥有共同的目标愿景非常重要，通过共同的愿景，团队可以建立共同的事业目标，促进团队为目标而努力。但是实际上，创业团队成员往往都有自己的想法和观点，特别是团队中具备领导特质的人有两个或两个以上时，意味着团队存在着不稳定因素。这需要创业团队的所有成员都能非常清醒地认识到自身的优势和劣势，同时，对其他成员的长处和短处也一清二楚，从而对整个团队的现状有清楚的认识。在此基础上，团队可以避免各成员因为互相不熟悉、想法不一致而产生的矛盾、纠纷，保证团队的向心力和凝聚力。很多创业团队的成员互相之间非常熟悉、知根知底，而正是因为这份熟悉和信任，帮助他们避免了很多问题，最终获得了成功。

2. 素质能力

现代大型企业往往实行职业经理人聘用制，但是在企业开创之初，一名具备领袖气质的领导人是不可或缺的支柱，他指引着整个创业团队的方向。这个领导人不单单需要具备团队管理能力和市场运作能力，更重要的是需要在团队成员中有着巨大的、无形的影响力，有着一呼百应的气势和号召力。很多创业团队在短时间内消亡，很重要的原因在于创业团队的带头人不是一名合格的领导者。

创业团队建立时，需要考虑的重要问题就是成员之间的知识、资源、能力或者技术的互补，以便充分发挥个人的能力与优势，强化队员间的彼此合作，达到一加一大于二的效果。一般来讲，团队成员的知识、能力结构越全面合理，团队创业成功的可能性越大。

3. 团队合作

创业团队往往是一群关系相熟的人基于共同的创业理念发展而来，但是在实际运作当中，往往也会遇到团队结构不合理、沟通不畅或做事、说法不一等情况。如果没有好的制度保证这些隐藏的问题能够进行反馈并得到解决，那么，这些问题将很有可能经过一段时间的潜伏后爆发，成为团队离心、解散的导火索。另外，团队创业很重要的一个问题就是利益分配。这需要创业开始时，将团队中基本的责、权、利说清楚，尤其是股权、利益分配等原则问题，包括未来可能出现的增资、撤资、扩股、融资、人事安排及解散等事宜。这样企业在经过发展壮大后，才不会因为利益纠纷而产生团队矛盾，从而导致团队的解散。

双创榜样

南大学生，投身硬科技创业

大学期间，“双创”热潮正如火如荼，不甘于循规蹈矩的刘靖康也萌发了创业念头，组建创业团队做了一款名为“名校直播”的视频产品。但他们发现直播视频清晰度不高，用户观感不佳。恰逢此时，一家俄罗斯公司拍摄的360度全景视频引爆网络。刘靖康团队备受启发，决定做一款可以让人一键拍摄全景视频的相机。带着年轻人的冲劲儿，刘靖康带领团队转型，将触角伸向硬件领域。

2015年，从南京大学毕业一年后，刘靖康带着原来的团队创办影石创新，专注于VR及全景相机领域。当时国内还没有公司专门研发全景相机，整个行业的产品和技术基本处于空白状态。为此，团队将公司从南京搬到供应链更完善的深圳，租下位于宝安区龙光世纪大厦B座的一间办公室，作为深圳创业的起点。起步阶段，影石创新整个团队每天几乎只睡3个小时，刘靖康和团队成员甚至常常亲自去工厂拧螺丝，打磨设备。刘靖康常常跟团队讲：“这个东西做不出来公司就要倒闭。”耗时一年，影石创新终于在2015年底正式推出了Insta360首款企业级VR全景相机4K beta。此前，全景拍摄一般是将多张相片拼接成长条形照片，基本是2D成像。而影石创新利用全景立体拼接算法，将多镜头拍摄的鱼眼视频，精准计算合成为3D立体全景影像，增强了用户的体验感和沉浸感。

所以，该相机一经推出便引起行业轰动。2016年，影石创新这款VR全景相机4K beta应用于两会报道，360度无死角记录发布会现场细节，成为了两会的直播神器。在2016年CES上，全球知名的光学机器制造商日本理光曾对Insta360的相机实时拼接技术表示极大的兴趣，并发出了技术合作请求。不久后，刘靖康和团队带着“Insta360全景相机”项目，参加了第二届创新创业大赛，荣获大赛亚军。同年7月，影石创新上线消费级全景相机Nano，迅速席卷大众消费市场。这是一款颠覆行业的创新产品，不但可以直接插到苹果手机进行拍摄，还可以无须后期一键分享至社交网络。

2018年，在专业级VR相机Pro系列获得较好的市场反响后，影石创新拓展产品线，进入运动相机市场，推出了将全景拍摄和运动相机结合在一起的ONE X全景防抖运动相机。随后几年，影石创新基于定位清晰明确的硬件产品线和配套的软件支持体系，保持着半年到一年的更新节奏，持续不断地推出新品。

目前，影石创新产品线覆盖了消费级的全景相机、运动相机和专业级的VR全景相机。更为亮眼的是，影石创新几乎每一款产品都以其革命性的创意、创新获得用户高度关注。其中，形态独特的多镜头防抖运动相机ONE R还在2020年入选了《时代》年度最佳发明榜单。2020年，影石创新一举击败日本理光和美国GoPro等，荣登全球全景相机市场份额排行榜第一。

项目小结

本项目主要介绍了创业团队的内涵、构成要素和类型，以及如何组建创业团队和管理创业团队等内容，主要帮助学生认识创新团队，了解团队的重要性，掌握组建创业团队的方法与步骤，并能在创业团队成立后管理好团队。

练习题

练习题答案

一、单选题

1. 创业团队是指在创业初期参与到创业过程中，对（　　）高度认同，并通过自身的专业和行动努力，为实现创业目标共同做出贡献的所有人员组成的共同体。

A.商业模式　　B.客户价值　　C.创业理念　　D.经营战略

2. 有战斗力的创业团队的特点不包括（　　）。

A.能力要足够用　　B.能力要互补　　C.知识文化水平高　　D.有一个人拥有主导权

3. 关于领导者的行为策略，下列说法有误的是（　　）。

A.对待团队成员要有所倚重　　B.公平感知利益分配
C.善于沟通与倾听　　D.团队需要权威主管

4. 优秀团队成员的特点不包括（　　）。

A.团队成员都拥有一个共同目标　　B.团队成员之间能力互补，各有所长
C.团队成员之间会相互聆听和配合　　D.团队成员各有所长，特立独行

5.（　　）不是优秀创业团队的共同特点。

A.领导能力　　B.长远目标　　C.凝聚力　　D.完整性

二、多选题

1. 以下关于创业团队的说法中正确的是（　　）。

A.由多成员构成　　B.团队成员需要产生积极协同效应
C.需要基于实现创业的目标　　D.团队与一般工作群体是不同的

2. 团队文化是由（　　）等要素综合在一起而形成的。

A.团队价值观　　B.团队使命　　C.团队愿景　　D.团队氛围

3. 高品质的创业团队会有的表现是（　　）。

A.共同努力　　B.相互协作　　C.依赖　　D.共同担当

4. 创业团队阶段有（　　）。

A.形成期　　B.规范期　　C.震荡期

D.凝聚期　　E.收获期　　F.调整期

5. 创业团队常见的创业理念问题（　　）。

A.团队成员想法不一，各有所图　　B.团队成员心态不够好

C.准备不足或信心不足　　D.缺少合理工作程序

三、判断题

1. 合作精神是创业者最重要的内在驱动力。（　　）
2. 建立目标一致的创业团队是保持团队稳定的关键。（　　）
3. 猎头介绍的创业伙伴优于身边的伙伴。（　　）
4. 每一个创业团队都应该有个核心人物。（　　）
5. 创始人无论在企业处于什么阶段，都应该身体力行冲在一线。（　　）

四、测试题

贝尔宾团队角色测试

本测试将让大学生了解自己的角色类型，以便更好地在创业团队中进行自我定位。本测试共有7道题，每道题有8个选项，请将总分10分分别分配给每道题的8个选项。分配的原则最能体现你行为的句子分最高，以此类推。你可以将10分全部分配给同一个选项，但每道题选项所得的总分不可高于或低于10分。

1. 我认为我能为团队做出的贡献是（　　）。

A.我能很快地发现并把握住新的机遇

B.我能与各种类型的人合作共事

C.我生来就爱出主意

D.我的能力在于，一旦发现某些对实现集体目标很有价值的人，我就及时把他们推荐出来

E.我能把事情办成，这主要靠我个人的实力

F.如果最终能形成有益的结果，我愿面对暂时的冷遇

G.我通常能意识到什么是现实的，什么是可能的

H.在选择行动方案时，我能不带倾向性，也不带偏见地提出一个合理的替代方案

2. 在团队中，我可能有的弱点是（　　）。

A.如果会议没有得到很好的组织、控制和主持，我会感到不痛快

B.我容易对那些有高见而又没有适当地发表出来的人表现得过于宽容

C.只要集体在讨论新的观点，我总是说得太多

D.我的客观使我很难与同事们打成一片

E.在一定要把事情办成的情况下，我有时使人感到特别强硬甚至专断

F.可能由于我过分重视集体的气氛，我发现自己很难与众不同

G.我易于陷入突发的想象之中，而忘了正在进行的事情

H.我的同事认为我过分注意细节，总有不必要的担心，怕把事情搞糟

3. 当我与其他人共同进行一项工作时，(　　)。

A.我有在不施加任何压力的情况下，去影响其他人的能力

B.我随时注意防止粗心和工作中的疏忽

C.我愿意施加压力以换取行动，确保会议不是在浪费时间或离题太远

D.在提出独到见解方面，我是数一数二的

E.对于与大家共同利益有关的积极建议，我总是乐于支持的

F.我热衷寻求最新的思想和新的发展

G.我相信我的判断能力有助于做出正确的决策

H.我能使人放心的是，对那些最基本的工作，我都能组织得井井有条

4. 我在工作团队中的特征是(　　)。

A.我有兴趣更多地了解我的同事

B.我经常向别人的见解提出挑战或坚持自己的意见

C.在辩论中，我通常能找到论据去推翻那些不甚有理的主张

D.我认为，只有计划必须开始执行，我才有推动工作运转的才能

E.我有意避免使自己太突出或太出人意料

F.对承担的任何工作，我都能做到尽善尽美

G.我乐于与工作团队以外的人联系

H.尽管我对所有的观点都感兴趣，但这并不影响我在必要的时候下决心

5. 在工作中，我得到满足，因为(　　)。

A.我喜欢分析情况，权衡所有可能的选择

B.我对寻找解决问题的可行方案感兴趣

C.我感到我在建立良好的工作关系

D.我能对决策有强烈的影响

E.我能适应那些有新意的人

F.我能使人们在某项必要的行动上达成一致意见

G.我感到我的身上有一种能使我全身心投入工作中去的气质

H.我很高兴能找到一块可以发挥我想象力的天地

6. 如果突然给我一件困难的工作，而且时间有限，人员不熟，(　　)。

A.在有新方案之前，我宁愿先躲进角落，拟定出一个解脱困境的方案

B.我比较愿意与那些表现出积极态度的人一道工作

C.我会设想通过用人所长的方法来减轻工作负担

D.我天生的紧迫感将有助于我们不会落在计划后面

E.我认为我能保持头脑冷静，富有条理地思考问题

F.尽管困难重重，我也能保证目标始终如一

G.如果集体工作没有进展，我会采取积极措施加以推动

H.我愿意展开广泛的讨论，意在激发新思想，推动工作

7. 对于那些在团队工作中或与周围人共事时所遇到的问题，(　　)。

A.我很容易对那些阻碍前进的人表现出不耐烦

B.别人可能批评我太重分析而缺少直觉

C.我有做好工作的愿望，能确保工作的持续推进

D.我常常容易产生厌烦感，需要一两个有激情的人使我振作起来

E.如果目标不明确，我起步是很困难的

F.对于我遇到的复杂问题，我有时不善于加以解释和澄清

G.对于那些我不能做的事，我有意识地求助于他人

H.当我与真正的对立面发生冲突时，我没有把握使对方理解我的观点

在回答问题的同时，请将你在各选项上分配的分数填写在表4–3中。分配完毕后，将各项总分相加，测试者即可得到自己在该角色上的分数，分数越高，测试者就越适合该角色。在正常情况下，大多数人都是同时具有多种特性的，但一般在两三个方面表现突出。

表4–3　贝尔宾团队角色测试得分表

题号	执行者		协调者		鞭策者		智多星		外交家		审议员		凝聚者		完成者	
1	G		D		F		C		A		H		B		E	
2	A		B		E		G		C		D		F		H	
3	H		A		C		D		F		G		E		B	
4	D		H		B		E		G		C		A		F	
5	B		F		D		H		E		A		C		G	
6	F		C		G		A		H		E		B		D	
7	E		G		A		F		D		B		H		C	
总计																

▶ 项目实训

模拟组建创业团队。

▶ 实训目的

1. 了解什么是创业团队。

2. 掌握组建创业团队的步骤。

▶ 实训流程

1. 填写团队成员信息表。

分为小组，模拟组建创业团队，在表4–4中记录下对应信息。

表4–4　团队成员信息表

职务	姓名	联系方式	QQ
首席执行官			
营销总监			
财务总监			
采购总监			
信息总监			

2. 细化岗位职责。

小组成员通过查阅资料且互相讨论，分析每个岗位的具体职责，填入表4–5中。

表4–5　每个岗位的具体职责

	岗位职责
首席执行官	（1） （2） （3） （4） （5）
营销总监	（1） （2） （3） （4） （5）
财务总监	（1） （2） （3） （4） （5）
采购总监	（1） （2） （3） （4） （5）
信息总监	（1） （2） （3） （4） （5）

3. 团队氛围营造。

确定了团队的主要成员后，成员之间能否建立融洽的关系，也影响到企业的发展与成长，那么，可以参考表4–6“六顶思考帽子”方法，避免群体思考陷入混乱，并确保从一开始就使误解最小化。

表4–6 “六顶思考帽子”方法

帽子颜色	用于	范例
白色（事实）	中性信息	民以食为天
红色（情感与感觉）	包括预感和直觉	我感到很生气，因为我们失去了很多客户
黑色（否定）	评估思想或情形的不妥之处	这个建议不会起任何作用
黄色（肯定）	评估思想或情形的有利之处	这是个好主意
绿色（创造力）	产生思想	你可以尝试换个角度
蓝色（控制）	正如管弦乐队中的指挥一样——控制帽子的使用	现在我们需要戴上黄色帽子思考

在使用这一方法的时候，应该允许每个人每次集中思考问题的一个方面，同时也应让团队中的每个人能够在思考中转变角色。通过“六顶思考帽子”方法，以小组为单位，思考当团队成员之间发生一些矛盾或是冲突时，你作为团队的领导者应该如何去做？

▶ 实训思考

1. 通过上述步骤，你认为在组建创业团队时，应考虑到哪些因素？

____

____

____

2. 你认为组建创业团队，最重要的一点是什么？为什么？

____

____

____

3. 假设你作为创业者，该如何利用自身有限的资源去组建创业团队呢？

____

____

____

项目 5 创业机会的识别与评价

知识目标

1. 了解创业机会的概念和来源。
2. 掌握识别和把握创业机会的方法。
3. 掌握评价创业机会的准则和方法。

能力目标

1. 能够在日常生活中识别出创业机会。
2. 能够充分利用创业机会进行创业。

思政目标

1. 当一个新事物出现，只有5%的人知道时，赶紧做，这就是机会，做早就是先机。因此做任何事都要能把握住机会，培养善于发现机会的能力。
2. 机会有可能隐藏在生活中的方方面面，我们在学习、生活和工作中都要学会用全面的观点看问题，只有这样才能真实地了解事物的情况。

案例引入

陈安妮的创业机会

陈安妮，漫画作者、快看漫画创始人兼CEO、网络名人，2014年6月毕业于广东外语外贸大学。从小家境不好，但喜欢画画，曾被所有人打击："你成为漫画家的概率只有1%。"于是，她埋头学习考大学，很少再画画。上大学时，有人找她兼职画画，一幅漫画能挣30元钱。于是，她开始兼职画画，同时在网上连载原创漫画，如《安妮和王小明》。然后，1%的奇迹发生了：她的微博账号"伟大的安妮"粉丝疯涨，漫画被转载了成千上万次，还获得了"中国动漫金龙奖。"大学毕业后，她决定开一家动漫公司，从广州飞到北京创建了"梦当然"工作室。初创团队全是"90后"，一度濒临破产，交不起房租，发不起工资，99%的时间都在煎熬。但他们坚持下来了。

这时，陈安妮有了新的想法，做一个好玩的App，名字叫"快看漫画"：不是提供海量的、乱七八糟的内容，而是团队推荐的、少而精的、好看的手机漫画。她带着这个想法到处找投资，但处处碰壁。最后，她做了一个决定：把自己和朋友的积蓄都拿出来。"反正都赌了这么多次了，再赌一把又怎么样！"在之后的3个月里，他们投入了99%的时间、精力和金钱，终于引起投资者的注意，再次抓住了1%的奇迹。

截至2019年7月，快看漫画App总用户量超过2亿，月活用户超过4000万，漫画市场占有率超过一半。目前累计获得腾讯等机构投资近25亿元人民币。

任务1 了解创业机会

一 创业机会的概念

关于创业机会，有以下几种常见定义。

①创业机会可以为购买者（或使用者）创造或增加有价值的产品、服务，它具有吸引力、持久性和适时性。

②创业机会可以引入新产品或新服务，并能使相关产品或服务以高于成本价出售。

创业机会

③创业机会是一种新的“目的—手段”关系，它能为经济活动引入新产品、新服务、新材料、新市场或新组织方式。

④创业机会主要是指具有较强吸引力的、较为持久的有利于创业的商业机会，创业者据此可以为客户提供有价值的产品或服务，并同时使创业者自身获益。

综上所述，我们可以得出较为全面的概念：创业机会，是指在市场经济条件下，在社会经济活动过程中形成和产生的一种有利于企业经营成功的因素，是一种带有偶然性并能被经营者认识和利用的契机。

二 创业机会的来源

创业机会的来源分为技术机会、市场机会和环境机会3种。

（一）技术机会

创业的技术机会是指由于技术进步、技术变化带来的创业机会，是将新技术成功应用于生产的可能性。技术机会是指现存技术的规范或性能有改进的可能性，也包括全新技术的出现和应用。由于新的技术突破为创业者提供了创业的“技术来源”，这些技术来源有可能触发创业机会。技术机会体现在新技术和新功能的出现，新技术替代了旧技术，或者技术产生了新的应用方式。

创业机会的来源

（二）市场机会

市场并非总是明确地存在着属于企业的机会，它需要企业按照正确的方向去探索和寻找。创业者需要发挥想象力，发现事物背后的机会线索，用新的观点去理解现实所发生的事物，从新的角度意识到机会的存在。

一般来看，市场机会的来源主要有以下4类。

①市场上出现了与经济发展阶段有关的新需求。

②市场供给缺陷产生的新的商业机会。

③先进国家（或地区）产业转移带来的市场机会。

④从中外比较中寻找商机。

（三）环境机会

外部环境对创业者来说是可变的，也是不可控的，既包含创业发展的机遇，也包含可能面临的挑战。创业者要善于发现和把握对自身有利的环境因素，积极利用环境机会。

1. 宏观环境机会

对于宏观环境方面的创业机会，创业者可从以下几个方面入手。

（1）政策法规调整

随着我国市场经济及人口的发展，劳动就业问题成为社会的关注焦点，促进创业也成为政府重点关注的问题之一。国家和地方各级政府（如劳动和社会保障、财政、金融、工商、税务等部门）纷纷出台了相关政策，给予创业者更多的支持。政府扶持和发展非正规就业，增加了创业机会。

（2）经济发展

企业经营的成败在很大程度上取决于整个经济运行情况，创业者要善于对经济因素进行分析，发现机会。随着经济的发展，我国资本市场日趋健全和活跃，在银行贷款、金融支持、融资担保、风险投资、产权交易等更多的业务上不断推陈出新，这个经济环境适合创业，为创业者提供了比以往更多的机会。

（3）社会进步

社会因素包括社会文化、社会习俗、社会道德观念、社会公众的价值观念、职工的工作态度及人口统计特征等。变化中的社会因素影响社会对企业产品或劳务的需求，也会改变企业的战略选择和发展方向。社会的不断进步会催生很多新的需求，或改变人们对于创业的看法，诱导出更多的机会。

（4）技术进步

技术进步可以创造新的市场，产生大量新型的和改进的产品，改变创业企业在产业中的相对成本及竞争位置，也可以使现有产品及服务过时。技术的变革可以减少或消除企业间的成本壁垒，缩短产品的生产周期，带来比现有竞争优势更为强大的新的竞争优势。对于创业者来说，能正确识别和评价关键的技术机会与威胁是至关重要的。

2. 地区环境机会

我国各地的创业载体和创业服务机构发展加快，创业载体如各类企业孵化器、园区建设、社区建设、企业服务中心、指导机构等不断增加。风险投资机构、担保服务机构、信用服务机构、顾问咨询等服务机构得到发展，更有利于创业。在这些扶持创业的地区，创业机会也相对较多。

3. 行业发展机会

对行业环境因素的分析与评价将有利于创业者发现有价值的领域和创业机会。

双创榜样

大学生妙手生花

年轻的大男孩尹意指间翻飞，雕刻剪纸、掌上绢花，做出的精巧扇面、立体纸雕等有趣的产品引得参观的同学连连赞叹。他的创意产品已获得不少订单。这个“95后”大学生来自西安工业大学北方信息工程学院，他将自己的爱好发展成了一个工作室，他成了学校里的创新创业榜样。

一、从兴趣到创业，学校帮助“攻坚克难”

尹意表示，易影轩工作室的建立初期是以兴趣为主，大家的共同爱好就是剪纸，这样不仅可以各取所长，还有利于工作室的长期发展。对于剪纸，虽然不同人的方法和手艺都是不一样的，但是工作室的成员们都兴趣相投，易影轩才慢慢地成长起来。在前期创办的时候，成员们不了解作品装裱的过程及作品的各方面保护过程，也不清楚作品如何销售。一旦保护不当，就有可能存在运输或装裱过程中，使产品受到二次损伤。这一系列问题，都在阻碍着易影轩前进的脚步。为了解决这一系列的问题，尹意和工作室的伙伴们自学了作品装裱的方法，包装问题也被校内驿站解决。

为响应“大众创业、万众创新”的号召，西安工业大学北方信息工程学院为校内学生搭建众创空间平台，进一步推动大学生创新创业教育，培养大学生创新精神和创业能力。半年内，易影轩在众创空间平台快速成长，这离不开学院对学生创新创业的大力支持。

在易影轩成立初期，学校给予了大力帮扶。“我们十分感谢学校给予我们创新创业的平台，在创立初期，关于工作室的协调分配，工作室里展架、展框的投入等，学校在各个方面给予我们很大的支持。我们也不辜负学校的期望，从去年10月份到今年4月，工作室从一开始主打的3个产品拓展到现在的30多个。”尹意在接受采访时说，在近半年的不懈努力中，易影轩2019年已盈利约计5万元。

二、“艺术创新”，做与众不同的作品

易影轩简单地将工作室分为设计与艺术两个部门，只有这两个部门相互配合，才能使作品完美展现。

他们见证了一幅作品从想象到成品的过程，从造型方面的选取、设计，不同纸质的选择，尺寸、图案的选择，以及后期的加工，各个环节相互配合，才有了最后的制作成功。“后期，我们慢慢学到了不少知识。关于整个图样的设计，最一开始的时候我们采用的是最原始、最传统的设计元素，慢慢地，我们也融入了一些现代元素，设计出来的产品得到客户的一致好评。我们将剪纸艺术融入生活，因此我们创作了扇面系列剪纸，方便日常生活的使用，大大增强了剪纸的实用性，摒弃了传统思想里剪纸只是装饰的思想。”不仅如此，易影轩还把工作室出品的剪纸作品分为传统剪纸、套色剪纸、立体纸雕三大类。

易影轩的作品不仅出现在华服中，还被作为北信学院的礼物赠送给来访北信学院的加拿大皇家大学校长艾伦·卡洪博士及诺贝尔经济学奖获得者马斯金教授。

任务2 创业机会的识别与把握

一 创业机会的识别

（一）创业机会识别的内涵

我们所指的识别是狭义的识别，是从若干的创意（商业想法或念头）中筛选（或鉴别）出潜在（可能）的创业机会，或者就单一的创意从“有无需求”和“满足特定需求的方式”两方面来进行识别，其结果往往形成一个商业概念。这一概念包括市场需求如何满足或资源如何配置等问题。

创业机会的识别

创业机会识别是对创意进行筛选从而形成商业概念的过程。在综合考虑创业者和创业环境等因素的前提下，建立创业机会识别的标准，针对被识别的创意，通过对市场环境的系统分析，以及一般的行业分析来判断该创意是否属于有利的创业机会，筛选出具有市场需求的、有价值的创意。创业机会识别的主要意义是剔除那些具有明显不合理性的创意，为商业概念的形成降低不确定性和减少工作量。

（二）创业机会识别的常用方法

1. “新眼光”调查

当我们阅读某人的新发现和出版的作品时，实际上就是在进行调查。利用互联网搜索数据，寻找包含你所需要信息的报纸、杂志等都是调查的形式。大量获取信息对发现问题及更加快速地切入问题有帮助。在调查中要学会问问题，通过不断地获取信息，自己的直觉开始建立，“新眼光”也将不断发展。“新眼光”调查可以提供很多看问题的新方法。观察一切，把想法记录下来。想法越多，就越有可能找到最适合自己的业务和自己的目标市场。

2. 系统分析

实际上，多数的机会都可以通过系统分析发现。人们可以从企业的宏观环境（政治、法律、技术、人口等）和微观环境（顾客、竞争对手、供应商等）的变化中发现机会。借助市场调研，从环境变化中发现机会，是机会发现的一般规律。20世纪60年代初，日本汽车公司利用政府、综合贸易商社、企业职能部门，甚至美国市场研究公司广泛搜集信息。通过市场调研，他们发现：美国人把汽车作为身份或地位象征的传统观念正在逐渐削弱，汽车作为一种交通工具更重视其实用性、舒适性、经济性和便利性；美国的家庭规模正在变小，核心家庭大量出现；美国汽车制造商无视环境变化，因循守旧，继续大批量生产大型豪华车，因而存在一个小型车空白市场。于是，日本汽车厂商设计出满足美国顾客需求的美式日制小汽车，以其外形小巧、购买经济、舒适平稳、耗油量低、驾驶灵活、维修方便等优势敲开了美国市场的大门。

3. 问题分析和顾客建议

问题分析指从一开始就要找出个人或组织的需求和他们面临的问题，这些需求和问题可能很明确，也可能很含蓄。问题分析需要全面了解顾客的需求，以及可能用来满足这些需求的手段。一个新的机会可能会由顾客识别出来。顾客建议多种多样，最简单的，他们会提出一些诸如“如果那样的话不是会很棒吗”这样的非正式建议。一些组织在将他们的需求“反向推销”给潜在供应商的过程中非常积极。无论使用什么样的手段，一个讲究实效的创业者总是渴望从顾客那里征求想法。

4. 创造

创造这种方法在新技术行业最为常见，它可能始于明确拟满足的市场需求，从而积极探索相应的新技术和新知识；也可能始于一项新技术发明，进而积极探索新技术的商业价值。通过创造获得机会比其他任何方式难度都大，风险也更高。同时，如果能够成功，其回报也更大。这种情况下所产生的创新，在人类具有重大影响的创新中，居于压倒性的主导地位。

（三）创业机会的识别技巧

1. 从国家经济发展趋势中判断商机

创业者一定要眼界开阔，关注并研究国家宏观经济政策和行业发展态势。国家鼓励发展什么，限制发展什么，行业未来发展趋势如何，都与创业机会密切相关。例如，国家放宽准入，鼓励民间资本进入铁路、市政、教育、金融等领域，创业者就可以放手在这些产业中发掘金矿。

2. 市场环境变化孕育商机

变化中常常蕴藏着商机，许多创业机会产生于不断变化的市场环境。环境变化将带来产业结构的调整、消费结构的升级、思想观念的转变、政府政策的变革、市场利率的波动等。在国有企业民营化的过程中，创业者可以在交通、电信、能源等产业中发掘创业机会；循环经济、绿色制造的理念将变革传统的生产和消费模式，带来节能减排、废物回收、材料更新、循环利用等领域的创业机会；移动互联网、3D打印技术、云计算等高新技术的出现，必将引发新一轮产业革命。任何变化都能引发甚至创造出新的创业机会，创业者需要凭着自己敏锐的嗅觉去发现和识别。

3．资源整合创造无限商机

创造性地整合资源，不仅可以创造出新的价值，还可以带来无尽的商业机会。机会是一种通过对资源的创造性整合，满足市场及客户的需求的渠道。

4．科技发展催生商机

世界产业发展历程告诉我们，几乎每一个新兴产业的形成和发展，都是技术创新的结果。产业转型、技术创新、产品换代，都会带来前所未有的创业机会。创业者如果能够及时了解最新的科技发展动态，持续跟踪产业发展、技术创新的步伐，即使不发明新的东西，也会从其推广、应用、销售、维护、开发和咨询等服务中开发出新的市场机会。

5．市场“空缺”蕴含商机

市场的“缺口”或“边角”往往蕴含了大量被人们忽略而未被满足的市场需求，充分开发利用这些机会空间，另辟蹊径，人无我有、人有我新，就一定能够出奇制胜。

案例鉴赏

五谷道场填补市场空缺

纵观五谷道场，最大的特点是“差异化”。在众多方便面企业都在细化“口味概念”市场的时候，五谷道场却独树一帜，推出“非油炸”型方便面，吸引了广大消费者的高度关注。更是在方便面市场上开辟出一条区隔于传统企业的新领域，如图5-1所示。

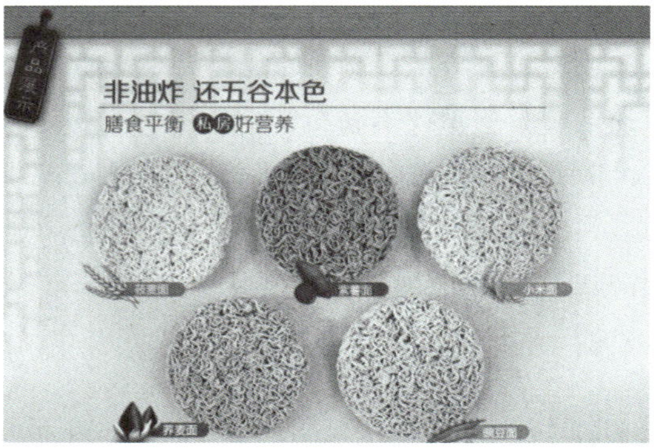

图 5-1　五谷道场非油炸方便面

别小看一个“非”字，这可是对在国内盛行20多年的油炸型方便面的一种颠覆。从营销理论分析，五谷道场实现了对竞争者的一种市场区隔，建立起巨大的概念差异，达到了品牌定位的主要目的。

分析一下方便面市场，不仅有康师傅所区隔出的城市高档市场，部分厂家以价位作区隔的区域或农村市场等不同定位，还有各种利用不同“口味概念”做区隔的市场，如果要按传统做法冲击他们简直是不可能的。而五谷道场正是走了这样一条与众不同的路：搅乱当前的市场格局、重新洗牌，利用“非油炸”这一利器对市场进行了区隔，同传统品牌直接叫板，建立起令其他品牌汗颜的差异，从而使自己在新的领域成为第一名，做了另一品类的“老大”。等其他企业认识到的时候，五谷道场已经抢占了先机。

二 创业机会的把握

（一）着眼于问题来把握机会

创业机会的识别和把握

机会并不意味着无须代价就能获得，许多成功的企业都是从解决问题起步的。所谓问题，就是现实与理想的差距。比如，顾客需求在没有满足之前就是问题，而设法满足这一需求，就抓住了市场机会。

（二）利用变化来把握机会

变化中常常蕴藏着无限商机，许多创业机会产生于不断变化的市场环境。环境变化将带来产业结构的调整、消费结构的升级、思想观念的转变、政府政策的变化、居民收入水平的提高等，人们透过这些变化，就会发现新的机会。例如，私人轿车拥有量的不断增加，将产生汽车销售、修理、配件、清洁、二手车交易和陪驾等诸多创业机会。

（三）跟踪技术创新来把握机会

世界产业发展的历史告诉我们，几乎每一个新兴产业的形成和发展，都是技术创新的结果。产业的变更或产品的替代，既满足了顾客需求，同时也带来了前所未有的创业机会。比如，电脑诞生后，软件开发、电脑维修、图文制作、信息服务和网上开店等创业机会随之而来。而3D打印技术的问世，又带给人们许多的惊喜。任何产品的市场都有其生命周期，产品会不断趋于饱和达到成熟直至走向衰退，最终被新产品所替代，创业者如果能够跟上产业发展和产品替代的步伐，通过技术创新，则能够不断寻求新的发展机会。

案例鉴赏

技术创业机会

第七届中国国际“互联网+”大学生创新创业大赛本科生创意组季军项目为“Goprint——多功能智能打印机先行者”。

将打印机缩小至钱包大小，将随时随地打印变为现实！这听起来是多么不可思议的一件事情，可他们做到了！当被问及是如何实现这种功能时，该项目负责人陈天润形象地介绍了这项炫酷的发明。

"我们一直觉得把想象中的东西变成一个能够看得见、摸得着的实体，是一件非常酷的事情。我们几个同学都在寝室里想，能不能去做一件很酷炫、不一样的事情，就是把打印机做得不一样一点。因为传统打印机大多只能打印A4纸，那么我们能不能把框架去掉，以更自由的形式使打印机能够在各种介质上进行打印，不管是二维介质还是三维介质，这就是我们发明的主要内容。"陈天润介绍道，"我们力图改变打印机没能实现移动化的现状，提供了一款全新的打印设备，将打印机缩小至钱包大小，让打印能够在各种各样的介质上进行，将随时随地打印变为了现实。"

据陈天润介绍，GoPrint的打印喷头摆脱了框架导轨的束缚，可在平面上自行移动，团队借助先进的微电子学工业成果和计算机视觉应用设计了一套特别的定位和控制方式，在打印机体积缩小至钱包大小时仍保持较高的打印质量。

谈及市场上是否有同类产品及项目的核心技术优势有哪些，陈天润自信地讲道，"国内研究数字打印和相关文件处理的公司不多，市场上没有特别明确的直接竞品，这也让我们能够下定决心去做这一系列打印产品。我们的核心技术有两方面，一方面是数字打印相关技术，即如何去把一个数字文件变成一个机器可执行的一套指令；另一方面就是我们打印质量控制的一些方法，比如说精确的定位，包括精确地读它的位置、精确地控制它走，以及颜色的呈现等，这都是我们所做的工作。"

目前，项目产品已经在各种场景实现了广泛应用。"我们这款产品适用的领域其实是很广的。"陈天润介绍道，"客户可以在手机壳、桌面或者传统纸张等各种介质上印制想印制的东西，同时，我们的这套技术在3D打印领域的应用也是我们努力的方向。总之，我们能打印的东西很多，具体怎么用就看用户的发挥了，就和我们发明相机一样，相机只是一个工具，但具体用相机来拍摄什么，就看用户的创造力了。"

（四）在市场夹缝中把握机会

创业机会存在于为顾客创造价值的产品或服务中，而顾客的需求是有差异的。创业者要善于找出顾客的特殊需求，盯住顾客的个性需求并认真研究其需求特征，这样就可能发现和把握商机。时下，创业者热衷于开发所谓的高科技领域等热门课题，但创业机会并不只属于"高科技领域"，在保健、饮食、物流这些所谓的"低科技领域"也有机会。"谭木匠"品牌木梳、"纯真年代"艺术火柴等似乎已经被淘汰、被忽略、被遗忘的老物件们一夜间红遍大江南北，这就是一个明证。所以，创业者要克服从众心理和传统思维的束缚，寻找市场空白点或市场缝隙，在行业或市场于矛盾发展中形成的空白地带把握机会。

（五）捕捉政策变化来把握机会

中国市场受政策影响很大，新政策出台往往引发新商机，如果创业者善于研究和利用政策，就能抓住商机站在潮头。2016年国家出台了《机器人产业发展规划（2016—2020）》，目的是大力发展机器人产业，打造中国制造新优势，推动工业转型升级，加快制造强国建设，改善人民生活水平。这个规划的出台，将会给创业者们带来巨大的商机。事实上，从政策中寻找商机并不仅仅表现在政策条文所规定的表面，随着社会分工的不断细化和专业化，政策变化所提供的商机还可以延伸，创业者可以从产业链在上下游的延伸中寻找商机。

案例鉴赏

遵循政策

第七届中国国际“互联网+”大学生创新创业大赛国际赛道成长组季军项目为“非夕科技——新一代自适应机器人定义者”。

Flexiv（非夕）是一家全球技术领先的AI机器人公司，专注于研发、生产集高精度力控、计算机视觉和人工智能技术于一体的通用智能机器人产品。非夕于2016年成立，在世界范围内首次提出自适应机器人概念并将其实现产品化，核心创始团队来自斯坦福大学，并已形成包括美国、新加坡、中国在内的国际化布局，其产品已服务于多家全球500强企业。截至2022年6月，非夕已完成由多家知名投资机构参与的融资，累计额度超过1.5亿美金。

迄今为止，自适应机器人已经在新能源汽车电池组插拔、汽车电子类组装插拔及手机部件安装等领域进行具体应用及探索。精细复杂的力觉控制融合前沿的人工智能，可以让机器人以更近似人类的方式工作，在通用性和可迁移上具有天然的优势，这使其能够在工业应用以外的更开放、更不确定的场景下更好地服务于人类。

非夕的未来战略是打造共建共享的通用机器人未来生态。“非夕版图”目前已经涵盖硅谷、上海、北京、深圳、佛山等地区，能够更好地为不同行业的客户提供多种场景下的定制化解决方案。

非夕得到了广东佛山市政府的大力支持，招募了大量在生产制造领域的专家，实施了诸多质量管理的数字化平台，保证了产品的质量，预期会实现年产量500台的规模。在未来，这些自适应机器人将进入物流、航空、农业、医疗等众多行业，推动各种岗位走向更完全的自动化。

（六）弥补对手缺陷来把握机会

很多创业机会源于竞争对手的失误，是“意外”获得的，如果能及时抓住竞争对手策略中的漏洞而大做文章，或者能比竞争对手更快、更可靠、更便宜地提供产品或服务，也许就找到了机会。为此，创业者应追踪、分析和评价竞争对手的产品和服务，找出现有产品存在的缺陷，有针对性地提出改进方法，形成创意，并开发具有潜力的新产品或新功能，就能够出其不意，成功创业。

任务3 创业机会的特征与评价

一 创业机会的特征

（一）隐蔽性

生活充满机会，机会每天都在撞击着我们的大门。可惜的是，大多数人意识不到它的存在，这就是机会的隐蔽性，创业机会更是如此。正因为创业机会的隐蔽性特征，才使它在人们心目中是如此神秘和可贵。

（二）偶然性

创业机会并不容易捕捉。因为它并不是必然会出现的，相反，大多数情况下是偶然造成的。人们越是刻意地寻找创业机会，就越是难见其踪影；而当你在毫无准备的时候，它却突然出现在你的面前。所以，创业机会并不是想要就有的，也不能人为地进行预测。

（三）易逝性

中国有句成语叫作“机不可失，时不再来”，就是对创业机会易逝性最好的说明。机会是一个非常态的、不确定的时间表现形式。机会出现之后，绝对不会长期保持，而是很快就会消失，消失之后也不可能重新再来。

（四）时代性

不同的时代，创业机会会打上不同的烙印，具有不同的色彩。一个国家在经济增长期，创业机会比较多，而在经济衰退期，创业机会则比较少。在改革开放初期，我国东南沿海地区的创业机会比较多，所以创业具有“孔雀东南飞”的特点，而且创业性质以从事加工业和贸易业居多。而近些年，随着科技发展和经济环境的改变，创办高新技术企业和IT企业又成了时代的宠儿。

案例鉴赏

实习中发现的创业机会

小杨是广州某大学管理专业的学生，他在校期间就喜欢摆弄计算机，承担了为学生会制作宣传视频、维护学院网站、设计和维护班级主页的工作。在这些校园活动中他积累了网络维护、设计、编程等方面的专业知识，逐渐成为校园里小有名气的“电脑高手”。大四那年，学院安排小杨去一家卫生行政机关进行毕业实习。在实习期间，他发现当前中国医院信息化管理存在很多问题，这些问题的存在导致了医院管理效率下降、管理失误增多，甚至导致患者与医院之间的矛盾加剧。于是，他开始更多地关注医院信息化管理，并利用自己在卫生行政部门能获得各类数据和资料的便利，深入研究、思考如何完善医院信息化管理中遇到的一些现实问题，逐渐积累了很多经验。

当实习快要结束时，小杨几乎已经成了一名医院信息化管理问题的专家，他也因此而萌生了自己创业的念头，把帮助医院解决信息化问题作为企业的核心业务。小杨把自己的想法告诉了实习带教老师，没想到获得了老师的充分肯定和大力支持。带教老师还介绍小杨认识了一位专门从事医院信息管理研究工作的大学教授。毕业后，小杨与这位大学教授合作成立了工作室，专门为医院提供信息化管理软件设计与开发。从此，小杨的创业之路正式开启。

二 创业机会的评价

（一）创业机会的评价准则

1．市场评价准则

第一，市场定位。一个好的创业机会，必然具有特定市场定位，专注于满足顾客需求，同时能为顾客带来增值的效果。因此，评价创业机会时，可从市场定位是否明确、顾客需求分析是否清晰、顾客接触通道是否流畅、产品是否持续衍生等方面来判断创业机会可能创造的市场价值。创业带给顾客的价值越高，创业成功的机会也会越大。

创业机会的特征与评价

第二，市场结构。针对创业机会的市场结构进行分析，包括进入障碍，供货商、顾客、经销商的谈判力量，替代性竞争产品的威胁，以及市场内部竞争的激烈程度。由市场结构分析可以知道新企业未来在市场中的地位，以及可能遭遇竞争对手反击的程度。

第三，市场规模。市场规模大小与成长速度，也是影响新企业成败的重要因素。一般而言，市场规模大者，进入障碍度相对较低，市场竞争激烈程度也会略微下降。如果要进入的是一个十分成熟的市场，那么即使市场规模很大，由于已经不再成长，利润空间必然很小，因此这个新企业恐怕就不值得再投入。反之，一个正在成长中的市场，通常也会是一个充满商机的市场，所谓水涨船高，只要进入时机正确，一定会有获利的空间。

第四，市场渗透力。对于一个具有巨大市场潜力的创业机会，市场渗透力（市场机会实现的过程）评估将会是一项非常重要的影响因素。聪明的创业家知道选择在最佳的时机进入市场，也就是市场需求正大幅成长之际。

第五，市场占有率。从创业机会预期可取得的市场占有率目标，可以显示这家新创公司未来的市场竞争力。一般而言，成为市场的领导者，至少需要拥有20% 的市场占有率。如果低于5%的市场占有率，则这个新企业的市场竞争力就不强，就会影响未来企业上市的价值。尤其是具有赢家通吃特点的高科技产业，新企业必须拥有成为市场前几名的能力，才比较具有投资价值。

第六，产品的成本结构。产品的成本结构可以反映新企业的前景是否光明。例如，从物料与人工成本所占比重之高低、变动成本与固定成本的比重，以及经济规模产量大小，可以判断企业创造附加价值的幅度及未来可能的获利空间。

2. 效益评价准则

（1）合理的税后净利

一般而言，具有吸引力的创业机会，至少能够创造15%的税后净利。如果创业预期的税后净利在5%以下，那么这就不是一个好的投资机会。

（2）达到损益平衡所需的时间

合理的损益平衡时间应该能在两年以内达到，如果3年还达不到，恐怕就不是一个值得投入的创业机会。不过有的创业机会确实需要经过比较长的耕耘时间，通过这些前期投入，创造进入障碍，保证后期的持续获利。在这种情况下，只有将前期投入视为一种投资，才能容忍较长的损益平衡时间。

（3）投资回报率

考虑到创业可能面临的各项风险，合理的投资回报率应该在25%以上。一般而言，15%以下的投资回报率，是不值得考虑的创业机会。

（4）资本需求

资金需求量较低的创业机会，投资者一般会比较欢迎。事实上，许多个案显示，资本额过高其实并不利于创业成功，有时还会带来稀释投资回报率的负面效果。通常，知识越密集、对资金的需求量越低的创业机会，投资回报反而会越高。因此，在创业开始的时候，不要募集太多资金，最好通过盈余积累的方式来创造资金。比较低的资本额，将有利于提高每股盈余，并且还可以进一步提高未来上市的价格。

（5）毛利率

毛利率高的创业机会，相对风险较低，也比较容易取得损益平衡；反之，毛利率低的创业机会，风险则较高，遇到决策失误或市场产生较大变化的时候，企业很容易就遭受损失。一般而言，理想的毛利率是40%。当毛利率低于20%的时候，这个创业机会就不值得再予以考虑。

（6）策略性价值

能否创造新企业在市场上的策略性价值，也是一项重要的评价指标。一般而言，策略性价值与产业网络规模、利益机制、竞争程度密切相关，而创业机会对于产业价值链所能创造的价值效果也与它所采取的经营策略与经营模式密切相关。

（7）资本市场活力

当新企业处于一个具有高度活力的资本市场时，它的获利回收机会相对也比较高。然而，资本市场的变化幅度极大，在市场高点时投入，资金成本较低，筹资相对容易；在资本市场低点时，投资新企业开发的诱因则较低，好的创业机会也相对较少。不过，对投资者而言，市场低点的成本较低，有的时候反而投资回报会更高。一般而言，新创企业活跃的资本市场比较容易创造增值效果，因此资本市场活力也是一项可以被用来评价创业机会大小的外部环境指标。

（8）退出机制与策略

所有投资的目的都在于回收，因此退出机制与策略就成为一项评估创业机会的重要指标。企业的价值一般也要由具有客观鉴价能力的交易市场来决定。

（二）创业机会的评价方法

1. 定性评价方法

评估内容：通过前期调研分析，确定该创业机会必须具备的成功条件；分析本企业在该市场机会上所拥有的优势；公司创立之后所拥有的竞争优势；分析本公司的发展方向和目标是否一致。

斯蒂文森等人认为，对创业机会的充分评价需要考虑以下几个重要问题：①机会的大小、存在的时间跨度和随时间成长的速度等问题；②潜在的利润是否足够弥补资本、时间和机会成本的投资，带来令人满意的收益；③机会是否开辟了额外的扩张、多样化或综合的商业机会选择；④在可能的障碍面前，收益是否会持久；⑤产品或服务是否真正满足了目标市场的真实需求。

式隆杰内克等人提出了评价创业机会的5项基本标准：①对产品有明确界定的市场需求，推出的时机也是恰当的；②投资的项目必须能够维持持久的竞争优势；③投资必须具有一定程度的高回报，从而允许一些投资中出现的失误；④创业者和机会之间必须相互适合；⑤机会中不存在致命的缺陷。

2. 定量评价方法

（1）标准打分矩阵法

标准打分矩阵法是通过选择对创业机会的成功有重要影响的因素，由专家小组对每一个因素进行最好（3分）、好（2分）、一般（1分）3个等级的打分；最后，求出每个因素在各个创业机会下的加权平均分，从而可以对不同的创业机会进行比较。表5–1中列出了其中10项主要的评价因素，在实际使用时可以根据具体情况选择其中的全部或部分因素来进行评价。

表5-1 标准打分矩阵

标准	专家打分			
	最好（3分）	好（2分）	一般（1分）	加权平均分
易操作性				
质量和易维护性				
市场接受性				
增加资本的能力				
投资回报				
专利权状况				
市场大小				
制造的简单性				
口碑传播潜力				
成长潜力				

（2）温斯丁豪斯法

温斯丁豪斯法实际上是计算和出较各个机会的优先级，其计算公式如下。

$$机会优先级=\frac{技术成功率\times商业成功率\times（价格-成本）\times投资生命周期收入}{总成本}$$

在上述公式中，技术成功率和商业成功率是以百分比（0% ~ 100%）表示；成本是以单位产品成本计算；投资生命周期收入是指可以预期的所有收入；总成本包括研究、设计、制造和营销等环节的成本之和。对于不同的创业机会，应将具体数值代入计算，特定机会的优先级越高，该机会越有可能成功。

（3）珀泰申米特法

珀泰申米特法就是计算创业机会的成功潜力指标。对于每个因素来说，不同选项的得分可以从-2分到+2分，通过对所有因素得分的加总得到最后的总分，总分越高，说明特定创业机会成功的潜力越高。只有那些最后得分高于15分的创业机会，才值得创业者进行下一步的策划，低于15分的都应被淘汰。珀泰申米特法评价表，如表5-2所示。

表5-2 珀泰申米特法评价表

评价因素	得分
对于税前投资回报率的贡献	
预期的年销售额	
生命周期中预期的成长阶段	

续表

评价因素	得分
从创业到消费额高速增长的预期时间	
投资回收期	
获得领先地位的潜力	
商业周期的影响	
为产品制订高价的潜力	
进入市场的容易程度	
市场试验的时间范围	
销售人员的要求	
总分	

（4）贝蒂的选择因素法

在贝蒂的选择因素法中，通过对11个选择因素的设定来对创业机会进行判断，如表5–3所示。如果某个创业机会只符合其中的6个或更少，则该创业机会的成功机会较小；相反，如果这个创业机会符合其中的7个或更多，那么该创业机会将大有希望。

表5–3　贝蒂的选择因素法判断表

选择因素	是 / 否
这个创业机会现阶段是否只有你一人发现了	
初始的产品生产成本是否可以承受	
初始的市场开发成本是否可以承受	
产品是否具有高利润回报的潜力	
是否可以预期产品投放市场和达到盈亏平衡点的时间	
潜在的市场是否巨大	
你的产品是否是高速成长产品家族中的第一个成员	
你是否拥有一些现成的初始用户	
是否可以预期产品的开发成本和开发周期	
是否处于一个成长中的行业	
金融界是否能够理解你的产品和顾客对它的需求	
总分	

（5）蒂蒙斯创业机会评价模型

蒂蒙斯总结出一个包含8类分项指标的创业机会评价模型，如表5–4所示。该评价模型提供了一些量化方式，使创业者可以对行业与市场、经济因素、收获条件、竞争优势、管理团队、创业家的个人标准、理想与现实的战略性差异、致命缺陷等问题做出判断，以及这些要素加起来是否可以组成一个有足够吸引力的商机。一些风险投资商、政府基金和创业大赛就是借用了该模型对创业项目进行评价。

表5–4　蒂蒙斯创业机会评价模型

行业与市场	市场容易识别，可以带来持续收入
	顾客可以接受产品或服务，愿意为此付费
	产品的附加价值高
	产品对市场的影响力大
	将要开发的产品生命长久
	项目所在的行业是新兴行业，竞争不激烈
	市场规模大，销售潜力达到 1000 万 ~ 10 亿美元
	市场成长率在 30% ~ 50%，甚至更高
	现有厂商的生产能力几乎完全饱和
	在 5 年内能占据市场的领导地位
	拥有低成本的供货商，具有成本优势
经济因素	达到盈亏平衡点所需要的时间在 1.5 ~ 2 年或以下
	盈亏平衡点不会逐渐提高
	投资回报率在 25% 以上
	项目对资金的要求不是很高，能够获得融资
	销售额的年增长率高于 15%
	有良好的现金流量，能占到销售额的 20% ~ 30%
	能获得持久的毛利，毛利率要达到 40% 以上
	能获得持久的税后利润，税后利润率要超过 10%
	资产集中程度低
	运营资金不多，需求量是逐渐增加的
	研究开发工作对资金的要求不高
收获条件	项目带来的附加价值具有较高的战略意义
	存在现有的或可预料的退出方式
	资本市场环境有利，可以实现资本的流动
竞争优势	固定成本和可变成本低
	已经获得或可以获得对专利所有权的保护
	竞争对手尚未觉醒，竞争较弱
	拥有专利或具有某种独占性
	拥有发展良好的网络关系，容易获得合同
	拥有杰出的关键人员和管理团队

续表

管理团队	创业团队是一个优秀管理者的组合
	行业和技术经验达到了本行业内的最高水平
	管理团队的正直廉洁程度能达到最高水平
	管理团队知道自己缺乏哪方面的知识
创业家的个人标准	个人目标与创业活动相符合
	创业家可以做到在有限的风险下实现成功
	创业家能够承受薪水减少等损失
	创业家渴望进行创业这种生活方式，不只是为了赚钱
	创业家可以承受适当的风险
	创业家在压力下状态依然良好
理想与现实的战略性差异	理想与现实情况相吻合
	管理团队已经是最好的
	在客户服务管理方面有良好的理念
	所创办的事业顺应时代潮流
	所采取的技术具有突破性，不存在许多替代品或竞争对手
	具备灵活的适应能力，能快速进行取舍
	始终在寻找新的机会
	定价与市场领导者几乎持平
	能够获得销售渠道，或已经拥有现成的网络
	能够允许失败
致命缺陷	不存在任何致命缺陷

在实践中，可以将上述评价方法适当综合起来应用，也可以延伸，更加广泛地应用于对创业机会的分析和研究。

3. 阶段性决策方法

阶段性决策方法要求创业者在创业机会开发的每个阶段都要进行机会评价。一个创业机会是否能够通过每个阶段预先设置的障碍，在很大程度上取决于创业者经常面对的约束或限制，如创业者的目标回报率、风险偏好、金融资源、个人责任心和个人目标等。

项目小结

本项目主要介绍了创业机会的概念和来源、创业机会的识别与把握、创业机会的特征与评价等内容，主要帮助学生认识创业机会，使学生能够在各种纷繁复杂的信息中识别出创业机会并能把握住，同时能从多个方面分析创业机会。

练习题

练习题答案

一、单选题

1. 创业机会是创业过程的（　　）。

A.开端　　B.过程　　C.核心　　D.终结

2. 由于中国老年人口的增加，养老院有着巨大的前景，这是属于由（　　）带来的创业机会。

A.社会和人口结构变革　　B.技术变革　　C.解决问题　　D.个性驱使

3. 即使是再好的机会都应该经过（　　）的检验和认可，才能正式推向市场。

A.市场监管部门　　B.客户

C.政府相关部门　　D.导师

4. 创业机会往往以不同形式出现。以前的创业机会多数集中在产品的市场机会上，但是现在随着科技发展，（　　）上也存在机会，如新材料的发现等。

A.生产要素市场　　B.研发和销售中

C.生产和研发　　D.广告宣传

5. 创业机会识别的方法主要有两种，分别是（　　）。

A.生产和销售　　B.研发和销售

C.观察趋势和解决问题　　D.市场调研和客户访谈

二、多选题

1. 创业机会的来源分为（　　）。

A.技术机会　　B.运气机会　　C.环境机会　　D.市场机会

2. 创业机会的把握方法有（　　）。

A.捕捉政策变化把握机会　　B.利用变化把握机会

C.团队愿景　　D.弥补对手缺陷把握机会

3. 创业机会的特征有（　　）。

A.隐蔽性　　B.持续性　　C.时代性　　D.偶然性

4. 下列属于蒂蒙斯创业机会评价模型的分项指标有（　　）。

A.行业与市场　　B.经济因素　　C.收获条件　　D.竞争优势

5. 下列关于创业机会的说法中，正确的有（　　）。

A.任何创业机会都具有非常高的风险

B.机会具有时效性，评价机会价值毫无用途

C.只要个体有了创造性，就很容易看到机会

D.一个人只有发现了创业机会才有可能创业

三、判断题

1. 创业的机会成本越高，越容易创业。（　　）
2. 创业想法是创造和识别创业机会的基础。（　　）
3. 形成创业思路必须从寻找别人的问题，而非自身存在的问题开始。（　　）
4. 创业不应拘泥于当前资源约束，创业是寻求机会和进行价值创造的行为过程。（　　）
5. 社会变革往往孕育着更多的创业机会。（　　）

四、测试题

工作创意测试

下面是10个题目，请在括号中的备选答案中选择一个。

1. 你在接到任务时，是否会想一大堆关于如何完成任务的问题？（肯定评0分，否定评1分）
2. 你在完成任务过程中，是否不善于思考而习惯于找他人帮忙，或者不断来问别人有关完成任务的问题？（肯定评0分，否定评1分）
3. 在任务完成得不好时，你是否会找出一大堆理由来证明任务太难？（肯定评0分，否定评1分）
4. 对待多数人认为很难的任务，你是否有勇气和信心主动承担？（肯定评1分，否定评0分）
5. 当别人说不可能时，你是否就放弃？（肯定评0分，否定评1分）
6. 你完成任务的方法是否与他人不一样？（肯定评1分，否定评0分）
7. 在你完成任务时，领导针对任务问一些相关的信息，你是否总能回答上来？（肯定评1分，否定评0分）
8. 你是否能够立即行动，并且工作质量总能让领导满意？（肯定评1分，否定评0分）
9. 工作完成得好与不好，你是否很在意？（肯定评1分，否定评0分）
10. 对于做好了的工作，你能否很有条理地分析成功的原因和不足？（肯定评1分，否定评0分）

▶ 项目实训

用SWOT法分析创业风险。

▶ 实训目的

1. 掌握用SWOT法分析创业风险的方法。
2. 使大学生对创业风险有一定的了解，并学会如何去规避这些风险。

▶ 实训流程

1. 对创业项目进行SWOT分析。

通过SWOT法对创业风险进行分析，使大学生能够真正认识到创业风险及其利弊，能够从本质上去对待创业风险。

优势（S）	劣势（W）
机会（O）	威胁（T）

2. 制定防范措施。

以小组为单位进行讨论，通过对创业风险进行分析，制定相应的防范措施。

（1）从行业环境角度分析。

____

____

（2）从市场发展走向角度分析。

____

____

（3）从影响因素角度分析。

____

____

（4）从竞争指数角度分析。

____

____

3. 总结并汇报。

通过对创业风险进行分析，小组之间进行讨论，并撰写一篇关于创业风险的报告（500字），最后选出一名代表进行汇报。

____

____

▶ 实训思考

通过对创业风险进行分析，你从中学到了什么？

____

____

项目 6
商业模式的设计与创新

知识目标

1. 了解商业模式的含义、构成要素和成功商业模式的特征。
2. 掌握设计商业模式的方法。
3. 掌握创新商业模式的方法。

能力目标

1. 能够灵活运用商业模式。
2. 能够使用商业模式设计工具。

思政目标

1. 模式是某种事物的标准样式或让人可以仿效学习的标准样式，运用正确的模式可以达到事半功倍的效果，因此在做事时要善于运用模式。
2. 模式在实际运用中必须结合具体情况，实现一般性和特殊性的衔接并根据实际情况的变化随时调整要素与结构才有可操作性。同样，我们在学习、运用其他知识的过程中，也要将其与具体情况结合。

案例引入

成功的商业模式

携程旅行网（以下简称“携程”）是一家在线旅行服务公司，其总部设在上海。携程成功整合了高科技产业与传统旅游行业，为5000余万注册会员提供包括酒店预订、机票预订、度假预订、特惠商户及旅游资讯等在内的全方位旅行服务，被誉为互联网和传统旅游无缝结合的典范。

携程成立之初正处于我国旅游业发展的起步阶段，市场的集中度不高，边际资源丰富，缺的就是将市场和资源整合在一起的理念和行动。携程创始人看准时机，并通过网络与传统资源相结合的方式，将现有资源进行整合，随即推出了网上酒店预订业务。携程选择了当时国内酒店预订规模最大的公司合作，规模效应很快开始显现，营业额直线上升。随着酒店预订业务的成功推出，携程又开始向行业的另一端——机票预订进军。由于携程拥有庞大、先进的呼叫中心和巨大的消费者群体，因此许多酒店、航空公司愿意将一部分市场外包给携程进行代理。

作为一个独特的资源整合者，携程的主营业务是“酒店＋机票”预订，因此，其主要供应商是各大酒店和航空公司。而网站并不是客房和机票的提供者，它只是将相关信息汇总，并传递给需要这些信息的消费者。整个交易过程中携程只是充当一个中间者的角色，把供应商和消费者连接起来。

从携程的发展可以看出其成功的关键在于与众不同的商业模式。

任务1 认识商业模式

一 商业模式的含义

企业与企业之间、企业的部门之间，乃至企业与顾客之间、与渠道之间都存在的各种各样的交易关系和联结方式被称为商业模式。商业模式即创业者创意，商业创意来自机会的丰富和逻辑化，并有可能最终演变为商业模式。有一个好的商业模式，成功就有了一半的保证。商业模式就是企业通过什么途径或方式来盈利。简言之，饮料公司通过卖饮料来营利，快递公司通过送快递来盈利，网络公司通过点击率来盈利，通信公司通过收话费来盈利，超市通过平台和仓储来盈利，等等。只要有盈利的地方，就有商业模式存在。

商业模式的含义与构成要素

所以，商业模式就是创业者为满足消费者价值最大化的需求系统，这个系统组织管理企业的各种资源（资金、原材料、人力资源、作业方式、销售方式、信息品牌和知识产权、企业所处的环境、创新力，又称输入变量），形成能够提供消费者无法自足而必须购买的产品和服务（输出变量），是一个完整高效的具有独特核心竞争力的运行系统。

二 商业模式的构成要素

著名商学教授与作家加里·哈默尔认为，商业模式由4个要素构成：核心战略、战略资源、伙伴网络和顾客界面。

（一）核心战略

核心战略从企业的使命、产品/市场范围、差异化基础等方面描述了企业如何与竞争对手进行竞争。

企业的使命描述了企业为什么存在，以及其商业模式与实现的目标。例如，华为的愿景与使命是把每个人、每个家庭、每个组织带入数字世界，构建万物互联的智能世界。通过企业使命陈述，可以很容易看出这些企业的意图。在不同程度上，使命表达了企业优先考虑的事项，并设置了衡量企业绩效的标准。

企业的产品/市场范围定义了企业集中关注的产品和市场。首先，产品的选择对企业商业模式的选择有重要影响。例如，当当网起初是作为网上书店而创建的，不过它逐渐开始销售文具、家用电器、珠宝饰品、服装等其他产品。它的商业模式现在已经拓宽，涉及对出版商之外的其他很多供应商和伙伴关系的管理。企业从事经营活动的市场也是其核心战略的重要因素。

企业选择的战略会对它的商业模式产生很大影响。成本领先战略要求商业模式专注于效率、成本最小化和大批量。由于专注于低成本而非舒适性，成本领先的企业不会追求产品的新颖。相反，差异化战略要求商业模式集中于开发独特的产品和服务，索要更高的价格。而且，采用差异化战略的企业把大量精力和财力用于创造品牌忠诚度上，即顾客对某个品牌产品的忠诚。

（二）战略资源

如果缺乏资源，企业难以实施其战略，企业拥有的资源会影响其商业模式的持续性。企业的核心竞争力和战略资产是两种重要的战略资源。

核心竞争力是一种资源或者能力，是企业胜过竞争对手的竞争优势的来源。它是超越产品或市场的独特技术或能力，对顾客的可感知利益有巨大的贡献，并且难以模仿。企业的核心竞争力在短期和长期内都很重要。在短期内，正是核心竞争力使得企业能够将自己差异化，并创造独特价值。从长期看，通过核心竞争力获得成长，以及在互补性市场上建立优势地位也很重要。例如，戴尔公司已经建立了装配和销售个人计算机方面的核心竞争力，并开始将它们移向计算机服务和其他电子设备市场。

战略资产是企业拥有的稀缺、有价值的事物，包括工厂和设备、位置、品牌、专利、顾客数据信息、高素质员工和独特的合作关系等。一项特别有价值的战略资产是企业的品牌。企业最终会把自己的核心竞争力和战略资产综合起来以创造可持续竞争优势。

（三）伙伴网络

企业的伙伴网络是商业模式的第三个构成要素。新创企业往往不具备执行所有任务所需的资源，因此需要依赖其他合作伙伴以发挥重要作用。在很多时候，企业并不愿独自做所有事情，因为完整地完成一项产品或交付一种服务会分散企业的核心优势。

1. 供应商

供应商是向其他企业提供零部件或服务的企业。几乎所有的企业都有供应商，它们在企业商业模式的运作中起重要作用。

传统上，企业与供应商维持着一定距离的关系，并把它们看作竞争对手。需要某种零部件的生产企业往往与多个供应商联系，以寻求最优价格。如今，企业更多地将精力放在如何推动供应商高效率运作的层面。

2. 其他合作者

除了供应商，企业还需要其他合作伙伴来使商业模式有效运作。合资企业、合作网络、社会团体、战略联盟和行业协会是一些常见的合作关系形式。合作关系给企业带来更多的创新产品、更多的有益机会和高成长率。

创业者创建具有可持续竞争优势的新企业的能力，依赖于企业自身技能，也依赖于外部合作伙伴的技能。例如，合作伙伴关系有助于企业保持敏捷，集中精力发展核心竞争力。

当然，合作伙伴关系也包含着风险，在仅有的合作关系成为企业商业模式的关键要素时更是如此。由于种种原因，很多合作关系没能实现参与者初期的愿望。企业联盟也有一些潜在劣势，如专有信息丢失、管理复杂化、财务和组织风险、依赖伙伴的风险及决策自主权的部分丧失等。

（四）顾客界面

顾客界面是指企业如何与顾客相互作用。与顾客相互作用的类型依赖于企业选择如何在市场上竞争。例如，当当网只通过互联网销售书籍，而新华书店则通过传统书店和网络两种途径来售书。

对新创企业来说，顾客界面的选择对于它如何与对手竞争及将它定位于产品或服务价值链的哪个环节非常重要。下面分别从目标市场、销售实现与支持、定价结构3个方面来表述顾客界面的内容。

1．目标市场

目标市场是企业在某个时点追求或尽力吸引的有限的个人或企业群体。企业选择的目标市场影响它所做的每件事情，如获得战略资产、培育合作关系及开展推广活动等。拥有清晰界定的目标市场将使企业受益。由于目标客户的明确界定，公司能够将自己的营销和推广活动聚焦于目标顾客，并且能够发展与特定市场匹配的核心竞争力。

2．销售实现与支持

销售实现与支持描述了企业产品或服务“进入市场”的方式，或如何送达顾客的方法。它也指企业利用的渠道和它提供的顾客支持水平。所有这些都影响到企业商业模式的形式与特征。

假定有一家新创企业开发出一项移动电话技术，并为此申请了专利。为了形成自己的商业计划，企业在如何把该技术推向市场的问题上有几种选择。它可以：①将技术以特许经营方式转让给现有移动电话企业；②自己生产移动电话，并建立自己的销售渠道；③与某个移动电话公司合作生产，并通过与移动电话服务提供商的合作关系来销售电话。

企业对销售实现与支持的选择，深刻地影响企业演化的类型及开发的商业模式。例如，如果企业对它的技术进行特许经营，那么它很可能建立起一种强调研发的商业模式，从而使它不断获得领先的技术。

企业愿意提供的服务内容也影响它的商业模式。有些企业将自己的产品和服务差异化，通过高水平的服务和支持向顾客提供附加价值。例如，送货和安装、财务安排、顾客培训、担保和维修、便利的经营时间、方便的停车场，以及通过免费电话和网站提供信息等。

3. 定价结构

企业的定价结构随企业目标市场与定价原则的不同而变化。例如，有些租车企业收取日租金，另一些企业则按照行驶的公里数收取租金。有的咨询企业按照提供服务的次数收费，而另一些企业则按照时间收费。在某些情况下，企业还必须决定是直接向顾客收费，还是通过第三方间接收费。

总之，新创企业从整体角度审视自己，理解商业模式的重要作用，根据自身核心战略及资源优势构建适合的、有效的商业模式。

头脑风暴

表6-1中是万达的战略与商业模式。

表6-1 万达的战略与商业模式

万达产品	第一代	第二代	第三代
产品种类	纯商业	纯商业	商业、酒店、写字楼、住宅
选址	核心商圈黄金地段	核心商圈黄金地段	城市副中心、城市的开发区及 CBD
规模	5 万平方米	15 万平方米	40 万 ~ 80 万平方米
业态	购物功能组合	购物功能组合	24 小时不夜城 + 集成功能组合
主力商家	超市 + 家电 + 影院	超市 + 建材 + 家电 + 影院	百货 + 超市 + 家电 + 影院
建筑形态	单个盒子式	组合式	综合体、盒子 + 街区 + 高层的组合
案例	长沙、南昌、青岛	沈阳、天津	宁波、上海、北京、成都

问题讨论：

针对以上万达商业模式变迁的描述，讨论其商业模式完善调整的思路与逻辑。

三 成功商业模式的特征

长期从事商业模式研究和咨询的人士认为，成功的商业模式具有以下3个特征。

①成功的商业模式要能提供独特价值。有时候这个独特的价值可能是新的思想。而更多的时候，它往往是产品和服务独特性的组合。这种组合要么可以向客户提供额外的价值，要么使得客户能用更低的价格获得同样的利益，或者用同样的价格获得更多的利益。

②成功的商业模式是难以模仿的。成功的商业模式是具有自己能复制且别人不能

复制，或者自己在复制中占据市场优势地位的特性。企业通过确立自己的与众不同，如对客户的悉心照顾、无与伦比的实施能力等，来提高行业的进入门槛，从而保证利润来源不受侵犯。比如，直销模式，人人都知道其如何运作，但是戴尔公司是直销模式的标杆，一般人很难复制戴尔的模式，其原因在于“直销”的背后是一整套完整的、极难复制的资源整合和生产流程。

案例鉴赏

一次失败的创业经验

肖玉毕业后没有从事与所学专业相关的工作，而是决定自己创业。刚开始他想了很多项目，如开网店、开餐饮店、开培训机构等。最后，他将目标锁定在了连锁加盟上。肖玉听说某干果连锁店在附近的生意还不错，就打电话给加盟商询问具体情况，然后马上筹集资金开始了自己的加盟创业之路。然而，店铺开业一段时间后肖玉发现，每天的生意并不好，每天来店里的顾客也比较少。肖玉以为这是由于店铺刚开业，宣传的力度还不够。但经过大力宣传以后，生意依然不见起色，肖玉又安慰自己说这是创业初期的正常情况，没有进一步深思和做出任何改变。几个月后，店里的库存积压严重，销量任务也没有完成，创业资金所剩无几，肖玉才意识到创业的失败。

案例中的肖玉选择了一种比较便捷的方式来进行创业，即希望借用别人的商业模式创业。这种方法虽然也是可取的，但是在创业的过程中，他没有根据自己的实际情况进行分析，也没有做出及时调整和必要的创新，这才是导致他创业失败的主要原因。

③成功的商业模式是脚踏实地的。企业要做到量入为出、收支平衡。这个看似不言而喻的道理，要想年复一年、日复一日地做到，却并不容易。现实当中的很多企业，不管是传统企业还是新型企业，对于自己从何处获利、为什么客户看中自己企业的产品和服务，乃至有多少客户实际上不能为企业带来利润，反而在侵蚀企业的收入等关键问题，都不甚了解。

任务2 设计商业模式

一 商业模式的设计思路

商业模式的设计是创业机会开发环节的一个不断试错、修正反复的过程。创业者在进行商业模式设计时，必须分析自身的条件和外部的宏观环境以选择合适的模式。

（一）具体分析产业环境

企业所处的产业环境是影响商业模式的关键因素。当产业处于不同的发展阶段时，企业行为、产业结构及市场绩效都会不同，而政府在各个时期的宏观政策也会有所侧重和不同，这些宏观环境都是企业进行商业模式选择时需首要考虑的内容。

（二）充分评估企业能力

企业的内部条件是商业模式设计的重要因素，因为任何商业模式的变革都是在企业的核心战略指导下进行的，并以核心资源及内部流程重组为基础的。因此，企业的现状及内部流程等因素也是企业进行商业模式设计时不容忽视的因素。

二 商业模式设计的原则

（一）客户价值最大化原则

一个商业模式能否持续盈利与该模式能否使客户价值最大化有必然联系的。一个不能满足客户价值最大化的商业模式，即使盈利也一定是暂时的、偶然的，是不具有持续性的。相反地，一个能使客户价值最大化的商业模式，即使暂时不盈利，终究也会走向盈利。因此，我们把对客户价值的实现再实现、满足再满足当作创业团队应该始终追求的最终目标。

奶茶店的运营

（二）持续盈利原则

创业团队能否持续盈利是我们判断其商业模式是否成功的唯一的外在标准。因此，在设计商业模式时，盈利和如何盈利也就自然成为重要的原则。持续盈利是指既要盈利，又要有发展后劲，具有可持续性，而不是一时的盈利。

（三）资源整合原则

资源整合就是要优化资源配置，就是要有进有退，获得整体层面的最优选择。在战略思维的层面上，资源整合是系统化的思维方式，是通过组织协调，把创业团队内部相关性不足的职能和有共同目标但拥有自身利益的合作伙伴，整合成一个为客户服务的系统。在战术选择上，资源整合是优化配置的决策，是根据创业团队的发展战略和市场需求，对相关资源进行重新配置，来凸显创业团队的核心竞争力，寻求资源配置与客户需求的最佳结合点，目的是通过组织安排和管理运作协调来增强创业团队的竞争优势。

（四）创新原则

成功的商业模式不一定是技术上的突破，商业模式的创新形式贯穿于创业团队经营的整个过程之中，贯穿于创业团队的资源开发研发模式、制造方式、营销体系、市场流通等各个环节之中，也就是说，在创业团队经营的每一个环节上的创新都可能变成一种成功的商业模式。

（五）组织管理高效率原则

高效率是每个创业团队管理者追求的目标。用经济学衡量，决定创业团队是否有盈利能力的要素是效率。根据现代管理学理论，一个创业团队要想高效率地运行，首先要解决的是创业团队的愿景、使命和核心价值观问题，这是创业团队生存、成长的动力，也是创业团队成员保持高绩效的理由。其次是要有一套科学实用的运营和管理系统，解决系统协同、计划、组织和约束问题。最后还要有科学的奖励和激励机制，解决如何让创业团队成员分享创业团队成长果实这一问题，也就是向心力的问题。只有将这三个主要问题解决好了，创业团队的管理才能实现高效率。

（六）风险管控原则

当创业团队面临市场开放、法规解禁、产品创新时，风险变化波动程度提高，连带增加了经营的风险性。良好的风险管理有助于降低决策错误的概率，提高避免损失的可能，相对提高创业团队本身的附加价值。风险既指创业团队组织外的风险，如政策、法律和行业风险，也指创业团队组织内的风险，如产品的变化、人员的变更、资金的断流等。

（七）融资有效性原则

融资模式的打造对创业团队有着特殊的意义，尤其是对中小创业团队来说更是如此。创业团队生存、发展、快速成长都需要资金。资金已经成为所有创业团队发展中绕不开的障碍和很难突破的瓶颈。谁解决了资金问题，谁就赢得了创业团队发展的先机，也就掌握了市场的主动权。

三 商业模式设计的工具——商业模式画布

商业模式画布是一种关于企业商业模式的构想，能让全员看到同一幅画面，憧憬同一个愿景，直观、简单、可操作。在创业项目中，商业模式画布起到了健全商业模式、将商业模式可视化及寻找已有商业模式漏洞的作用，可减少决策失误带来的损失。商业模式画布常被用于设立创业项目或打造与众不同的商业模式。

商业模式画布

商业模式画布是会议和头脑风暴的工具，它通常由一面大黑板或一面墙来呈现。商业模式画布图总共分为9个模块，它们的顺序依次为：客户细分、价值主张、渠道通路、客户关系、收入来源、核心资源、关键业务、重要伙伴、成本结构，如图6-2所示。

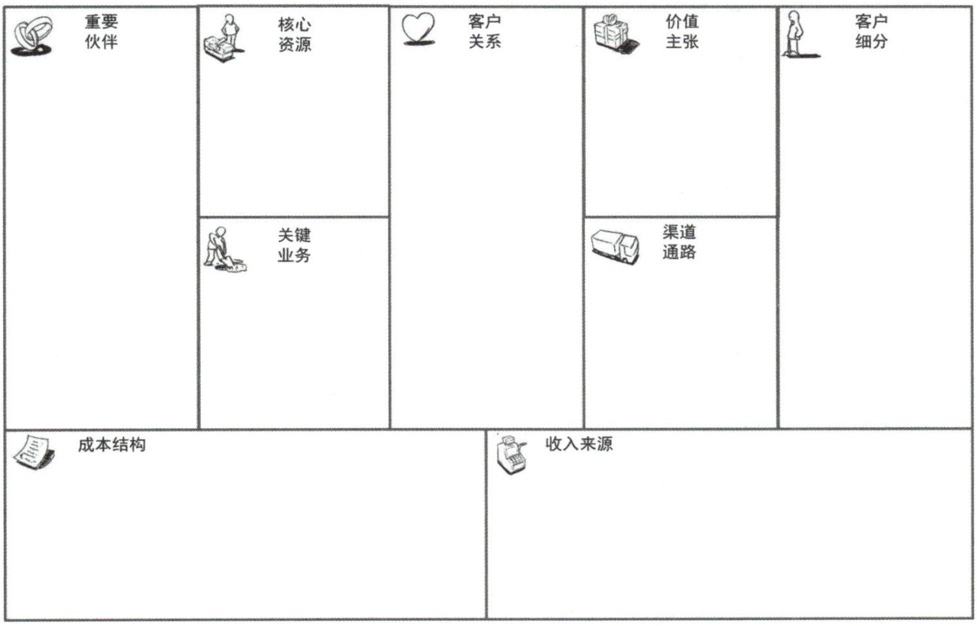

图 6-2 商业模式画布

（一）客户细分

客户细分指的是企业最想或最可能服务或接触的群体或组织。客户细分时必须搞清楚两个方面的内容：一是正在或准备为谁创造价值或提供服务；二是这些群体中谁是最重要的客户。客户细分的主要依据是需要提供不同的产品或服务，客户群体需要通过不同的分销渠道来获得产品或服务。

（二）价值主张

价值主张指的是企业为特定客户细分创造价值的系列产品和服务。这些价值既可以是定量的，如价格、服务标准、培训等，也可以是定性的，如设计、客户体验等。

价值主张必须回答以下几方面的内容：一是向客户传递的核心价值是什么；二是能够帮助客户解决哪一类难题；三是能够满足客户哪些需求；四是能够提供给客户细分群体哪些系列产品和服务。

设计价值主张时必须考虑的关键环节包括产品或服务、客户痛点解决方案、客户收益创造方案。

（三）渠道通路

渠道通路指的是企业通过谁来沟通和接触其细分客户，从而传递价值主张。渠道通路设计解决5个问题：通过哪些渠道可以接触细分的客户群体？现在如何接触他们？是否有多个渠道并进行有效整合？哪些渠道最容易和客户的需求进行融合？哪些渠道成本收益最好？

渠道通路帮助提升公司价值主张在客户中的认知，帮助客户评估公司的价值主张，协助客户识别购买产品或服务，提供售后支持。

（四）客户关系

客户关系指的是企业与特定客户细分群体建立的关系类型。建立良好的客户关系需思考4个问题：每个客户细分群体希望与之建立和保持何种关系？哪些关系已经建立？这些关系成本如何？如何将他们与商业模式的其他部门进行整合？

常见客户关系的类型包括简单的买卖型、战略合作型、线上线下互动型、社区型、合资（合伙）型。例如，大数据驱动的智能全渠道全触点营销模式以消费者为全程关注点，化线性单向营销思维为立体营销思维，让客户的用户画像更完善和准确，让营销更能打动人心。实现全链路、全媒体、全数据、全渠道的营销，也为企业产品研发、销售策略、售后服务等提供决策依据，提高商业效率和营销精准度。

（五）收入来源

收入来源指企业从客户群体中获取的现金收益。设计收入来源必须考虑5个问题：什么样的价值能让客户愿意付费？他们现在付费买什么？他们是如何支付费用的？他们为何更愿意支付费用？每种收入来源占总收入的比例是多少，以及持续性如何？

收入来源有：①通过客户一次性付费获得的交易收入；②来自客户为获得价值主张而持续支付的费用。

（六）核心资源

核心资源指用来描述商业模式有效运转所必需的重要因素。核心资源包括实体资产、知识产权、人力资源、金融资产。一般情况下，不同的商业模式所需的核心资源不同。

确定核心资源必须考虑3个问题：企业价值主张需要什么样的核心资源？企业渠道通路需要什么样的核心资源？企业客户关系和收入来源需要什么样的核心资源？

（七）关键业务

关键业务指企业用来确保商业模式正常运行，而必须做的最重要的事情。关键业务包括生产产品（如生产养殖产品，给客户提供自然造物的业态）、制造产品（制造一定数量或一定质量的产品供应给客户）、专业服务（为单一个体或群体提供专业的问题解决方案，如企业咨询、外卖服务等）、中介服务（以个体企业或平台为核心资源的商业模式，关键业务和服务内容与平台属性相关，如网络服务、交易服务）等。

设计关键业务需思考3个问题：企业的价值主张需要哪些关键业务？企业的渠道通路需要哪些关键业务？企业的客户关系和收入来源需要哪些关键业务？

（八）重要伙伴

重要伙伴指用来描述行业模式有效运作所需的供应商与合作伙伴的网络。典型的合作关系类型包括非竞争者之间的战略联盟关系、竞争者之间的战略合作关系、为开发新业务而构建的伙伴关系、为确保可靠供应的供应商和购买方之间的关系。

考虑重要伙伴时必须回答3个问题：谁是我们的合作伙伴？我们能够从合作伙伴那里获取哪些核心资源？合作伙伴都执行哪些关键业务？

（九）成本结构

成本结构指运营一个商业模式所引发的各种费用的总和。成本结构包括固定成本、可变成本、规模经济、范围经济。成本结构类型有成本驱动型和价值驱动型两种。

设计成本结构时必须回答3个问题：什么是企业商业模式中最重要的固有成本？哪些核心资源花费最多？哪些关键业务花费最多？

一个完整的商业模式设计必须考虑以上9个环节，每一个环节都至关重要。在设计商业模式做到专业、聚焦、差异化、强检验。专业就是一定要秉承专业化路线；聚焦就是往小里做，做“小而美”的企业；差异化就是要做别人不能做的事情，确定自己的独特定位；强检验则指只有为客户创造立竿见影、可以衡量的价值，才有可能给企业带来利润。

案例鉴赏

顺丰的商业模式画布如图6-3所示。

<table>
<tr><th>重要伙伴</th><th>关键业务</th><th>企业价值</th><th>主要利益相关者</th><th>客户细分</th></tr>
<tr>
<td rowspan="3">1. 顺达丰润
2. 嘉强顺风
3. 招广投资
4. 元禾顺风
5. 古玉秋创
6. 顺信丰合
7. 广东新邦物流
8. 新夏晖
9. GPS 公司
10. UPS
11. 顺心捷达
12. Flexport</td>
<td>1. 时效快递
2. 经济快递：顺丰特惠
3. 同城配送
4. 仓储服务、国际快递
5. 物流普运：20kg以上陆运
6. 冷链运输
7. 增值服务
8. 重货快运：整车货物
9. 小票零担：100～500kg</td>
<td rowspan="3">1. 为客户提供安全快速的物流渠道，效率是快递市场竞争的决定性因素，也是顺丰的核心竞争力
2. 所有的网络末端都是公司直营，这样能统一标准化，也不会出现像加盟商罢工的现象
3. 顺丰一直在努力打造民族速递品牌，顺丰以客户为中心，不断提高自己的服务能力，提升自己的响应速度
4. 顺丰不断地去创新，推出新的服务项目；企业本身就存在创新的基因</td>
<td>1. 直营店，即网络末端
2. 顺丰优选门店
3. 电商企业
a. 电商产业园；
b. 电商企业平台；
c. 电商企业客户
4. 地方政府
5. 产地供应商
a. 生鲜；b. 茗茶；
c. 地方特产
6. 消费者</td>
<td rowspan="3">1. 快递业务高端人群，即时效要求较高的散件或重要的文件
2. 3C 电子行业、医疗行业、快消行业
3. 电商客户
4. 金融理财或支付客户
5. 顺丰优选线上与线下客户
6. 海淘客户</td>
</tr>
<tr><th>核心资源</th><th>渠道道路</th></tr>
<tr>
<td>1. 57 架货机，1799 条航线
2. 1.4 万网点，7.3 万辆车（含末端）
3. 收派员 28.88 万
4. 10 个枢纽级中转场，49 个航空、铁路站点，375 个中转场，203 个集散点
6. 138 个仓储
7. 智慧网平台</td>
<td>1. 直营网点
2. 重货网点
3. 顺心捷达
4. 冷运网络
5. 第三方直营即时物流服务商
6. 海外仓
7. 顺丰优选
8. 顺丰优选门店</td>
</tr>
</table>

<table>
<tr><th>成本结构</th><th colspan="2">收入来源</th></tr>
<tr>
<td>1. 对合营企业和联营企业投资
2. 电子设备、飞机及配件、飞机改装与维修、飞机场建设
3. 购买土地、软件研发、管理费用、业务员工资
4. 自动分拣设备、智能设备投入、手持终端、运输车辆
5. 产业园建设
6. 冷运仓储及其仓储建设
7. 购买理财产品
8. 租用的办公楼
9. 中转枢纽场地建设、末端网点建设</td>
<td>一、分行业
1. 速运物流费用
2. 商业销售费用
3. 投资所得</td>
<td>二、分产品
1. 时效产品费用
2. 经济产品费用
3. 重货产品费用
4. 冷运产品费用
5. 同城配产品费用
6. 国际产品费用
7. 投资所得</td>
</tr>
</table>

图 6-3　顺丰的商业模式画布

任务3 创新商业模式

一 商业模式创新的概念

商业模式创新指改变企业价值创造的基本逻辑以提升顾客价值和企业竞争力的活动，即把新的商业模式引入社会的生产体系，并为客户和自身创造价值。通俗地讲，商业模式创新就是企业以新的有效方式赚钱。新引入的商业模式既可能在构成要素方面不同于已有的商业模式，也可能在要素间关系或者动力机制方面不同于已有的商业模式。

知识链接

商业模式创新的发展趋势

创新创业是我国未来数十年经济社会发展的主旋律之一，商业模式创新是其高端形态，也是改变产业竞争格局的重要力量。商业模式创新实践已经超越以营利为主要目的传统企业，拓展至社会企业、非政府组织和政府部门。商业模式创新不仅仅是传统以盈利为主要目的企业所需，也是社会企业、非政府组织和政府部门所需要的。总之，商业模式创新在我国地位更加重要。

在一些地方，商业模式创新的企业已被评为高科技企业，享受相应政府政策。在区域竞争日益加深的背景下，其他一些地方政府也正在推出或酝酿推出相似政策。中科院创新发展中心等机构也正在研究探讨国家层面的政府政策。因此，我们有理由相信，商业模式创新的企业将很快得到政府更多更有力的支持与促进。

二 商业模式创新的特征

（一）整体性

整体性是商业模式创新区别于企业其他创新的本质特征。商业模式创新与企业的产品创新、技术创新、组织创新和流程创新等创新活动的本质区别就在于其具有整体性。商业模式创新可能是由单一要素引发，但并不仅限于单一要素的变化，而是表现为多项要素相互协同变化。它同时涉及模式多个要素的变化，需要企业进行较大的战略调整，是一种集成创新。

创新商业模式设计方法

（二）外向性

商业模式创新更注重从市场和客户的角度出发，从根本上思考设计企业的行为，视角更为外向和开放，更多注重和涉及企业经济方面的因素。商业模式创新的出发点是如何从根本上为客户创造和增加价值。因此，它逻辑思考的起点是客户的需求，即根据客户需求考虑如何有效满足它。所以企业价值主张的改变常常是商业模式创新的起点，这也是为什么专家认为商业模式创新起始于讲一个诱人的故事，这点明显不同于技术创新。技术创新通常具有内向性，技术创新常常是从企业所擅长的技术特性与功能出发，看它能用来干什么，从一种技术可能有的多种用途中去挖掘它的潜在市场。商业模式创新即使涉及技术，也多是技术的经济方面因素，与技术所蕴含的经济价值及经济可行性有关，而不是纯粹的技术特性。

（三）实效性

商业模式创新具有实效性的特征。从绩效表现看，商业模式创新如果提供全新的产品或服务，那么它可能开创了一个全新的可盈利产业领域，即便提供已有的产品或服务，也应该能给企业带来更持久的盈利能力与更大的竞争优势。传统的企业单一要素的创新，通常只是带来企业局部效率的提高与成本的降低，而且这些创新容易被其他企业在较短时期内模仿。而商业模式创新虽然也表现为企业效率的提高与成本的降低，但由于其更为系统和根本，涉及多个要素的协同变化，因而难以被竞争者模仿，所以可以给企业带来战略性的竞争优势和实际经济效益，而且优势可以持续数年。

三 创新或改变原有商业模式的时机选择

创造新增长既要冒险开拓新市场，又要大胆创建新的商业模式。在下列情况下通常需要改变商业模式。

①由于现有解决方案价格太高或过于复杂，大量潜在客户被挡在市场外，需求有待满足的时候。

②通过应用新的商业模式让新技术被充分利用，或者利用成熟技术进入一个全新市场（如把军事技术用于商业领域，或把商业技术用于军事领域）的时候。

③当某个行业领域尚无“以完成客户的工作为核心”的理念的时候。这种情形在制造企业很常见。在这些领域中，企业关注的核心是产品或者客户群，于是它们对现有产品不断加以改进，结果使产品越来越大众化，而“以完成客户的工作为核心”的做法能够让企业重新定义盈利能力。

④需要抵御低端的颠覆性竞争者的时候。

⑤需要对竞争基础的改变做出响应的时候。在市场中，随着时间的推移，合适的解决方案的定义也在不断变化，导致核心细分市场大众化。

当然，除非企业对成功利用这类时机重塑商业模式有很大的把握，否则不应强求。新建商业模式不仅对公司来说是全新的，而且从某种程度上来说，对整个行业或市场也是新的或划时代的。如果不是这样，新的商业模式就毫无意义，只会浪费时间和资金。

四 商业模式创新的方法

（一）改变收入模式

改变收入模式就是改变一个企业的用户价值定义和相应的利润方程或收入模型。这就需要企业从确定用户的新需求入手。这并非从市场营销范畴中寻找用户的新需求，而是从更宏观的层面重新定义用户需求，即去深刻理解用户购买你的产品需要完成的任务或要实现的目标是什么。其实，用户要完成一项任务需要的不仅是产品，而是一个解决方案。一旦确认了解决方案，也就确定了新的用户价值定义，并可依次进行商业模式创新。

（二）改变企业模式

改变企业模式就是改变一个企业在产业链中的位置和充当的角色，也就是说，改变其价值定义中“造”和“买”的搭配，一部分由自身创造，其他由合作者提供。一般而言，企业的这种变化是通过垂直整合策略或出售及外包来实现。

（三）改变产业模式

改变产业模式是最激进的一种商业模式创新，它要求一个企业重新定义本产业，进入或创造一个新产业。例如，京东进行的商业模式创新是向产业链后方延伸，为各类商业用户提供如物流和信息技术管理的商务运作支持服务，并向它们开放自身的货物配发中心。

案例鉴赏

茗香阁的盈利新模式

茗香阁是苏州一家面积500多平方米的茶馆，位于一条僻静的小巷内。茗香阁从多数客户为白领的需求出发，认真研究白领的切身需要，把茶馆从单一经营打造成一个具有多种盈利模式的“多媒体”平台。

1. 建立商务交流平台：茗香阁成立了一个服务主流消费群体的商务俱乐部，推出了以下两项服务内容，即开展商务交流和组织商务培训。在会员内部开展交流活动，为有不同需求的人牵线搭桥，创造出更多的商业机会。

2. 提供婚介交友服务：大多数婚介机构表示愿意和茶馆合作。茗香阁特意在二楼开辟了一块专区，营造出一种幽雅、温馨的氛围。

3. 开辟茶叶销售终端：茶馆特意联合有条件的茶厂推出了无公害茶叶，由茶厂直接供货，很好地迎合了消费者的需求。

4. 文化营销改善消费体验：在茶馆的一角开辟了一个书吧，根据目标消费群体的喜好，购置了一批热门畅销图书。同时，茗香阁还推出了一项书籍代售和代租业务，消费者可以把自己不需要的书带到茶馆，由茶馆负责寄卖或出租，并且不收取任何费用，这项业务吸引了许多喜欢看书、学习的消费者。

茗香阁通过4种新的盈利模式，改变了传统意义上茶馆只卖茶的观念，开拓了茶馆业务，为消费者创造新的价值服务，受到消费者的欢迎。

（四）改变技术模式

正如产品创新往往是商业模式创新的最主要驱动力，技术变革也是如此。企业可以通过引进激进型技术来主导自身的商业模式创新，如当年众多企业利用互联网进行商业模式创新。当今，最具潜力的技术是云计算，它能提供诸多崭新的用户价值，从而为企业提供了进行商业模式创新的契机。另一项重大的技术革新是3D打印技术。该技术一旦成熟并能商业化，它将帮助诸多企业进行深度商业模式创新。例如，汽车企业可用此技术替代传统生产线来打印零件，甚至可以采用直销模式，让用户在网上订货，并在靠近用户的场所将所需汽车打印出来。

当然，无论采取何种方式，商业模式创新需要企业对自身的经营方式、用户需求、产业特征及宏观技术环境具有深刻的理解和洞察力。这才是成功进行商业模式创新的前提条件，也是最困难之处。

双创榜样

直播间里，好大米卖出好价钱

陈雨佳，1989年出生于黑龙江省宁安市渤海镇。2016年，她回乡创业，运用互联网思维优化水稻种植、加工和销售环节，带领乡亲们闯出了一条增收致富路。陈雨佳先后获得全国“巾帼新农人”创业典型、全国三八红旗手等荣誉称号。

一、开辟线上销路，打出产品口碑

得益于独特的自然环境，石板大米口感佳、营养价值高。“可酒香也怕巷子深，村里的大米多年来没有打出知名度，销路一直不好。”玄武湖大米专业合作社理事长褚丽娟说。

早在2008年，褚丽娟就牵头成立合作社，推动村里的稻田规模化经营。可是，受制于传统的种植、销售方式，乡亲们的日子始终算不上宽裕，村集体经济收入也一度入不敷出。眼看母亲褚丽娟着急上火，2016年，在外工作了3年多的陈雨佳悄悄返乡，打定主意要通过互联网帮助老乡卖大米。

“以往到了水稻收获季，大伙儿都是被动等待商贩上门收购，卖不上好价钱。”陈雨佳心里自有盘算，毛遂自荐在合作社担任起销售经理一职，利用互联网，把优质大米直接端到消费者的餐桌上。开工不到一个月，陈雨佳就做成了第一单生意。“我把卖米的广告发到了朋友圈，有熟人感兴趣，一试还真不错，然后口口相传，一下卖出了几百斤。”拍视频、搞直播、开网店……陈雨佳和合作社的两个年轻人组成网络营销团队，把大米种植的各个环节都展现给消费者。慢慢地，陈雨佳在网上有了不少粉丝，线上订单也逐渐多了起来。

与此同时，合作社在提高大米品质上也下足了功夫，从选种、耕种到加工，绿色技术覆盖全程：肥料方面全部施用有机肥和农家肥，除草则采用人工方式和稻田养鸭，灌溉水源来自镜泊湖和牡丹江……“这么干费工费力，万一大米卖不上价怎么办？”有的村民担心。通过开辟线上销售渠道，销量的确增加了，可是价格相较往年并没有明显上涨。“怎么把好米卖出好价？”陈雨佳不断思索。

二、加强与网友互动，改进销售模式

“欢迎来到上官地村，这里不仅有美丽的玄武湖，还有200多户淳朴的农民”“今天请大家和小陈一起把鸭雏放到田里去”……积攒了一些经验后，陈雨佳和团队拍视频、做直播时，不再局限于推介产品，而是通过镜头讲述乡亲们种植石板大米的故事，展示原汁原味的乡村生活。在与网友的互动中，陈雨佳不断改进销售模式，升级服务体验。这天，记者跟着她下田察看水稻长势，清风徐来，掀起层层稻浪。地头上，立着一块块小木牌，上面写着不同的名字。

“这是我们推出的‘认种’模式，春天时消费者认购一亩稻田，秋收后就能收到这亩稻田产出的大米，还可以来村里免费体验插秧、收割水稻等农事活动。”陈雨佳说，“这个点子就来源于直播时跟网友的互动，当时有网友感慨我们这儿山好水好，想来村里体验种田。”

“认种”模式一经推出，就大受欢迎。“今年的200亩[①]有机稻田，在插秧之前就已被认购一空，预售款接近400万元。”陈雨佳说，今年插秧季，一些客户就带着家人来村里体验了一回乡村“慢生活”。

还有网友给陈雨佳留言：“大米买多了存不住，有没有办法随时都能吃到新鲜大米？”为此，陈雨佳推出定制销售模式，“秋收后，我们把稻谷存放在村里恒温恒湿的谷仓里。消费者可以根据相关凭证随时在网上兑换，我们按订单随时开机碾米，保证水稻脱壳后第一时间送到客户手上。”

① 1亩≈666.67平方米。

“在有关部门的支持下，我们还建起了农业物联网。消费者只要扫一下二维码，就能看到石板大米的生产全过程。”陈雨佳说。随着生活水平不断提高，消费者更加关注品质和体验，这种线上线下有机结合的销售模式，能进一步增强消费者的黏性。

通常，一场直播要两个多小时，陈雨佳讲得嗓子冒烟，却乐此不疲。“对我来说，最重要的是把家乡和家乡的石板大米推介出去。”据介绍，现在整个合作社约1/3的销售额来自线上渠道。

“种大米、卖山货、开直播、发展乡村游……像陈雨佳这样，近几年回到宁安创业的高校毕业生有300多人。”宁安市就业局副局长金丽玉说，“他们在实现个人梦想的同时，也源源不断地为乡村振兴注入新鲜血液。”

项目小结

本项目主要介绍了商业模式的含义、构成要素、成功商业模式的特征，以及如何设计和创新商业模式等内容，主要帮助学生认识商业模式，能够根据成功商业模式的特征选择恰当的商业模式，并能根据自身情况设计和创新商业模式。

练习题

练习题答案

一、单选题

1. 商业模式是一种（　　）。

A.商业运行方式　　B.经营方式

C.盈利模式　　D.业务模式

2. 商业模式设计要素中的“关键资源”是指（　　）。

A.财务资源　　B.人力资源　　C.实体资源　　D.创业项目运行必需资源

3. 商业模式设计的第一步是（　　）。

A.确定市场定位　　B.确定提供的产品或服务

C.细分市场　　D.明确收益来源

4. 做企业，设计商业模式首先就是（　　）。

A.要考虑未来　　B.要资金到位　　C.要考虑效益　　D.要打破惯性

5. 下列关于商业模式画布的叙述，错误的是（　　）。

A.商业模式画布是商业模式设计与优化的非常实用的操作工具

B.商业模式画布把商业模式的9个关键环节通过一张画布形象地展示出来

C.通常位于画布左侧的要素偏重效率与理性，位于画布右侧的要素偏重价值与感性

D.在商业模式画布上，成本结构通常是设计商业模式的起点，其他环节并无逻辑顺序

二、多选题

1. 商业模式的构成要素有（　　）。

A.核心战略　B.战略资源　C.伙伴网络　D.顾客界面

2. 成功商业模式的特征有（　　）。

A.能提供独特价值　B.难以模仿的　C.脚踏实地的　D.单打独斗的

3. 商业模式设计的原则有（　　）等。

A.客户价值最大化原则　B.持续盈利原则　C.资源整合原则
D.组织管理高效率原则　E.创新原则　F.风险管控原则
G.融资有效性原则

4. 商业模式画布的作用有（　　）。

A.健全商业模式　B.将商业模式可视化
C.寻找已有商业模式漏洞　D.减少决策失误带来的损失

5. 商业模式创新的方法有（　　）。

A.改变收入模式　B.改变企业模式
C.改变产业模式　D.改变技术模式

三、判断题

1. 商业模式是价值发现、价值匹配和价值获取的过程。（　　）
2. 大多数新创企业都有成熟、完整的商业模式，无须进一步创新和迭代。（　　）
3. 未来主流商业模式是O2O，但传统企业与O2O无关。（　　）
4. 商业模式设计中，创业者需明确客户关系是指创业项目与客户之间单纯的交易关系。（　　）
5. 找到一个细分市场并提供所需的产品和服务即可成为一个好的商业模式。（　　）

四、测试题

创造力测试

下面是20个问题，如符合自身情况，则在（　　）里打上“√”，不符合的则打“×”。

1. 听别人说话时，你总能专心倾听。（　　）
2. 完成了上级布置的某项工作，你总有一种兴奋感。（　　）
3. 观察事物向来很精细。（　　）
4. 你在说话以及写文章时经常采用类比的方法。（　　）
5. 你总能全神贯注地读书、书写或者绘画。（　　）
6. 你从来不迷信权威。（　　）
7. 对事物的各种原因喜欢寻根问底。（　　）
8. 平时喜欢学习或琢磨问题。（　　）
9. 经常思考事物的新答案和新结果。（　　）

⑩ 能够经常从别人的谈话中发现问题。 (　　)
⑪ 从事带有创造性的工作时，经常忘记时间的推移。 (　　)
⑫ 能够主动发现问题以及和问题有关的各种联系。 (　　)
⑬ 总是对周围的事物保持好奇心。 (　　)
⑭ 能够经常预测事情的结果，并正确地验证这一结果。 (　　)
⑮ 总是有些新设想在脑子里涌现。 (　　)
⑯ 有很敏感的观察力和提出问题的能力。 (　　)
⑰ 遇到困难和挫折时，从不气馁。 (　　)
⑱ 在工作遇上困难时，常能采用自己独特的方法去解决。 (　　)
⑲ 在问题解决过程中找到新发现时，你总会感到十分兴奋。 (　　)
⑳ 遇到问题，能从多方面、多途径探索解决它的可能性。 (　　)

▶ 项目实训

研究商业模式的设计思路.

▶ 实训目的

1. 培养学生对企业商业模式的分析能力。

2. 了解商业模式的设计思路。

▶ 实训流程

1. 搜集资料。

班级成员分成若干小组，每个小组成员对商业模式的基本理论进行整理复习，然后继续搜集有关商业模式设计思路的相关资料，将重点资料进行提炼总结，记录在方框内。

2. 理解并记录。

根据所搜集的资料，把对商业模式设计的理解记录下来。

____

____

____

3. 访谈创业者。

在以上理论学习的基础上，请各个小组分别寻找一个成功的创业者进行访谈，了解其商业模式的设计思路，每个小组成员记录对此的新理解。

访谈对象：
访谈时间：
访谈地点：
访谈提纲：
访谈内容记录：
你的理解：

4. 小组交流。

小组间根据访谈结果进行讨论、交流，汇总每个小组的收获。

____

____

____

5. 自我总结。

对比你在访谈前后对商业模式设计的理解，总结自己对哪些方面的理解有欠缺，以及在哪些方面有了新的看法。在总结收获与不足之后，请制定出未来你对商业模式新的研究方向。

你的收获：
你的不足：
新的研究方向：

▶ 实训思考

你知道的优秀商业模式有哪些？你认为在商业模式设计环节中，有哪些值得注意的地方？其中，最重要的是什么？请与你的小组成员进行交流。

项目 7
创业资源的整合

知识目标

1. 了解创业资源的概念、分类和作用。
2. 了解大学生创业者的创业资源。
3. 掌握获取创业资源的方法。
4. 掌握整合创业资源的方法。

能力目标

1. 能够初步具备整合创业资源的能力，为以后创业的成功打下良好的基础。
2. 能够有创造性地利用创业资源。

思政目标

1. 在我们身边有各种各样的资源，当你有所需要时，不妨看看身边，或许你所需要的就在眼前。我们要学会把身边的资源充分利用起来，这样很多问题就会轻易解决。
2. 通过对获取创业资源的多种途径的了解，明白条条大路通罗马。我们要善于通过多种途径解决问题。

案例引入

资源整合

蒙牛乳业集团创始人牛根生从伊利离职后进行创业，面临的问题主要有三个。

第一个问题，没有工厂怎么办？牛根生开始资源整合，通过人脉关系找到哈尔滨一家乳制品公司。这家公司的设备都是新的，但是生产的乳制品质量有问题，同时营销渠道这一块没有打通，所以产品一直滞销，牛根生马上找到这家公司的老板说："你来帮我们生产，我们这边都是伊利技术高层，帮忙技术把关，牛奶的销售铺货我们也承包了。"这位老板一听，马上答应下来。而且他们几个一起出来创业的伙伴也有落脚的地方，解决了生存的问题。

第二个问题，没有品牌怎么办？在乳制品这个行业，没有品牌很难销售，因为品牌代表着安全可靠。因此，蒙牛借势整合，打出口号："蒙牛甘居第二，向老大哥伊利学习"，口号一出，一个不知名的品牌马上挤进全国前列。

第三个问题，没有奶源怎么解决？蒙牛整合了三方面的资源：第一个是农户，第二个是农村信用社，第三个是奶站的资源。信用社借钱给奶农，蒙牛担保，而且蒙牛承诺包销路。奶牛生产出来的奶由奶站接收，蒙牛又找到奶站。蒙牛定时把信用社的钱还了，把利润又给了奶农，趁机喊出一个口号："一年养10头牛，过的日子比蒙牛的老板还牛"。

从这个案例中可以知道，现在这个时代，靠一个企业独立经营，单打独斗，力量是十分有限的，一定要整合各方面的资源才能把一个企业做大。

任务1 认识创业资源

一 创业资源的概念及分类

（一）创业资源的概念

对于创业资源的含义，学术界有不同的定义。学者林强及林篙认为：创业资源是企业成立以及成长过程中所需要的各种生产要素和支撑条件。张斌认为：创业资源是指新创企业在创造价值过程中需要的有形与无形资产，具体包括创业人才、创业资本、创业机会等。综上所述，创业资源是指新创企业在创造价值的过程中所需要的特定资源的总称。

认识创业资源

从广义上看，创业资源可界定为：能够支持创业者进行创业活动的一切东西。它既包括可见的物质资源，如厂房、机器设备、资金等，也包括不可见的无形资源，如创业战略、创业方案、知识、技术、创业团队等；既包括创业者实际拥有的资源，也包括创业者可间接获取的资源，如广泛的社会关系等；既包括体现创业者个性特征的个体资源，也包括组织性、社会性的资源；既包括国内的各种资源，也包括国外提供的资源。

从狭义上看，创业资源是促使创业者启动创业活动的关键优势资源。关键优势资源是指建立企业盈利模式的业务系统所必需的和重要的资源与能力。并不是企业现有的所有资源和能力都同等珍贵，也不是企业每一种资源和能力都是企业所必需的，只有和企业定位、盈利模式、整个业务系统流程、现金流结构相契合并且能互相强化的资源和能力，才是企业真正需要的。从资源的角度看，创业者是否具备业务系统所需的关键资源能力是其能否成功创业的核心问题。创业者对关键优势资源和能力识别得越清晰，利用得越充分，在激烈的市场竞争中保持创业后的竞争优势也就越持久。

（二）创业资源的分类

创业资源是新创企业成长过程中必需的资源，按照资源对企业成长的作用可以将其分为两大类：对于直接参与企业日常生产、经营活动的资源，我们称之为要素资源；未直接参与企业生产，但其存在可以极大提高企业运营的有效性资源，则被称为环境资源。创业资源的分类如表7-1所示。

表7–1　创业资源分类

资源分类		资源内容
要素资源	场地资源	场地内部的基础设施建设、便捷的计算机通信系统、良好的物业管理和商务中心，以及周边方便的交通和生活配套设施等
	资金资源	及时的银行贷款和风险投资、各种政策性的低息或无偿扶持基金，以及写字楼或者孵化器所提供的便宜的租金等
	人脉资源	创业开始前能帮助创业者选择项目的人员、创业初期能帮助创业者融资的人员、产品销售中能帮助创业者开拓销路及关系网的人员，以及在创业过程中遇到困难能为创业者提供担保的人员等
	人才资源	技术人才和管理人才的引进、高水平专家顾问队伍的建设、合格员工的聘用等
	管理资源	企业诊断、市场营销策划、制度化和正规化企业管理的咨询等
	科技资源	对口研究所和高校科研力量的帮助、与企业产品相关的科技成果，以及进行产品开发时所需要用到的专业化的科技试验平台等
环境资源	政策资源	国家为鼓励大学创业出台的各项政策，以及各地方政府出台的相应扶持政策等
	信息资源	及时的展览会宣传和推介信息、丰富的中介合作信息，以及良好的采购和销售渠道信息等
	文化资源	企业之间相互学习和交流的文化氛围、相互合作和支持的文化氛围，以及相互追赶和超越的文化氛围等
	品牌资源	借助大学或优秀企业的品牌、借助科技园或孵化器的品牌，以及借助社会上有影响力的人士对企业的认可等

二　创业资源的作用

（一）要素资源的作用

1. 场地资源

任何企业都要有生产和经营的场所，这是企业存在的首要条件之一。例如，为网络工作人员提供舒适的办公环境和高速的网络通信系统，为市场人员提供便捷的商务中心和配套设施等。这些将有助于新创企业更快、更好地成长。

创业资源

2. 资金资源

充足的资金将有助于加速新创企业的发展。新创企业无论是进行产品研发还是生产销售，都需要大量的资金。而且新创企业往往由于资产不足而缺乏抵押能力，很难从银行得到足够的贷款，这更使得资金资源成为企业高速发展的瓶颈，因此如何有效地吸收资金资源是每个创业者都极为关注的问题。

知识链接

常见的网贷骗局

1. 低门槛的贷款办理

向银行申请贷款之所以困难，是因为银行的门槛高。那么网贷就没有门槛吗？同样也是有的，只有骗子才会告诉你说，什么都没有也能办理贷款，或是只要身份证、社保证明就可以办理贷款。贷款机构并不是慈善机构，见不到你的还款能力证明是不会给你发放贷款的，所以遇到这些无条件、无门槛的贷款一定要当心。

2. 当天就可以拿到贷款

银行贷款申请之所以难，还有一个原因就是银行贷款审核过程长，手续繁杂，因而发放贷款就慢。那么网贷的放款速度能达到这么快吗？当天就可以拿到贷款吗？关于这个，大家不能太过相信。不管在哪里申请贷款都有一定的过程，面对资质优良的客户，在资料齐全的情况下，有些网贷可以一到三天放款。

3. 不需要亲自出面，通过电话就能获到贷款

有些人申请贷款，却接到了异地电话称可以办理贷款。实际上，贷款都有地区性的，最好是找当地贷款公司申请，并且需要本人亲自办理，没有说一通电话就能放款的。

4. 贷款前要交费的

不管遇到什么样的骗子，最终的目的都是让你打钱转账给他。但试想下，你连贷款的钱都没拿到，凭什么要先付费呢。凡贷款前让你交费的绝对是骗子，正规的贷款机构在贷款前是不会收取任何费用的，记住，是任何费用。

3. 人脉资源

一个创业者如果不能在最短时间之内建立自己最广泛的人际网络，那他的创业一定会非常艰难。即使初期他能够依靠领先技术或者自身素质，如吃苦耐劳或精打细算，从而获得某种程度上的成功，但也可以断言他的事业一定做不大。

4. 人才资源

人才对于新创企业的成长和发展已经越来越重要。高素质人才的获取和开发，成了现代企业可持续发展的关键；而对于高科技企业来说，因为其更大的知识比重，人才资源则更为重要。

5. 管理资源

大学生创业者由于缺乏实践经验，对于企业管理知识往往有所欠缺，很多创业企业都失败于管理不善。这意味着拥有一套完整而高效的管理制度是新创企业的宝贵资源。当然，在企业缺乏这一资源时，专业的管理咨询策划将有助于提高新创企业的生产和运作效率。

6. **科技资源**

作为新创企业如果能拥有科技资源将会赢在创业的起跑线上，因此应积极引进寻找有商业价值的科技成果，加强和高校、科研院所的产学研合作，将有助于加快产品研制和成型的速度，缩短产品进入市场的时间，为企业的市场竞争提供有力支持。

（二）环境资源的作用

1. **政策资源**

从中国的创业环境来看，新创企业需要相应的扶持政策，只有在政策允许和鼓励的条件下，新创企业才能获得更多的国内外人才、贷款和投资、具有明确产权关系的科技成果、各种服务和帮助及场地优惠等。当然，政策资源是公共资源，所有同质的高科技企业都可以享受，但新创企业更应该重视政策资源。

2. **信息资源**

专业机构对于信息的收集、处理和传递，可以为创业者制定研发、采购、生产和销售的决策提供指导和参考。对于新创企业来说，由于竞争十分激烈，就更加需要丰富、及时、准确的信息，以争取到更多的要素资源。这种信息如果由创业者通过市场调研分析而获得，成本可能过高，因此常常由专业机构提供。

3. **文化资源**

文化资源是企业发展中重要的资源，对于新创企业来说，文化资源尤为珍贵。硅谷成功的一个很重要的原因是那里浓厚的文化氛围，如鼓励冒险、容忍失败等。文化，对于创业企业和创业者有着极大的精神激励作用，令新创企业以更强的创业动力和能力有效地组合要素资源并创造价值。

4. **品牌资源**

创业企业所置身的环境也具有一定的品牌效应。例如，优秀的孵化器能为高科技创业企业提供品牌保证，这可以提高政府、投资商和其他企业对在孵企业信誉度的估价，有助于提升新创企业获取资金、人才、科技、管理等资源。创业者要善于利用品牌资源，扩大新创企业和品牌之间的互动，以增强社会的影响力。

双创榜样

梦想一点点“花开”

“梦想是生命的灵魂，是心灵的灯塔，是引导人走向未来的信仰。”这是陈熠舟最喜欢的一句话。这位“95后”创业者，从大二开始组建创业团队，也亲眼见证了梦想一点点“花开”。

陈熠舟的梦想起航于一段叫《七十三封信》的视频。这段视频讲述了留守儿童葵花写给外出父母的七十三封信的故事，故事里孩子无助的呼唤深深刺痛了她的心。由此，她开始投身教育公益活动。其间，她常常思考一个问题：如何既能节省时间又能给孩子更多陪伴？渐渐地，一个在线教育创业的想法在她脑海中萌生了。

陈熠舟创业的初衷是研发智慧教育平台，让更多的孩子享受到优质教育资源，这一想法也得到了学校老师的认可。从带头组建创业团队，到参与研发和引进平台技术，再到创业梦想落地，一步步走来，每一次遇到瓶颈时，她都告诉自己：再坚持一下，说不定就有希望。

2016年2月，在学校的支持下她注册成立了学校首个教育创业公司，注册资金100万元，凭借3项自主研发的智慧教育双师技术国家专利，开始了教育创业。截至2017年5月，她已拥有两家教育创业公司，平台拥有2000多个学生用户，她也晋级2016年国际青年科技创业大赛全球总决赛，获得2016年中国教育信息化大学生创新创业大赛一等奖（全国第二名）、浙江省挑战杯创业计划大赛银奖。与此同时，她还在校内建立在线勤工助学基地，为学校的贫困学子提供勤工助学岗位。

陈熠舟认为，教育公益不是简单的物质资助，而是通过教育与精神的双重陪伴，用一个灵魂唤醒一个灵魂，让更多的孩子拥有更好的未来。她在原先专利平台基础上，又主持研发了“智慧云”公益平台。

2017年，她加入中国青少年儿童发展基金会专项行动，和社会公益团队合作搭建“中国乡村儿童联合公益平台”。此次公益行动已募集善款500余万元，致力于解决偏远山区孩子上学问题，通过在线授课形式，为路途遥远的中小学生提供可移动、智能化的教室。

截至2017年10月，他们已在贵州、新疆、湖北等5个试点地区开展项目工作，其中湖北的基地初步落成，每个教室可容纳80～100人。接下来，她的公益行动将惠及四川大凉山、云南红河在内的11所中西部小学，帮扶偏远山区儿童免于异常遥远的上学路途奔波。

“学习+创业+公益”，她的教育公益创业梦想一步步走进现实。她说：“创业是为了我的一份梦想，公益也是源于我的初心。凝心聚力，终成江河，我们的梦虽然遥远，但是脚踏实地，终有一天会到达梦想的彼岸。”

任务2 获取创业资源

一 影响创业资源获取的因素

（一）创业导向

创业导向是一种态度或意愿，这种态度或意愿会导致一系列创业行为。创业导向会通过促进机会的识别和开发，进而促进资源的获取。因此，创业者要注重创业导向的培育和实施，充分关注创业者特质、组织文化和组织激励等影响创业导向形成的重要因素，采取有效的方式获取资源，并在资源的动态获取、整合和利用过程中，注意区分不同资源，充分发挥知识资源的促进作用。

创业资源的获取

（二）商业创意的价值

创业的关键在于商业创意。商业创意为资源获取提供了杠杆，但获取资源还有赖于创业的价值被资源所有者认同的程度。换言之，一种能被资源所有者认同的、有价值的商业创意，才有助于降低创业者获取资源的难度。

（三）创业资源的配置方式

由于创业资源的异质性、效用的多维性和知识的分散性，人们对于同一创业资源往往具有不同的效用期望，有些期望难以依靠市场交换得到满足。因此，如果通过资源配置方式创新能够开发出新的效用，使之更好地满足资源所有者的期望，创业者就有可能从资源所有者手中获得资源使用权，开展生产经营活动。

（四）创业者的管理能力

创业者的管理能力是企业软实力的主要表现。创业者的管理能力越强，获取资源的可能性越大。创业者的管理能力可以从其沟通能力、激励能力、行政管理能力、学习能力和协调能力等多方面予以衡量。创业者通过管理能力获取必要资源的同时，还能为创业企业创造良好的发展环境。

（五）社会网络

社会网络是机构之间及人与人之间比较持久的、稳定的多种关系结合而成的网络关系。由于创业资源广泛存在于各种资源所有者手中，这些所有者又处于一定的社会网络之中，而且人们对于商业活动的认识和参与，客观上会受到自己所处网络及在网络中地位的影响，所以，社会网络对于创业资源的获取具有十分重要的意义。

除上述因素外，创业者的资源辨识能力和外部社会环境等也会对创业资源的获取产生一定影响。

二 获取创业资源的途径

获取创业资源的途径分为市场途径和非市场途径两大类。创业所需要的资源有活跃的市场，或者有类似的可比资源进行交易时，可以采用市场途径；其他情况则可以采用非市场途径。

（一）通过市场途径获取创业资源

通过市场途径获取创业资源包括购买和联盟两种。

1. 购买

这是指利用财务资源通过市场购入的方式获取外部资源，主要包括购买厂房、设备等物质资源，购买专利和技术，聘请有经验的员工，以及通过外部融资获取资金等。

2. 联盟

这是指通过联合其他组织，对一些难以或无法自己开发的资源实行共同开发。这种方式不仅可以获取显性知识资源，还可以获取隐性知识资源。但联盟的前提是联盟双方的资源和能力互补且有共同的利益，而且能够对资源的价值及使用达成共识。

（二）通过非市场途径获取创业资源

通过非市场途径获取创业资源包括资源吸引和资源积累等。

1. 资源吸引

这是指发挥无形资源的杠杆作用，利用创业企业的商业计划和创业团队的声誉，通过对创业前景的描述来获得或吸引物质资源、技术资源、人力资源和资金等。

2. 资源积累

这是指利用现有资源在企业内部通过培育形成所需的资源，主要包括自建企业的厂房、设备，在企业内部开发新技术，通过培训来增加员工的技能和知识，通过企业的自我积累获取资金等。

三 获取创业资源的技巧

（一）充分重视人力资源的获取

人力资源在创业资源中的决定性作用要求创业者必须充分重视人力资源的获取。创业者一方面应努力增强自身能力的培养，另一方面应充分重视创业团队的建设。一支知己知彼、才华各异、能力互补、目标一致和彼此信任的团队是创业资源中最为重要的，也是创业成功必不可少的保证。

（二）以能用和够用为原则

不是所有的宝贝都是企业的资源，创业者在获取资源时应坚持能用的原则。只有满足自己需求、自己可以支配并使其充分发挥作用的资源，才是需要获取的资源。

另外，资源的使用是有代价的，因此，在获取创业资源时应该本着够用的原则，而不是多多益善。一方面，资源的有限性使创业者难以筹集更多的资源；另一方面，当使用资源的收益不能弥补其成本时，资源的使用并不能给企业带来效益。

（三）尽可能获取多用途资源和杠杆资源

资源自身的特性决定了其用途的不同，有的资源可能在不同场合具有不同的用途，获取具有多用途的资源可以帮助创业者应对创业过程中出现的意外。在知识社会，具有独特创造性的知识是现代社会的高杠杆资源，对于杠杆资源的合理利用有助于创业者取得一定的杠杆收益，达到事半功倍的效果。

任务3 整合创业资源

一 创业资源整合的意义

任何一个创业者不可能在创业之初就把创业中所涉及的问题都解决好，也不可能把一切创业资源都备足，关键在于要学会进行资源整合。因此，资源整合不仅是创业计划中的一个重要原则，也是创业中借势发展、巧用资源、优势互补、实现双赢的重要方法。

整合创业资源

资源整合对大学生创业者而言，具有重要意义，具体而言，主要有以下几点。

（一）有利于发现市场机会

资源整合的过程，实际上是一个创业者自我审视、自我评价的过程，也是一个对整个行业发展进行深入分析和研究的过程。通过资源整合，创业者能够发现企业自身的优势和劣势，清楚哪些事情是可以做并且能够做的，哪些市场是市场空白点，企业在哪些领域是具有较强的市场竞争力的，这样，就可以帮助企业发挥资源优势，在市场上获取竞争优势，同时也有利于创业者进行科学的规划和决策。

（二）提高企业核心竞争力

市场竞争优势常常属于那些善于进行资源整合的企业，而不是那些拥有大量资源的企业，也不是那些投入巨资进行开发新资源的企业。企业对资源的整合能力使得企业高层管理人员能够基于对未来发展趋势的正确预测判断而有效地识别与选择、汲取与配置、激活与融合企业内外部资源、新旧资源、个体与组织资源、横向与纵向资源。这种持续不断的资源整合能力，可以使企业提升其竞争优势。

（三）促进企业可持续发展

创业之初，创业所需的各项资源往往只能依靠创业者通过自身努力获取。由于新创企业的高度成长性，在其迅速成长扩张的过程中，组织规模很快就发展到一定规模之上，创业者很快发现，通过自身努力获取的资源远远不能支持企业的发展，为了使企业能够继续发展，创业资源，也就是外部环境给予企业的资源是相当必要的。相应的政策扶持、对信息资源的把握、有效吸收资金资源的方法、高素质人才的获取和开发、高效的管理制度，以及引进有商业价值的科技成果推出新品，都是重要的需要整合的资源。

（四）有利于进一步加强企业管理

在创业企业发展过程中，对各种资源进行有效的整合利用，是其发展的一大重要因素。如果没有好好地进行资源整合利用，企业本身自己拥有的和从外部获得的各种资源就是一种浪费。如果这些资源发挥不了作用，不但不能为企业带来促进作用，相反还可能影响企业的形象。企业要学会对外部资源进行整合利用，使其发挥最大作用，提高企业竞争力；对内部资源进行合理的整合利用，使内部运作合理化，没有资源闲置，从而推进企业发展。现今企业之间的竞争，就是看谁能用企业拥有的资源和可运用的资源为企业带来最大的利益，资源整合能力的较量已成为企业之间一个新的竞争角度。

二 创业资源整合的类型

（一）人脉资源整合

在创业中，如何整合好你的人脉资源并借力发力，是创业能否取得成功的关键因素。

在创业实践中，人脉资源整合的途径主要有：①参与社团活动，扩张人脉链条；②参加培训，搭建人脉平台；③了解人脉，满足需求。同时要不断积累自己的人脉资源，给他们悉心呵护和关怀，随着创业的进一步深入，人脉资源的整合力度将越来越大，这将为企业的发展提供强大的支持。

（二）信息资源整合

在信息爆炸时代，如何整合信息成为创业者的一大挑战。整合好信息资源，不仅有利于创业者发现市场机会，也有利于其进行科学的决策。

要加强信息资源整合，首先，要努力了解、分析包括竞争对手、政府、行业、合作伙伴、客户等在内的周边环境的变化信息；其次，要认真研究这些信息，分析哪些信息是有价值和有意义的，特别要关注哪些信息组合在一起将会有什么样的结果；最后，要建立一整套的信息管理系统，在创业实践中不断去完善。

（三）技术资源整合

对于许多新创企业来说，最关键的创业核心竞争力是技术。技术在很大程度上决定了所需创业资本的大小、创业产品的市场竞争力和获利能力。技术资源的主要来源是人才资源，重视技术资源的整合也就是注重人才资源的整合。

（四）行业资源整合

创业的一个主要成功类型就是做自己熟悉的行业，熟悉本行业企业运营，熟悉竞争对手。作为创业者，要了解和掌握某个行业的各种关系网，如业内竞争对手、供货商、经销商、客户、行业管理部门等。如果对某个行业不太了解，或者根本就不了解，只是觉得可以赚钱就盲目跟进，那么很有可能半途而废。行业好并不一定就代表着每个进入该行业的创业者都会成功。

（五）政府资源整合

掌握并充分整合创业行业的政府资源，努力享受政府的扶持政策，可以使创业少走许多弯路，达到事半功倍之效。

政府的各种创业扶持政策主要包括财政扶持政策、融资政策、税收政策、科技政策、产业政策、中介服务政策、创业扶持政策、经济技术合作与交流政策、政府采购政策、人才政策等。

三 创业资源整合的过程

资源整合过程可以分为4个子过程，即资源扫描、资源控制、资源利用和资源拓展。这4个子过程在时间上并不是完全分离的，而是相互影响、相互衔接的。

（一）资源扫描

创业者要知道自己的资源禀赋及企业拥有的最初资源，将已拥有的资源识别出来，包括己方所有有价值的有形资产和无形资产，如人才、技术、设备、品牌等，找到自己的资源优势和不足，认清战略性资源和一般性资源，确认资源的数量、质量、使用时间及使用顺序。扫描己身资源的同时，也要对外部的资源进行扫描，及时发现新创企业所需资源，所缺资源如何获得，以及谁拥有这些重要的资源，对资源拥有者的利益需求进行深度分析，并与自己所拥有的资源进行比较，找到利益的契合点。

（二）资源控制

资源控制的范围包括创业者自身拥有的资源、通过交易等获取的资源，以及通过社会网络等形式可以控制的资源。创业者自身拥有的资源（如教育、经验、声誉、行业知识、资金和社会网络）在许多情况下存在于社会团队中。在特定的行业，创业团队中成员的社会网络资源和技术对于企业的成功至关重要。在获取资源的过程中，要判断这种资源的获取对实现企业的目标是否关键，并且创造性地设计出双赢的合作方案，形成长期互利的关系。

（三）资源利用

企业资源在未整合之前大多是零碎的、低效的，要发挥这些资源的最大使用价值，使其产生最佳效益，就必须运用科学的方法对各种类型的资源进行细化、配置和激活，将有价值的资源有机地融合起来，使它们相互匹配、互为补充、互相增强。资源在整合并转化为企业内部的独特优势之后，创业者需要协调各种资源之间的关系，匹配有用的资源，剥离无用的资源，通过协调，使得资源之间的联系更加紧密，更加具有匹配性，形成“1+1>2”的局面，并为下一步拓展奠定基础。

（四）资源拓展

对资源的拓展创造过程是指将以前没有建立联系的资源建立联系，将新获取的资源与已有的资源进行融合，进一步开发潜在的资源为企业所用，又称为再开发。即开拓资源的范围和功能，为下一步识别、获取、配置和利用资源奠定坚实的基础，这也是企业持续竞争优势的根本来源。拓展过程为创业带来新的能力，从而使其能够充分地发现和掌握创业机会。

案例鉴赏

高校茶艺社走出的卓越创业青年

小杰，一个来自某职业学院的阳光睿智的大男孩，在校期间因为个人兴趣加入了茶舞敬歌茶道艺传习社，在学习茶艺提升个人素养的同时渐渐萌生了为传统茶叶销售行业做出一点改变的想法。凭着几年来在茶艺社学习所积累的点点滴滴及年轻人勇于创新和不断拼搏的精神，小杰积极组建创业团队报名参加了某市首届大学生职业生涯设计暨创新创业大赛，并一举夺得该项赛事的金奖。毕业后，小杰作为联合创始人与朋友共同注册创办了公司。通过线下活动增加客户黏性，专注于高端特色传统茶叶及其衍生品销售，实现了突破行业内传统茶叶同质化价格竞争的目标，走出了一条符合市场需求的茶叶销售新模式。该公司在学院创业孵化基地的大力扶持下，通过产品包装系列设计、合作资源整合和品牌设计推广等方式实现了跨越式发展，建立了3家分店。

目前，该公司已经与台湾梅山茶叶有限公司、普洱茶王等机构建立了长期合作关系并注册了自有品牌，产品覆盖绿茶、红茶、白茶、花茶等茶叶，以及茶具、茶服等系列，实现了年销售额超过200万元的目标。

项目小结

本项目主要介绍了创业资源的概念、分类、作用，创业资源获取的途径和技巧，整合创业资源的类型和过程等内容，主要帮助学生了解创业资源，掌握创业资源获取和整合的方法。

练习题

练习题答案

一、单选题

1. 创业资源是指新创企业在创造价值的过程中需要的特定资产，包括有形与无形的资产，它是新创企业创立和运营的（　　），是推动创业的物质要素，是为了顺利开展创业活动所需要的人、财、物的总称。

A重要组成　　B.重要内容　　C.必要条件　　D.首要条件

2. 创业资源不包括（　　）。

A.人员　　B.资金　　C.愿景　　D.技术

3.（　　）不是恰当的创业融资途径。

A.亲情融资　　B.商业贷款　　C.爱心捐助　　D.风险投资

4. 创业资源可以通过市场或非市场途径来获取，其中市场途径不包括（　　）。

A.购买　　B.联盟　　C.并购　　D.政府补助

5. 以下说法错误的是（　　）。

A.创业企业所使用的资金都有一定资金成本

B.创业初期要合理地选择融资渠道和融资方式

C.企业在每个发展阶段其资金筹集方式都是相同的

D.科学的融资决策有利于企业可持续发展

二、多选题

1. 一般来说，创业需要（　　）等资源。

A.物质资源　　B.商标专利　　C.无形资源　　D.人力资源

2. 以下关于创业资源的说法，正确的是（　　）。

A.数量较少　　B.规模较小

C.创业资源与创业过程相伴而生　　D.从无到有，从小到大

3. 通过非市场途径来获取创业资源，其途径包括（　　）。

A.购买　　B.资源吸引　　C.并购　　D.资源积累

4. 下列关于资金对于企业生存发展的说法表述正确的是（　　）。

A.资金只在企业创业初期作用明显　　B.资金是企业的血液

C.资金是企业生存发展的基础　　D.资金对企业生存发展无关紧要

5. 创业资源整合的过程有（　　）。

A.资源扫描　　B.资源控制　　C.资源利用　　D.资源拓展

三、判断题

1. 创业资源包括有形资源和无形资源，有形资源往往是撬动无形资源的重要杠杆。（　　）

2. 创业资源获取的关键往往取决于软实力。（　　）

3. 创业活动是突破现有的资源约束，利用机会创造价值的过程。（　　）

4. 整合资源的最佳局面是共赢。（　　）

5. 所有的商业资源都是创业资源。（　　）

四、测试题

人际关系测试

有一种成功是会交际、人脉广，拥有好人缘很多时候会事半功倍，做事顺心。这是一份人际关系行为困扰的诊断量表，共28题，每个问题做“是”（打√）或“否”（打×）两种回答，“是”计1分，“否”计0分。请你认真完成并根据自己的实际情况如实回答，答案没有对错之分。

1 对于自己的烦恼有口难言。（　　）

2 和陌生人见面感觉不自然。（　　）

3 过分羡慕和嫉妒别人。（　　）

4 与异性交往太少。（　　）

5 对连续不断的会谈感到困难。（　　）

6 在社交场合感到紧张。（　　）

7 时常伤害别人。（　　）

8 与异性来往感觉不自然。（　　）

9 与一大群朋友在一起，常感到孤寂或失落。（　　）

⑩ 极易受窘。 (　　)
⑪ 与别人不能和睦相处。 (　　)
⑫ 不知道与异性相处如何适可而止。 (　　)
⑬ 当不熟悉的人对自己倾诉他的遭遇以求同情时，常感到不自在。 (　　)
⑭ 担心别人对自己有什么坏印象。 (　　)
⑮ 总是尽力使别人赏识自己。 (　　)
⑯ 暗自思慕异性。 (　　)
⑰ 时常避免表达自己的感受。 (　　)
⑱ 对自己的仪表（容貌）缺乏信心。 (　　)
⑲ 讨厌某人或被某人所讨厌。 (　　)
⑳ 瞧不起异性。 (　　)
㉑ 不能专注地倾听。 (　　)
㉒ 自己的烦恼无人可倾诉。 (　　)
㉓ 受别人排斥。 (　　)
㉔ 被异性瞧不起。 (　　)
㉕ 不能广泛地听取各种意见、看法。 (　　)
㉖ 常因受伤害而暗自伤心。 (　　)
㉗ 常被别人谈论、愚弄。 (　　)
㉘ 与异性交往不知如何更好地相处。 (　　)

▶ 项目实训

调研创业资源获取途径。

▶ 实训目的

1. 了解获取创业资源的重要性。
2. 认识创业资源的获取途径。
3. 掌握创业资源获取的技能。

▶ 实训流程

1. 选择调研对象。

请通过老师或上网查阅，了解当地有哪些大学毕业生创业公司，在这些公司中，选出一家经营良好的公司作为调研对象。

当地大学生创业公司：
选择的调研对象：
该公司发展历史概况：

2. 调查该公司核心创业资源种类。

请与该公司的管理层说明你的沟通目的，与其交流后，了解公司目前在创业中需要的核心创业资源是什么，并将其记录下来。

核心创业资源：

____

____

3. 了解创业资源获取过程。

请进一步访问公司管理层相关人员，了解获取这些核心创业资源的过程，咨询获取创业资源时的考虑因素以及具体是如何获取的，并将主要观点记录下来。

该公司获取创业资源时的考虑因素：

（1）内部因素。

____

____

（2）外部因素。

____

____

（3）该公司获得创业资源的具体过程。

____

____

____

4. 总结获取创业资源的途径。

请根据以上记录，分析总结该公司获取创业资源的途径。

（1）资源获取来源。

____

____

____

（2）资源获取方式。

____

____

____

▶ 实训思考

你在创业资源获取方面得到了哪些启示？你平时用哪种方式来获取某种资源？尝试想出更多方式。

____

____

____

项目 8
创业市场的细分与调查

知识目标

1. 了解市场细分的概念、要求、标准、程序、效果和意义。
2. 了解市场调查的含义、作用、类别和内容。
3. 掌握市场调查的步骤和手段。

能力目标

1. 能够根据不同标准区分市场。
2. 能够进行基础的市场调查。

思政目标

1. 凡事预则立，不预则废，做任何事情之前都要做好准备和调查才行。
2. 不管是做调查，还是做其他事，我们要细心、耐心、谨慎。

案例引入

农夫山泉市场调查的成功

农夫山泉成功上市，市值高达3700亿，你知道农夫山泉的广告语“农夫山泉有点甜”是怎么来的吗?

时间拉回到1997年的初夏，在上海这个被选作第一个试销市场的宝地，一向重视第一手客户信息的董事长钟睒睒，亲自带队开展市场调研，在静安寺附近一户居民家中，他亲手打开农夫山泉邀全家试饮，家中的小朋友刚喝完第一口就脱口而出“有点甜!”这句话一下就击中了钟睒睒敏锐的神经。“农夫山泉有点甜”，既传递出产品的核心特质，又自然可亲；既呆萌可爱，又张力十足；既有识别度，又有穿透力；既朗朗上口，又有诗书雅韵。这不正是他苦苦追寻、梦寐以求的那句响亮的品牌口号吗?

但是，他深深地知道，一个人感觉好不能代表它就真的好，只有大家都说好才是真的好。市场是检验一切营销创意的唯一金律！稳健务实的作风让钟睒睒决定对这句品牌口号启动大规模的市场测试，把它和农夫山泉在这之前策划好的两句广告语“好水喝出健康来”和“千岛湖源头活水”放在一起进行对比，让消费者评判是否真的好，结果是：无论从整体喜好还是各细测试项指标来看，“农夫山泉有点甜”都完胜其他两个选项。1998年农夫山泉在全国正式上市，全面启用“农夫山泉有点甜”作为主广告语，自此，农夫山泉的财富帝国就此涅槃而生，一路高歌猛进。

这个案例说明，市场调查研究是经营决策的前提，只有充分认识市场，了解市场需求，对市场做出科学的分析判断，决策才具有针对性，从而才能拓展市场，使企业兴旺发达。

任务1 市场细分

一 市场细分的概念

所谓市场细分，又称市场区隔、市场分片、市场分割，是指营销者通过市场调研，依据购买者在需求上的各种差异（如需求、欲望、购买习惯和购买行为等），把某一产品的市场整体划分为若干消费者群的市场分类过程。在这里，每一个消费者群就是一个细分市场，亦称子市场、分市场、亚市场或市场部分。每一个细分市场都是由具有类似需求倾向的消费者构成的群体，所有细分市场的总和便是整个市场。由于在消费者群内，大家的需求、欲望大致相同，企业可以用一种商品和营销组合策略加以满足；但在不同的消费者群之间，其需求、欲望存在差异，需要企业以不同的商品采取不同的营销策略加以满足。因此，市场细分实际上是一种求大同、存小异的市场分类方法，它不是对商品进行分类，而是对需求各异的消费者进行分类，是识别具有不同需求和欲望的购买者或用户群的活动过程。

如何进行市场定位

二 市场细分的要求

（一）要有明显特征

用以细分市场的特征必须是可以衡量的，细分出的市场要有明显的特征；各子市场之间有明显的区别，各子市场内部具备共同的需求特征，表现出类似的购买行为。

（二）要根据企业的实力，量力而行

在细分市场中，企业所选择的目标市场必须是自己有足够的能力去占领的子市场。在这个子市场中，能充分发挥企业的人力、物力、财力，以及生产、技术、营销能力的作用。

（三）要有一定的利润空间

在市场细分中，企业选中的子市场必须具有一定的规模，即有充足的需求量，足以使企业有利可图，并实现盈利目标。同时，子市场规模也不宜过大，不然企业无法“消化”，结果也是白费功夫。因此，企业所选择的子市场的规模必须恰当，使企业能够获得合理的利润。

（四）要有发展潜力

企业所选择的目标市场，不仅要能给企业带来目前的利益，还必须有相当的发展潜力，能够给企业带来较长远的利益。因此，企业在市场细分时不能选择正处于饱和或即将饱和的市场，这样的市场没有多少潜力可挖。

三 市场细分的标准

市场细分是以顾客特征作为基础的，市场细分的出发点是消费者对商品和服务的不同需求。市场细分的标准，对于消费者市场和产业市场而言，存在着很大的差异。

（一）消费者市场细分的标准

市场细分是根据不同类型消费者需求的差异性和同一类型消费者需求的相似性对消费者群体进行划分的。对于消费者市场进行细分的关键是确定细分的标准，划分的标准不同，所确定的细分市场也不同。消费者需求受到多种因素的影响，如自然的、社会的、经济的、文化的，这些因素及其组合就构成了市场细分变量体系，如表8–1、表8–2、表8–3所示。

表8–1　消费者市场细分的标准

细分标准	具体标准
地理因素	国家、地区、自然气候，地形、资源分布、人口密度，城市大小、交通运输条件等
人口因素	年龄、性别、家庭、收入、职业、受教育程度、宗教信仰、民族、社会阶层等
心理因素	生活方式、性格特点、个人偏好、追求的利益、购买动机等
购买行为因素	购买时机、使用频率、使用状态、品牌依赖程度、购买准备、消费者态度、偏爱程度、了解程度、敏感因素等

表8–2　按照年龄对消费者进行的市场细分

年龄阶段	优先需求	主要产品需求
10～19岁	自我、教育、社会化	时装、汽车、娱乐、旅游
20岁	事业	时尚产品、应酬、衣物与服饰
20～29岁	婴儿、事业	家居用品、园艺用品、DIY用品、育婴用品、保险
30～59岁	小孩、事业、化解中年危机	婴儿食品、食品、教育、交通工具
60～69岁	自我、社会关系	家具与服饰、娱乐、旅游、豪华汽车、投资商品、游艇设施
70～90岁	自我、健康、排除孤独	健康服务、保险、便利商品、电视和书籍

表8-3　对行为细分变量的再细分

行为细分变量	细目
购买时机	节假日、季节、平时、非正常工作时间
追求的利益	质量、价格、服务、炫耀、名誉
使用者情况	非使用者、曾经使用者、潜在使用者、初次使用者、经常使用者
使用频率（数量细分）	大量使用者、一般使用者、少量使用者
品牌忠诚程度	坚定品牌忠诚者、随机品牌忠诚者、非忠诚者
待购阶段（购买准备阶段）	不知道、已知道、有兴趣、已了解、欲购买
对产品的态度	热爱、肯定、冷淡、否定、厌恶

（二）产业市场细分的标准

产业用品市场细分的依据主要有产品最终用户、用户地点、用户规模、相关采购因素及购买者追求的利益等，如表8-4所示。

表8-4　产业市场细分的标准举例

细分标准	具体细分标准
产品最终用户	军用、民用、商用等
用户地点	地区、交通、气候等
用户规模	企业资金、规模、销售额
相关采购因素	关键采购标准、采购战略、采购的重要性
购买者追求的利益	质量、价格、服务等

四　市场细分的程序

市场细分作为一个比较、分类、选择的过程，应该按照一定的程序来进行，通常有这样几步。

（一）正确选择市场范围

企业根据自身的经营条件和经营能力确定进入市场的范围，如进入什么行业，生产什么产品，提供什么服务。

（二）列出市场范围内所有潜在顾客的需求情况

根据细分标准，比较全面地列出潜在顾客的基本需求，作为以后深入研究的基本资料和依据。

（三）分析潜在顾客的不同需求，初步划分市场

企业将所列出的各种需求通过抽样调查进一步搜集有关市场信息与顾客背景资料，然后初步划分出一些差异最大的细分市场，至少从中选出3个分市场。

（四）筛选

根据有效市场细分的条件，对所有细分市场进行分析研究，剔除不合要求、无用的细分市场。

（五）为细分市场定名

为便于操作，可结合各细分市场上顾客的特点，用形象化、直观化的方法为细分市场定名，如某旅游市场分为商人型、舒适型、好奇型、冒险型、享受型、经常外出型等。

（六）复核

进一步对细分后选择的子市场进行调查研究，充分认识各细分市场的特点，本企业所开发的细分市场的规模、潜在需求，还需要对哪些特点进一步分析研究等。

（七）决定细分市场规模，选定目标市场

企业在各子市场中选择与本企业经营优势和特色相一致的市场作为目标市场。经过这一步，就已达到市场细分的目的。

经过以上7个步骤，企业便完成了市场细分的工作，就可以根据自身的实际情况确定目标市场并采取相应的目标市场策略。

五 市场细分的效果和意义

（一）效果

细分市场不是根据产品品种、产品系列来进行划分的，而是从消费者（指最终消费者和工业生产者）的角度进行划分的，是根据市场细分的理论基础，即消费者的需求、动机、购买行为的多元性和差异性来划分的。市场细分对企业的生产、营销起着极其重要的作用。

1. 有利于选择目标市场和制定市场营销策略

市场细分后的子市场比较具体，比较容易了解消费者的需求，企业可以根据自己的经营思想、方针及生产技术和营销力量，确定自己的服务对象，即目标市场。针对较小的目标市场，便于制定特殊的营销策略。同时，在细分的市场上，信息容易了解和反馈，一旦消费者的需求发生变化，企业可迅速改变营销策略，制定相应的对策，以适应

市场需求的变化，提高企业的应变能力和竞争力。

2. 有利于发掘市场机会，开拓新市场

通过市场细分，企业可以对每一个细分市场的购买潜力、满足程度、竞争情况等进行分析对比，探索出有利于本企业的市场机会，使企业及时做出投产、异地销售决策或根据本企业的生产技术条件编制新产品开拓计划，进行必要的产品技术储备，掌握产品更新换代的主动权，开拓新市场，以更好适应市场的需要。

3. 有利于集中人力、物力投入目标市场

任何一个企业的资源、人力、物力、资金都是有限的。通过细分市场，选择适合自己的目标市场，企业可以集中人、财、物及资源，去争取局部市场上的优势，然后再占领自己的目标市场。

4. 有利于企业提高经济效益

前面3个方面的作用都能使企业提高经济效益。除此之外，企业进行市场细分后，企业可以面对自己的目标市场，生产出适销对路的产品，既能满足市场需要，又可增加企业的收入。产品适销对路可以加速商品流转，加大生产批量，降低企业的生产销售成本，提高生产工人的劳动熟练程度，提高产品质量，全面提高企业的经济效益。

（二）意义

1. 市场细分是制定市场营销战略的关键环节

市场营销战略包括选定目标市场和决定适当的营销组合两个基本观念。在实际应用中，有两种途径：①从市场细分到营销组合，即先将一个异质市场细分为若干个“子市场”，然后从若干子市场中选定目标市场，采取与企业内部条件和外部环境相适应的目标市场策略，并针对目标市场设计有效的市场营销组合。②从营销组合到市场细分，即在已建立了营销组合后，对产品组合、分销、促销及价格等做出多种安排，将产品投入市场试销；随后依据市场反馈的信息，研究消费者对不同营销组合的反应有何差异，进行市场细分，选定目标市场；再按照目标市场的需求特点，调整营销组合。

2. 市场细分有利于发现市场营销机会

市场营销机会是已出现于市场但尚未加以满足的需求。这种需求往往是潜在的，一般不易发现。运用市场细分的手段便于发现这类需求，并从中寻找适合本企业开发的需求，从而抓住市场机会，使企业赢得市场主动权。

3. 市场细分能有效与竞争对手相抗衡

在企业之间竞争日益激烈的情况下，通过市场细分，企业可以发现目标消费者群的需求特性，从而调整产品结构，增加产品特色，提高企业的市场竞争能力，有效地与竞争对手相抗衡。

4. 市场细分能有效地拓展新市场，扩大市场占有率

企业对市场的占有不是轻易就能拓展开来的，必须从小到大，逐步拓展。通过市场细分，企业可先选择最适合自己占领的某些子市场作为目标市场。当占领这些子市场后

再逐渐向外推进、拓展，从而扩大市场占有率。

5．市场细分有利于企业扬长避短，发挥优势

每一个企业的营销能力对于整体市场来说，都是有限的。所以，企业必须将整体市场细分，确定自己的目标市场，把自己的优势集中到目标市场上。否则，企业就会丧失优势，从而在激烈的市场竞争中失败。特别是小企业，更应该注意利用市场细分原理，选择自己的市场。

双创榜样

找准市场书写创业人生

2017年10月，必须树立和践行“绿水青山就是金山银山”的理念被写进党的十九大报告。作为环境专业的一员，严植准同学更加坚定地看到了室内空气净化的发展前景，迅速挖掘人力资源，分析项目背景，明确服务项目，挖掘核心竞争力，对市场进行全面精准分析，完善组织架构，建立起嘉绿康空气净化团队。依托嘉应学院化学与环境学院的创业平台，正值大四的严植准同学开始了自己的创业之旅。从此一头扎入环保行业的浪潮中，尝过快乐，经历沉浮，走过困苦，书写自己的创业人生。

胆大心细的严植准率先成立了校园创业团队——嘉绿康空气净化中心，旨在为广大住户提供室内空气检测、治理、维护、管理的专业“一条龙”服务，专用药品药剂检测处理工具出售出租服务，以及空气净化专利产品研发与销售服务。此外，对于团队的建设，他颇有心得，深入挖掘团队成员的优势，扬长补短组建部门，协调发展，最大程度地发挥各个成员的力量。

作为初创者，他认为保持学习的心态非常重要。他虚心请教前辈，研读创业成功案例，挖掘项目特色，提出服务战略和技术战略，依托高校教师自主研发的室内空气净化剂和臭氧除醛消毒机，自主研发生产，掌握价格优势，采用一条龙服务战略，为广大用户提供了优惠优质的双优服务。双优服务与技术战略结合，让创业项目更有特色与竞争力。

严植准富有钻研精神，善于思考。曾有过实验室科研经历的他，仍然坚定地认为，想要企业有稳定的发展，就必须研发新产品，有自己的核心竞争力。在2019年，严植准成立了慧佳环保科技有限公司，挖掘项目痛点，抓住消费者的心理，通过不懈努力和刻苦钻研，反复再反复地试验，成功研发了新产品——长效除醛喷雾、通用除味喷雾。这两个新产品环保、安全，无二次污染，治理操作简单，治理效果明显，均能较快速达到国家室内治理标准。产品一经推出，收到了热烈的反响，解决了小家庭、小区域局部除醛除味的问题，产品效果好评如潮。

严植准始终没有放弃，不断克服困难，虚心学习，不断钻研进取。随着市场占有率的不断提高和自身技术的突破创新，他始终秉着初心，不断前行，是大学生创业者学习的榜样。

任务2 市场调查

一 市场调查的含义

市场调查，就是运用科学的方法，通过各种途径、手段，有目的、有计划、系统而客观地收集、记录整理与分析有关市场营销的现状和历史资料，预测其发展趋势，为企业决策者进行科学决策提供依据的活动。在这里，市场调查主要是指创业项目的实施者在选择项目前所进行的市场调查，它是创业者正确地选择项目的前提条件。在创业的过程中，当预选好一个项目之后，紧跟着的就是要对此项目进行市场调查，以确定是否选择该项目进行投资开发。

市场调查的手段

二 市场调查的作用

（一）有助于更好地吸收国内外先进经验和最新技术，改进企业的生产技术，提高管理水平

当今世界，科技发展迅速，新发明、新创造、新技术和新产品层出不穷，日新月异。这种技术的进步自然会在商品市场上以产品的形式反映出来。通过市场调查，我们可以及时地了解市场经济动态和科技信息，为企业提供最新的市场情报和技术生产信息，以便更好地学习和吸取同行业的先进经验和最新技术，改进企业的生产技术，提高人员的技术水平，提高企业的管理水平，从而提高产品的质量，加速产品的更新换代，增强产品和企业的竞争力，保障企业的生存和发展。

（二）为企业管理部门和有关负责人提供决策依据

任何一个企业都只有在对市场情况有了实际了解的情况下，才能有针对性地制定市场营销策略和企业经营发展策略。当企业管理部门和有关人员要针对某些问题进行决策

时，如制定产品策略、价格策略、分销策略、广告和促销策略，通常要了解的情况和考虑的问题是多方面的，主要有：本企业产品在什么市场上销售较好和有发展潜力；在哪个具体的市场上预期可销售数量是多少；如何才能扩大企业产品的销售量；如何掌握产品的销售价格；如何制定产品价格，才能保证在销售和利润两方面都能上去；怎样组织产品推销，销售费用又将是多少等。这些问题都只有通过具体的市场调查，才可以得到具体的答复，而且只有通过市场调查得来的具体答案才能作为企业决策的依据。否则，就会形成盲目的和脱离实际的决策，而盲目则往往意味着失败和损失。

（三）增强企业的竞争力和生存能力

商品市场的竞争由于现代化社会大生产的发展和技术水平的进步，变得日益激烈。市场情况在不断地发生变化，而促使市场发生变化的原因，不外乎产品、价格、分销、广告、推销等市场因素和政治、经济、文化、地理条件等市场环境因素。这两种因素往往又是相互联系和相互影响的，而且不断地发生变化。因此，企业为适应这种变化，就只有通过广泛的市场调查，及时地了解各种市场因素和市场环境因素的变化，从而有针对性地采取措施。企业通过对市场因素，如价格、产品结构、广告等的调整，去应对市场竞争。对于企业来说，能否及时了解市场变化情况，并适时适当地采取应变措施，是企业能否取胜的关键。

三 市场调查的类别和内容

（一）市场调查的类别

按调查要完成的任务划分，市场调查的类别可分为：描述性调查、解释性调查、预测性调查。

1．描述性调查

这种调查的任务在于客观反映市场各个要素及其相互关系的现状。比如，调查消费者的购买力、总需求与总供给之间的关系、竞争对手的状况等。描述性市场调查的主要特点是，通过实地收集资料和分析，回答市场现状是什么和为什么。

2．解释性调查

解释性调查的目的在于检验某种理论假设，或解释某类客观现象，寻求现象之间关系发生存在的条件。由于因果关系是建立理论解释的主要方式之一，因此，解释性市场调查也被称为“因果性市场调查”。比如，为什么某产品降价了，销售量反而小了，或为什么某产品近期库存增加了等问题。这种调查的特点在于，在一定理论的指导下，全面收集有关因素的实际资料，在此基础上通过对资料的科学分析，检验原有的理论或假设，从而对客观现象给予理论解释和证明。

3. 预测性市场调查

这类市场调查的目的在于对市场发展趋势及变动幅度做出科学的估计。它的特点是，在科学理论的指导下，通过运用科学方法对过去和目前的市场信息进行综合分析及研究，预测未来市场的走势。预测性市场调查结果是决策的重要依据和基础。

（二）市场调查的内容

市场调查的内容涉及市场营销活动的整个过程，主要包括以下几个方面的内容。

1. 市场环境的调查

市场环境调查主要包括经济环境、政治环境、社会文化环境、科学环境和自然地理环境等。具体的调查内容可以是市场的购买力水平、经济结构、国家的方针、政策和法律法规、风俗习惯、科学发展动态、气候等各种影响市场营销的因素。

2. 市场需求调查

市场需求调查主要包括消费者需求量调查、消费者收入调查、消费结构调查、消费者行为调查，具体包括消费者为什么购买、购买什么、购买数量、购买频率、购买时间、购买方式、购买习惯、购买偏好和购买后的评价等。

3. 市场供给调查

市场供给调查主要包括产品生产能力调查、产品实体调查等，具体包括某一产品市场可以提供的产品数量、质量、功能、型号、品牌等，以及生产供应企业的情况等。

4. 市场营销因素调查

市场营销因素调查主要包括产品、价格、渠道和促销的调查。产品的调查主要有了解市场上新产品开发的情况、设计的情况、消费者使用的情况、消费者的评价、产品生命周期阶段、产品的组合情况等。产品的价格调查主要有了解消费者对价格的接受情况、对价格策略的反应等。渠道调查主要包括了解渠道的结构、中间商的情况、消费者对中间商的满意情况等。促销活动调查主要包括各种促销活动的效果，如广告实施的效果、人员推销的效果、营业推广的效果和对外宣传的市场反应等。

5. 市场竞争情况调查

市场竞争情况调查主要包括对竞争企业的调查和分析，了解同类企业的产品、价格等方面的情况，他们采取了什么竞争手段和策略，做到知己知彼，通过调查帮助企业确定企业的竞争策略。

四 市场调查的步骤

市场调查的目的和要求不同，其实施步骤也不尽一致。一般可分为3个阶段，即调查设计阶段、调查资料收集阶段和调查资料处理阶段。

1. 市场调查设计阶段

所谓调查设计就是根据市场调查的目的和要求，对调查工作各方面和各环节所做的全面部署和安排。这一阶段的具体内容包括明确调查目的、确定调查对象和调查单位、确定调查项目、确定资料来源渠道和获取方法、设计调查表格、制定调查费用预算。

①确定调查的目的。调查目的是指市场调查所要取得的预期效果。明确调查目的能为调查工作指明方向，找出调查工作的重点，使调查人员有的放矢地进行工作。

②确定调查对象和调查单位。调查对象是指市场调查所要研究的市场现象的整体。在企业所面临的现实和潜在市场问题以及调查目标确定之后，接下来就要明确调查对象，搞清楚对什么进行调查，调查的范围是什么。调查范围直接影响调查工作量的大小和调查工作效率的高低。一般情况可从商品销售市场入手，确定市场调查的区域范围。

调查对象确定之后，还要进一步深入分析调查对象的性质和特点，确定调查单位。调查单位是指构成调查对象的每一个单位，是调查项目的承担者。

③确定调查项目。调查项目是进行市场调查的具体内容，是根据调查目的、调查对象，以及调查单位的性质和特点设计出来的。调查项目的设计，必须从满足调查目标的需要出发，对各调查项目进行必要的分析、排队，选择那些能够反映调查单位本质特点的项目作为调查项目，决不能不分主次轻重。在实际工作中，要考虑调查项目对实现调查目的的实际价值，结合在现有条件下获取所需资料的难易程度及费用开支的多少等因素，对调查项目做必要的筛选和取舍。

④确定资料来源渠道和获取方法。调查项目和调查表确定之后，就应考虑相关资料的来源渠道和获得资料的方法。一般来说，调查资料的来源有两大类，一类是文案资料，另一类是实地调查资料。文案资料是他人收集并经过整理的资料。实地调查资料是市场调查人员直接从顾客、生产企业、中间商和竞争者等方面收集来的原始资料，其收集的方法有询问法、观察法和实验法。选择哪种方法，应根据所需资料的性质、调查时间、费用等来决定。

⑤设计调查报告。为了方便市场调查工作，常常需要根据调查项目之间的逻辑关系，按一定的顺序，将调查项目放入一个调查表中。这样一方面能够方便被调查人员填写和避免错误，另一方面也可以大大加快调查资料汇总及整理的速度，提高调查工作的效率。

⑥制定调查费用预算。调查费用对调查效果的影响很大。合理的支出是保证调查顺利进行的重要条件。项目的实施者应根据调查的目的和要求、调查的规模及方法、自身的经济实力估算并合理分配调查费用。

2. 调查资料收集阶段

拟订调查方案和调查工作计划，就进入到调查资料的收集实施阶段。这一阶段是调查工作的重点，主要任务是组织调查人员深入实际，按照调查方案的要求和工作计划的安排，系统地收集各种资料和数据。在调查工作中首先要收集文案资料，当文案资料不能满足需要时，就要进行实地调查。实地调查是市场调查的主体，是市场调查能否取得成功的关键，也是花费财力和人力最多且最容易产生差错的阶段。

3．调查资料处理阶段

调查资料的处理，是将收集到的分散零星的资料进行归类整理与分析，向决策者提供具有参考价值的信息资料的过程。它包括以下两个阶段。

①整理分析资料。当取得大量的市场调查资料后，还需要对其进行审核、校正、筛选和分类汇总，并制成一定的图表，使之成为系统的、完整的和可靠有用的资料。

②提出调查报告。市场调查报告要根据调查的目的和所收集到的信息资料，经过分析研究，做出判断性结论，提出建设性意见，使其在实际工作或理论研究中发挥应有的作用。调查报告的内容一般包括以下5个方面。

第一，提出问题，说明调查的目的及意义。

第二，说明调查对象及其范围、调查单位、调查项目、资料来源及收集方法等。

第三，对经过整理的各种数据和资料做归纳性分析。

第四，对调查结果做出结论，并提出建议与意见。

第五，其他需要说明的事项，包括有关需要提供的详细资料、各种统计图表及有关参考资料。

五　市场调查的手段

（一）普查法

普查是对调查对象的全部单位无一例外地逐个进行的一次性全面调查。它是市场调查的一种重要方法。普查主要用于收集那些不能或不宜通过其他调查方法取得的比较全面的、细致的、可靠的资料。但是，普查工作牵涉面广，调查工作量大，需要花费较多的人力、物力和财力，有时需要较长时间才能得出全部结果；在变化多端、竞争激烈的市场环境中，调查资料的时效性差；有时还会因调查组织工作不力，容易产生较大的调查误差。所以普查法不宜经常采用，一般只适用于某些小范围的市场调查或特殊现象的调查，如某工厂对使用本工厂产品的全部用户一一进行访问调查。

（二）访谈调查法

访谈调查法是指通过直接的或间接的问答方式搜集市场信息，是一种常用的实地调查方法。具体来说一般可以分为以下4种。

①走访调查，是指调查者直接与单个的被调查者进行面对面交谈以收集资料的方法。其优点是调查有深度，记录的真实性高，调查的灵活性较高，拒答率比较低；其缺点是调查的周期较长，调查的费用较高。一般来说，走访调查适用于调查范围小、调查项目较复杂的情况。

②电话调查，是指依据调查提纲或问卷，用电话与选定的被访对象交谈以收集信息的一种个别访问的方法。其优点是获取所需资料的时间短，节约时间和费用；其缺点是

项目一般比较简单明确，调查的效果不是很好。总而言之，电话调查的特点就在于迅速地获得有关信息，因而特别适合用于调查项目单一、问题相对简单明确，并需要及时得到调查结果的情况。

③书面问卷留置调查，是指调查者将调查表当面交给被调查者，经说明和解释后留给调查对象自行填写回答，再由访问员按约定的时间及时上门收回的一种收集资料的方法。这种调查方法的优点主要在于将“面谈”和“笔谈”结合起来，既可缩短调查的周期，降低访问员经验不足或访问员经验差异对调查质量的影响，又能对被访者回答的完整性和可信性给予及时评价和检查，并保证问卷有较高的回收率；其缺点是调查费用比较高，对调查访问员的责任心有较高的要求。

④邮寄调查法，是指调查者将预先设计好的询问表格或问卷邮寄给被调查者，请他们按要求填好后寄回，从而收集所需资料的方法。其优点是调查范围广、费用低，被调查者有充裕的时间来考虑回答问题；其缺点是回收率低，时间拖延往往较长。一般来说，此法适用于有一定文化程度的调查对象和简单易于做出明确回答的调查。

（三）网上调查

运用互联网进行调查，是伴随互联网使用不断普及、技术不断发展而新增的调查方式。网上调查的优点是方便易行，只要在自己建立的网站发布或者将调查项目委托给相关网站即可；其缺点是难以保证回收率。为提高回收率，需要委托知名度、点击率较高的网站，以及在调查过程中辅以一定的激励措施，当然这将增加调查活动的成本。一般而言，直接针对网络用户进行调查，调查的项目不宜过多。

企业的经营者有必要养成使用互联网的经营习惯，要经常上网浏览查询信息；对于需要花费较多时间的大量信息的收集，则可委托有关服务公司，由其定期提供所需的国内外最新信息以供自己决策参考。

（四）实验调查法

实验调查法是在给定的条件下，通过对比实验对市场现象中的某些变量之间的因果关系及其发展变化过程加以研究分析的一种调查方法。

对比实验是自然科学研究中普遍使用的一种方法。在市场调查中，一般是先进行一项小规模的营销策略实验，然后对比分析这种实验性的营销策略是否值得大规模推行。

为了保证实验效果，对所选定的特定的实验市场，可以在不同时期分别实施不同的营销策略，以测定各种策略的不同效果；也可以同时在两个特定实验市场上，分别实施不同的营销策略，以对比分析两种策略的优劣。但无论采用哪种实验形式，都必须注意排除诸如购买力、价格、消费习惯及季节变化等非实验因素的影响。

实验调查法的应用范围非常广泛，凡是在改变商品品质、包装、设计、价格、广告、陈列方法等因素时，都可以运用本调查方法，先做小规模的实验性改变，以了解顾客的反应。实验调查法的优点是调查结果的客观性较强，可信度较高；其缺点是所需时间长、成本高，实施过程中的困难较多。

（五）随机抽样调查法

随机抽样调查是指在总体中按随机原则抽取一定数目的调查单位(样本）进行调查，用所得的样本数据推断总体综合指标的非全面调查。所谓随机原则，又称概率法则，即保证总体各单位有同等被选中机会的原则。根据样本理论设计出来的一些抽样方法，原则上必须是无意识的。因此，按照随机原则，无论采用何种抽样方法所得的样本，都应完全取决于“机遇”，而把种种人为因素，诸如态度倾向、情感好恶等降低到无的境界，使样本能在毫无外在因素影响的状态下被抽出。

随机抽样调查具有下列一些特点。

只对抽取的样本单位进行调查，调查单位数目和调查工作量较少，能够节省人力、费用和时间；按照随机原则抽取样本单位，能保证被抽取的样本单位分布特征与总体分布特征基本一致，具有充分的代表性。因而，可以根据样本的指标数值比较准确地推断出总体的指标数值，取得与普查非常相近的全面资料；以样本数据推断总体指标会产生代表性误差（抽样误差），但各个可能样本的抽样平均误差可以用统计方法计算出来，并可将其控制在一定的范围之内。

项目小结

本项目主要介绍了市场细分的概念、要求、标准、程序、效果和意义，以及市场调查的含义、作用、类别、内容、调查步骤、调查手段等内容，主要帮助学生认识并学会市场细分和市场调查。只有对市场有了解，才能使自己的创业有的放矢。

练习题

练习题答案

一、单选题

1. 新办企业必须认真研究顾客，了解对手，对市场做出（　　）的估计。

A.大胆积极　B.谨慎保守　C.实事求是　D.不同一般

2. 创业者（　　）到市场去调查时是最可靠的方法。

A.朋友　B.亲戚　C.亲自　D.员工

3. 细分市场可以按照哪些因素划分？（　　）

A.顾客类型　B.产品类型　C.价格水平　D.以上都是

4. 关于市场吸引力的说法错误的是（　　）。

A.市场吸引力越大越好　B.市场吸引力越小越好

C.不用评估市场吸引力　D.以上都是

5. 市场细分的目的在于（　　）。

A.满足不同的需求　　B.确定目标市场

C.扩大产品销路　　D.加利润

二、多选题

1. 市场调查的作用（　　）。

A.是企业市场营销活动的起点

B.是企业进行决策检验和修正的依据

C.可以及时发现顾客需求

D.可以为企业整体宣传策略提供信息支持

2. 以下属于社会文化环境调查内容的是（　　）。

A.价值观念　　B.行为方式

C.文化传统　　D.人口素质

3. 市场细分的要求有（　　）。

A.要有明显特征　　B.要根据企业的实力，量力而行

C.要有一定的利润空间　　D.要有发展潜力

4. 市场调查的实施步骤可分为（　　）阶段。

A.调查设计阶段　　B.调查资料收集阶段

C.资料处理阶段　　D.调查分析阶段

5. 市场调查的手段有（　　）。

A.普查法　　B.访谈调查法

C.实验调查法　　D.随机抽样调查法

三、判断题

1. 市场调查是企业营销活动的先导，是通过有计划地收集信息数据资料，并进行分析，以发现市场机会，为营销决策提供依据的过程。（　　）

2. 市场调查方法不用讲科学性。（　　）

3. 企业的营销活动是从市场调查开始的。（　　）

4. 市场调查方案是否科学、可行，关系到整个市场调查工作的成败。（　　）

5. 全面调查的优点是全面和精准，所以要经常全面调查。（　　）

四、测试题

逻辑思维能力测试

逻辑思维能力是一个人非常重要的能力之一，优良的逻辑思维能力可以让自己在做各种决断的时候大有帮助。那么，你知道自己的逻辑思维能力如何吗？来做做逻辑思维能力测试吧！

1 你是文科生还是理科生?

★文科生（跳转到第2题） ★理科生（跳转到第4题）

2 你能够解出三阶魔方吗?

★可以（跳转到第4题） ★不可以（跳转到第3题）

★不太记得（跳转到第5题）

3 你很注重生活中的细节?

★注重（跳转到第4题） ★不注重（跳转到第5题）

★还好（跳转到第6题）

4 你喜欢住高层吗?

★喜欢（跳转到第7题） ★不喜欢（跳转到第6题）

★还好吧（跳转到第5题）

5 解数学题的时候，你用很多草稿纸吗?

★很多（跳转到第8题） ★没有（跳转到第6题）

★很少（跳转到第7题）

6 你经常去玩密室逃脱?

★经常（跳转到第7题） ★从来没有过（跳转到第9题）

★偶尔吧（跳转到第8题）

7 你喜欢玩一些新的游戏?

★是的（跳转到第8题） ★不是（跳转到第9题）

★看情况（跳转到第10题）

8 你是什么类型的人?

★冲动（跳转到第9题） ★沉稳（跳转到第10题）

★活泼（A）

9 你总熬夜?

★是的（B） ★不是（跳转到第10题）

★看情况（C）

10 你的生活作息很规律?

★规律（D） ★不规律（B）

★看情况（A）

▶ 项目实训

撰写企业营销策划方案。

▶ 实训目的

1. 掌握选择市场的方法。

2. 掌握撰写企业营销策划方案的方法。

▶ 实训流程

1. 拟建具有完整产品体系的创业企业。

你拟建的创业企业是什么？请具体描述。

____

____

____

2. 明确创业企业的目标市场及市场定位。

（1）确定企业的细分市场。

请根据4个方面的具体内容，对拟建企业的细分市场进行确定和划分，并将划分结果填入表8–5中。

表8–5　拟建企业细分市场结构表

细分标准	市场结构
地理因素	
人口统计因素	
心理因素	
行为因素	

（2）明确企业的目标市场。

请根据市场细分步骤，评估和选择市场细分方案的有效性，并将结果填入表8–6中。

表8–6　市场细分步骤

步骤	评估结果
基于需要的细分	
细分市场的识别	
细分市场的吸引力	

续表

步骤	评估结果
细分市场的盈利性	
细分市场的定位	
细分市场的“最后考验”	
营销组合战略	

根据上述对细分市场的评估，具体阐述你的创业企业的目标市场选择方案。例如，是覆盖整个市场，还是选择多元细分市场，抑或是专注于单一细分市场。

（3）进行企业的市场定位。

市场定位包括产品定位、品牌定位、竞争定位和消费人群定位。请根据这4个方面的具体内容，对创业企业的市场定位展开具体描述，并将结果填入表8–7中。

表8–7　企业市场定位表

定位项目	项目描述
产品定位	
品牌定位	
竞争定位	
消费人群定位	

（4）制定创业企业的营销管理方案。

在确定企业的目标市场和市场定位的基础上，制订企业的营销管理计划与方案，包括产品线管理方案，产品定价策略，销售渠道管理计划，产品促销计划与方案，广告、公共关系管理方案等。请模拟制定创业企业的一系列营销管理方案，并将结果填入表8–8中。

表8-8　企业营销管理方案表

营销管理项目	方案详情
产品线管理	
产品定价策略	
销售渠道管理	
产品促销计划及方案	
广告宣传策略	
公共关系管理	

（5）拟订企业的销售队伍管理方案。

销售队伍要配合企业营销部门制定的营销方案展开具体的销售活动，这是企业落实营销方案的重要一环。销售队伍的管理包括制定销售队伍目标、确定销售队伍的规模和成员结构、挑选和培训销售代表、设计销售队伍薪酬机制、评估销售人员工作绩效等。请根据自身创业企业的具体情况，拟订企业销售队伍的管理方案。

____

____

____

▶ 实训思考

在市场调查中有哪些内容需要重点关注？

____

____

____

项目 9 创业计划书撰写

知识目标

1. 了解创业计划书的概念、作用和撰写过程。
2. 掌握创业计划书的内容。
3. 掌握创业计划书的撰写原则和技巧。

能力目标

1. 能够独立撰写创业计划书。
2. 能够借助创业计划书进行宣传，获得外部资源。

思政目标

1. 列宁曾指出："任何计划都是尺度、准则、灯塔、路标。"计划对我们的学习和工作都能产生很积极的作用，因此我们要学会在做事情之前要先做好计划。
2. 亲身体验作为一个创业者撰写创业计划书的过程，学会从全局和系统的角度分析问题和解决问题。

案例引入

创业计划书的重要性

由5名大学生组建的一个创业团队想在校园附近创办一家川菜馆。他们直接找到投资者，并对川菜馆的前景、发展战略、餐厅定位及自己团队的优势进行了一番陈述，然而投资者毫无兴趣。

此时，另外一个团队也对川菜馆感兴趣，他们首先进行了一番详细的市场调查，包括餐馆服务的目标人群、食客们喜欢的就餐环境、食客们能够接受的产品价格，以及实施会员制跟踪服务的可行性等。然后，他们对川菜馆的优劣势进行了分析，并对团队中每一位成员的学历背景、实习经历、曾经获得的荣誉进行了介绍。但得到的答案依然是否定的。在投资者看来，川菜馆毫无特色，看不出有任何的商机，而且最重要的是，团队发起人没有明确地陈述决定这项事业成功的关键问题，即如何从众多川菜馆中脱颖而出，并最终在餐饮市场取得一席之地。

与此同时，第3个团队也看中了川菜馆这个项目，并编写了详细的商业计划书，明确地表述了关于菜品特色、食材的选取流程及营销方法的执行手段，并附上了团队在这方面的优势。这些表述为这个创业计划加了不少分，最终该创业团队获得了投资者的支持。

由此可见，制作一份好的商业计划书对创业者而言是非常重要的，它不仅能帮助创业者获取资金，还能使创业者理清创业初期的发展思路，为创业成功打下坚实的基础。

任务1 认识创业计划书

一 创业计划书的概念

创业计划也称商业计划，是对与创业企业有关的内外部环境条件和要素进行的全面描述，旨在说明创业企业的现状、预期需求和预计结果。创业计划书实际上就是落在纸面上的创业计划，是对市场营销、生产运营、产品研发、企业管理、财务管理、风险管理等具体内容的综合体现，是衡量业务推进情况的标准，对创业活动具有重要的意义。

创业计划书

创业学教授杰克·M.卡普兰和安东尼·C. 沃伦在《创业学》一书中提出：创业计划书是一个沟通工具，它可以告诉其他人企业要完成的目标是什么，企业实现目标的过程和方法是怎样的；同时，创业计划书也是衡量企业实际和预期收益差距的标准，所有创业者都应该撰写创业计划书。

二 创业计划书的内容

（一）封面

封面的设计要给人以美感，要有艺术性。一个好的封面会使阅读者产生最初的好感，形成良好的第一印象。

创业计划书内容编写

（二）计划摘要

计划摘要是创业计划书内容的精华，往往在创业计划书编写的最后阶段才完成，但却是投资者最先看到的。计划摘要涵盖计划的要点，要求一目了然，以便投资者能在最短的时间内评审创业计划并做出判断。因此，计划摘要必须要认真书写，保证内容全面，以吸引投资者关注。计划摘要一般应包括：①公司介绍；②管理者及其组织；③主要产品和业务范围；④市场概貌；⑤营销策略；⑥销售计划；⑦生产管理计划；⑧财务计划；⑨资金需求状况。

（三）产品（服务）介绍

在进行投资项目评估时，投资人十分关心的问题之一是企业的产品、技术或服务是否具有独特性，是否能尽快占领市场。因此，产品（服务）介绍是创业计划书中不可或缺的一项重要内容。产品（服务）介绍应提供所有与企业产品和服务有关的细节，以及企业所实施的所有调查内容。产品（服务）介绍一般应包括以下几个方面。

①产品（服务）的概念、性能及特性。

②主要产品（服务）介绍和产品（服务）的市场竞争力。

③产品（服务）的研究和开发过程。

④发展新产品（服务）的计划和成本分析。

⑤产品（服务）的市场前景预测。

⑥产品（服务）的品牌和专利等。

在产品（服务）介绍部分，创业者要对产品（服务）做详细的说明，说明要准确，也要通俗易懂，尽可能少用专业术语，使不是专业人员的投资者也能明白。一般说来，产品（服务）介绍都要附上产品原型、照片或其他介绍内容。

（四）行业分析

在行业分析部分，应该正确评估所选行业的基本特点、竞争状况及未来的发展趋势等内容。以下内容是应该仔细思考并写进创业计划书的。

①该行业发展程度如何？现在的发展动态如何？

②创新和技术进步在该行业扮演着一个怎样的角色？

③该行业的总销售额为多少？总利润为多少？发展趋势怎样？

④价格趋向如何？

⑤经济发展对该行业的影响程度如何？

⑥是什么因素决定着该行业的发展？

⑦竞争的本质是什么？你将采取什么样的战略？

⑧进入该行业的障碍是什么？你将如何克服？该行业典型的回报率有多少？

（五）市场预测及分析

市场预测应包括市场现状概述、竞争厂商概述、目标顾客和目标市场、本企业产品的市场地位、市场细分和特征等。进行市场预测时，首先要对需求进行预测，了解市场是否存在需求、需求程度、市场规模、需求发展的未来趋向及其状况、影响需求的关键因素等；其次要对市场竞争的情况进行认真分析，分析竞争对手是谁，竞争对手的产品是如何使用的，竞争对手的产品和本企业的产品有哪些相同点与不同点，竞争对手所采用的营销策略是什么；最后讨论本企业相对于竞争对手所具有的竞争优势。

（六）营销策略

营销策略是创业计划书中非常具有挑战性的一部分，也是非常重要的一部分。顾客特点、产品特征、企业自身状况、营销成本、营销效益及市场环境等各方面的因素都会影响企业具体的营销策略，因此在制作创业计划书时，营销策略应当包括市场机构和营销渠道的选择、营销队伍的组建和管理、促销计划、广告策略及价格决策等内容。

（七）生产制作计划

生产制作计划应包括产品的制作和技术设备的现状、新产品投产的计划、技术提升和设备更新的要求、质量控制和质量改进的计划等内容。在寻求资金的过程中，为了增加企业投资前的评估价值，应尽量使生产制作的细节更加详细、可靠。一般来讲，生产制作计划应该回答以下问题。

①企业生产制作所需的厂房设备情况如何？谁是供应商？

②设备的引进和安装情况如何？怎样保证新产品进入规模生产后的稳定性和可靠性？

③生产线的设计与产品的组装是怎样的？

④供货者的潜质和资源的需求量如何？

⑤生产周期标配的制定及生产作业计划的编制如何？

⑥物料需求计划及其保证措施如何？质量控制的方法是什么？

（八）人员及组织结构

社会发展到今天，人力资源已经成为非常宝贵的资源，这是由人的主动性和创造性决定的，企业要管理好这种资源，就要遵循科学的原则和方法，组建一支有战斗力的管理队伍。企业管理的好坏直接影响企业经营风险的大小，而高素质的管理人员和良好的组织结构则是管理好企业的重要保证。因此在创业计划书中，必须对主要管理人员加以阐明，介绍他们具有的能力、他们在本企业中的职务和责任、他们过去的详细经历及背景。

此外，还应对公司组织结构做简要介绍，具体包括公司的组织结构图、各部门的功能和责任、各部门的负责人及主要成员、公司的报酬体系、公司的股东名单（包括认股权、比例和特权）、公司的董事会成员、各位董事的背景资料等。

（九）销量预测

根据销量预测可以预测销售收入，销售收入＝销量×销售价格，没有高的销量，就无法取得高的收益回报。销量预测能让投资人评估项目是否有利可图，它是进行财务规划的一个重要依据。销量预测一般是估算企业未来半年或一年的销售量。

在进行销量预测时，要摒弃过高估计的弊端，采用科学的预测方法。事实表明，要达到与同类现有企业相当的销量和利润通常需要经过一段较长的时间。因此，如果创业计划书中呈现过高的预测，反而会降低投资商对该创业计划书的信任度，较好的做法是呈现一个科学的预测值。

（十）财务规划

财务规划的重点是现金流量表、利润表及资产负债表的编制。

1．现金流量表

流动资金是企业的生命线，企业在初创或扩张时，对流动资金需要预先有周详的计划，在进行过程中也要严格控制。

2．利润表

利润表反映的是企业的盈利状况，即反映企业在经过一段时间的运作后的经营结果。

3．资产负债表

资产负债表反映在某一时刻的企业状况，投资者可利用资产负债表中的数据得到所需指标的准确值，从而衡量企业的经营状况及可能的投资回报率。

（十一）风险与风险管理

在创业计划书中，创业者还应阐明竞争对手给本企业带来的风险，以及本企业采取的相应策略。风险被描述得越详细，交代得越清楚，就越容易引起投资者的兴趣。

案例鉴赏

没有创业计划书的创业

某公司曾主营支票打印、信封打印、理财、小秘书等企业管理软件。2001年公司创建之初，该公司主营媒体公关业务。公司创始人钟某坦言，当时他没有撰写创业计划书，但这不意味着未进行前期的思考和准备，创业者在初期还是要对自己有清醒的认识。创业之前，他一直在积累资金、经验和客户资源。做了多年记者的钟某对媒体运作有深入了解，他确立了自己的优势所在。“我认为在创办企业前只需考虑资金、业务及发展这3个问题，但不一定要有完整的成文的创业方案。”

公司后来正式转型为软件企业，除了自行开发的一些小型软件外，同时代理和销售其他大中型软件，如WISS文档协同系统等。

“我看到浙江的许多企业，当初就类似于一个小作坊，但创业者就大胆地开始干了。”钟某说，“企业要上台阶、上规模，就需要改变一些东西。一些原始的本能的管理方式，比如言语沟通，无法满足企业的需要，这个时候就需要有书面的东西出现。”

任务2 创业计划书的功能和意义

一 创业计划书的功能

（一）帮助创业者自我评价，厘清思路

在创业融资之前，创业计划书首先应该是给大学生创业者自己看的。撰写创业计划书的过程也是创业者调研与思考的过程。在这个过程中，大学生创业者应综合考虑各方面的因素，并清楚地了解哪些才是符合企业创建计划的要素，进一步明确自己的创业思路和经营理念。

创业计划书的功能和意义

大学生创业者应该以认真的态度对自己所有的资源、已知的市场情况和初步的竞争策略做尽可能详尽的分析，并提出一个初步的行动计划，通过与创业计划书的比对做到心中有数。另外，创业计划书还是创业者融资和进行风险分析的依据。对初创企业来说，创业计划书的作用尤为重要。一个酝酿中的项目往往“面目”模糊，大学生创业者通过撰写创业计划书，将优劣势一一列出，然后再逐条推敲，就能对这一项目有更加清晰的认识。

（二）帮助创业者凝聚共识，有效管理

一份完整、规范的创业计划书包括创业过程中的各种信息，如行业分析、产品（服务）介绍、市场策略、生产计划、风险预测等。它可以增强大学生创业者的自信，有助于大学生创业者更好地把握企业的经营状况。此外，创业计划书分析了企业的现状和未来发展的方向，这为企业提供了良好的效益评价体系和管理监控指标。

尽管市场充满了变化，创业计划也会根据市场变化适当调整，但是撰写创业计划书的过程能使团队成员团结一心，为了共同的创业目标而努力。同时，在撰写创业计划书的过程中，团队中存在的问题也可能逐渐暴露，这是创业团队进行自我审视和调整的绝佳机会。

（三）帮助创业者对外宣传，获得外部资源

创业计划书是对拟建企业进行全方位介绍的项目计划书，可以向风险投资商、银行、客户和供应商宣传企业的产品、营销方式、团队成员、管理制度等各个方面。一份详细的创业计划书有助于他人了解创业项目，帮助创业者取得合伙人的信任，增加合伙人的信心；可以帮助创业者更容易得到投资人的青睐，获得资金支持；可以帮助创业者争取政府的支持，如资金扶持、场地提供、税收减免等。

头脑风暴

大学期间，张华就在室内环境污染治理方面取得了一项重要成果，其应用前景非常广阔。毕业后张华准备自己创业。但由于不多的资金都用在了室内环境污染治理的研究上，在七拼八凑注册了一家公司后，张华已经无力再招聘员工和购买实验材料。

无奈之下，张华想到了风险投资基金，他希望通过引入合作伙伴的方式解决当前困境。为此，他多次与自由投资者或风险投资机构接洽商谈。虽然张华反复强调他的技术先进，应用前景广阔，并表示投资他的公司回报绝对不低，但总是无法让投资者信服。因为投资者关心的数据，如市场需求量具体有多少，一年可以有多少销量，年回报率有多高等，张华都无法提供。不仅如此，张华想招聘一些技术骨干也比较困难，因为应聘者也对公司的前景缺乏信心。

这时，一位朋友用一句话点醒了张华："你的那些技术有几个人能懂？你连一份像样的创业计划书都没有，怎么让别人相信你？投资者凭什么相信你？"醒悟后的张华立即向相关专家请教咨询，并查阅了大量的资料，最终静下心来，从公司的经营宗旨、战略目标出发，对公司的技术、产品、市场销售、资金需求、财务指标、投资收益、投资者退出等方面进行了分析和论证……一个月后，张华拿出了一份创业计划书。这份创业计划书很快就引起了投资者的兴趣。在与投资者深入交谈后，张华获得了一笔投资。有了资金的支持，员工招聘问题也迎刃而解。现在，张华的公司经营得红红火火，年销售利润已达到500万元。

回想往事，张华感慨地说："撰写创业计划书绝不是随便写一篇文章。撰写创业计划书的过程就是我不断理清自己思路的过程。只有自己的思路清楚了，才有可能让投资者、员工相信你。"

问题讨论：

（1）为什么刚开始张华无论如何都无法令投资者信服？

（2）创业计划书对张华创业成功起到了什么作用？

二 创业计划书的意义

（一）指导创业者的创业行动

编写创业计划书的过程是一个调研与思考的过程，可以使创业者综合考虑创业的各个因素，并在这个过程中清楚地看到哪些才是符合企业创建的要素，使创业者进一步明确自己的创业思路和经营理念。

（二）提供创业信息

创业计划书包含了创业过程中的各种信息，它可以告诉他人，创业者的创业计划并不是一次纸上谈兵，而是一个科学的、可行的未来展望。

双创榜样

把科技论文写在祖国大地上

“农业废弃物一直影响着我国农业现代化的发展，每年都会产生大量的农作物秸秆等待处理。过去一直采取焚烧的方式解决，不仅存在安全隐患，还带来大量污染，采取秸秆还田，也不能有效解决秸秆问题，在秸秆漫长的腐烂过程中还会影响二茬农作物生长。”2013年，怀揣梦想的宜城青年博士熊炜，带着从德国留学学回来的最新生物发酵技术，回到家乡宜城市流水镇，开始了创业之旅。

面对熊炜的这个决定，身边的同学老师无一不感到吃惊，“你都已经求学这么久了，见识过这么美好的大千世界了，为什么还要回到那个小地方？”熊炜的德国导师毫不掩饰地这样询问自己的爱徒，甚至还许诺可以开出丰厚的条件及良好的科研待遇。面对这样诚恳的老师，熊炜也不是没有过内心的动摇，但是面对家乡迫在眉睫的问题，他还是遵从了自己内心的选择。“是金子在哪都能发光，何况这里还是我的家乡！”熊炜如是说。宜城市流水镇是熊炜生长的地方，尽管他一直在外求学，根植在他血液里的家乡情怀却深深地影响着他，他直白、敢拼、敢做，和无数的宜城人一样。

2013年6月，湖北绿鑫生态科技有限公司挂牌成立。首先面对的困难就是，以前的他从来都只懂读书，只懂如何去研究、做学问、做实验，哪里懂得如何管理团队和运营企业。创业经验缺乏、人才稀缺、资金短缺，这些都是问题。但是熊炜坚信：好的管理者不是天生的，一定是经过各种困难和磨炼之后成长起来的。要在创业的过程中去发现困难、分析困难、解决困难，一步步成长为合格的管理者。在创业人才方面，团队的每一个人他都亲自面试、复试，直到他们成长为“绿鑫人”，才算是找到了真正适合企业的人才，公司也逐渐发展到100人左右的规模，也为当地提供了一部分就业岗位。资金方面，通过项目路演等形式，企业得到湖北省产业引导基金的青睐，获得了一笔创业启动资金，同时也吸引了一些尖精人才加入到项目中来。

抓住机会拿到政府给予的启动资金后，绿鑫科技很快投入到项目的建设中；在不到两年的时间里，就实现了从团队建设，到第二套设备自主研发。随着研发的投入和不断的技术革新，现在的绿鑫科技在技术领域已经取得了不俗的成就。公司网页上展示的公司目标就是：“引领有机废弃物资源化处置技术，践行循环经济与绿色发展，不忘初心，思想未来，高质量建设美好生态环境。”围绕这一使命，绿鑫生态科技历时5年，联合德国知名企业和中科院专家组建了一支中德合作的高知团队，将德国先进的有机废弃物资源化的技术体系和商业模式引进吸收，并结合我国有机废弃物的特性和操作层面的实际情况，构筑了一套符合我国大农业发展规律的3.0版沼气科技体系。该技术体系以混合原料半干式及干式耦合发酵为特点，填补业内多项技术空白。显著的沼气生产能力，为我国蓬勃发展的生物天然气行业注入了新的活力。

随着我国经济高速发展和生态文明建设水平的不断提高，如何解决各类有机废弃物环境污染问题日益成为社会的焦点和热点。发展有机废弃物源头减量化、生态化、资源化处置技术，实现资源回收和碳减排已经成为国家发展战略的关键点之一。党中央、国务院近年来对此高度重视，先后出台了一系列的政策、法规以促进该领域的高质量发展。2022年，宜城市举办第一届创新创业大赛，再次吸引了熊炜的目光，他知道又一次新的机会已经来到。

任务3 撰写一份有灵魂的创业计划书

一 创业计划书的撰写原则

（一）保证信息的准确性和可靠性

要撰写一份较为完善的创业计划书，大学生创业者需要收集大量的信息，并对这些信息进行筛选和综合分析，以确定信息的可靠程度，尽量客观、实际，切忌主观臆断。

撰写创业计划书的首要原则就是保证信息的准确性和可靠性，因为建立在错误信息上的结论通常也是错误的。准确、可靠的信息不仅可以保证创业计划书的实用性，还可以让投资者更加信服。

（二）保证内容的全面性和条理性

创业计划书的内容应该全面涵盖企业经营的各个方面，将创业过程中可能涉及的各种问题清晰地展示出来，保证整个创业计划全面且有条理，让潜在投资者在阅读时快速抓住重点。

此外，创业计划书的附录应尽量包含各项佐证材料，使创业计划的预期结果与论证相互呼应、前后一致，具有较强的逻辑性。

（三）保证叙述的简洁性和通俗性

创业计划书要保证文字精练、观点明确、通俗易懂，这样才容易引起投资者的注意和兴趣。如果创业计划书主次不分、重点不明、语言晦涩，那么投资者很可能没耐心甚至没兴趣阅读，也就更不可能进行投资了。

简洁性是指创业计划书在叙述上应当言简意赅，不使用过于浮夸的图片和版式，最好开门见山，让投资者迅速明白创业者想要做什么。通俗性是指创业计划书应尽量避免使用冷僻、晦涩的专业术语，做到通俗流畅，便于投资者快速阅读和理解。

（四）保证企业优势的突出性

为了打动投资者，大学生创业者在创业计划书中应尽可能地突出企业的竞争优势，描述企业的光明前景，显示出经营者创造利润的强烈愿望，并明确投资者预期可以获得的回报。注意，这并不是要求大学生创业者一味地强调投资的优势和机遇，而对潜在的不足与风险闭口不谈。

知识链接

编写创业计划书的要点

创业计划书要全面翔实、简明扼要，因为编写创业计划书的主要目的在于获得投资人的投资。全面翔实的创业计划书能够展示尽可能多的内容，并提供各方面的依据，从而增加创业计划书的可信度。而简明扼要、通俗易懂的创业计划书让投资人一目了然，有助于投资人快速地判断创业计划的可行性，是否有利可图，以及投资的收益如何等。当然，创业计划书要建立在科学分析的基础上，过高地估计企业将带来的价值是不切实际的。

二 创业计划书的撰写技巧

创业计划书是创业者获取投资的“敲门砖”。在撰写创业计划书时，大学生创业者可以使用一些技巧，以便打动投资者。

创业计划书的格式

（一）以运作模式为核心

创业计划书虽然是基于创业的产品或服务撰写的，但真正吸引投资者关注的是创业项目的前景及创业企业的运作模式。因此，大学生创业者既要描述包括产品的研发、产品的独特性、产品的生产成本和售价等在内的基本信息，让投资者感受到产品或服务的优势，又要完整体现出成熟、优良、可持续的企业运作模式，增加投资者对创业项目的信心。

（二）清晰的结构和布局

清晰的结构和布局可以使投资者快速找到他们关注的内容，提升他们的阅读兴趣。由于不同的阅读对象对商业项目的关注点会有所不同，所以大学生创业者在撰写创业计划书时不能生硬地套用固定模板，而应该根据不同的阅读对象对内容进行调整，以突出重点。

（三）借助专业人士的帮助

在完成创业计划书的草稿之后，大学生创业者可以聘请专业人士对创业计划书进行完善。专业人士有丰富的与投资者及银行打交道的经验，对创业计划书的内容、重点等有更深刻的认识，能够从专业角度给出完善创业计划书的建议。

（四）注重页面效果和细节

在撰写创业计划书时，不要使用过于花哨的字体，如艺术字、斜体字等，避免给人留下不够严肃、不正式的印象。另外，在创业计划书的细节处理上，要多花一些心思。例如，在创业计划书封面和正文的页眉或页脚上都添加设计好的企业标志。

（五）使用第三人称

一般来说，创业计划书可以由大学生创业者或创业团队自己撰写，使用“我”“我们”等第一人称称谓；也可以委托专门的第三方机构撰写，通常使用“他”“他们”等第三人称称谓，避免带入过于强烈的主观色彩，影响投资者对创业计划书的评价。但不管是由谁来撰写，都应该注意创业计划书的语言和内容要客观公正。

（六）通过演示文稿（PPT）展示

绝大多数投资者更喜欢PPT类型的创业计划书。PPT中的图文排版更方便，表现形式更丰富，便于大学生创业者清楚地讲述创业项目。而Word或PDF类型的创业计划书在内容上更翔实，适用于后续的进一步展示。

（七）汲取其他优秀创业计划书的优点

阅读他人优秀的创业计划书可以在一定程度上帮助大学生创业者提高自己在创业计划书方面撰写的能力。因此，大学生创业者在撰写创业计划书之前，可以多阅读他人的创业计划书，从中获得灵感和启发。

（八）记住“43.1%”规则

根据以往资料，专业投资者一般希望在5年内将其资金翻6倍，相当于每年的投资回报率大约是43.1%。因此，一份承诺投资回报率为40% ~ 50%的创业计划书往往能够快速吸引投资人的注意。当然，由于经济发展情况及行业特点不同，以上回报率并不是一成不变的。

三 创业计划书的编写步骤

通常创业计划书的撰写可以分为以下6步。

（一）经验学习

大学生创业者大多数都没有撰写创业计划书的经验，此时，可以先通过网络搜集国内外较为成功的创业计划书范文、模板及相关资料，研究这些资料所包含的内容和写作手法，吸收其中的精华，为自己编写创业计划书打下基础。

（二）创业构思

一个优秀的创业构思对创业企业的成败起着至关重要的作用，如果构思不正确，企业后期将很难经营，甚至可能会破产倒闭。创业者在进行创业构思时，要冷静分析、谨慎决策，考虑多方面的问题，包括团队的组建、资源的获取、企业的运作、盈利的模式，以及可能遇到的问题和解决方案等。

（三）市场调研

没有调查，就没有发言权。市场调研是创业者直接获取创业所需信息的方式，市场调研的结果是创业计划落实和细化的重要参考。因此，市场调研应该详尽、具体，尽量得到真实可信的数据。市场调研的主要内容包括市场环境调查、市场需求调查、市场供给调查、市场营销调查及市场竞争调查5个方面。

（四）方案起草

收集到足够的信息后，创业者即可开始起草创业计划书。创业计划书中包含的内容较多，创业者应该明确各个部分的作用，以做到有的放矢。同时，在撰写创业计划书的过程中，创业者还应该咨询律师或专业顾问的意见，以确保创业计划书中的文字和内容没有歧义，不会被他人误解或者招致法律风险。

（五）修饰

在确定具体方案后，创业者还应该对创业计划书进行修饰。在撰写创业计划书的过程中，要注意控制篇幅，简要的创业计划书一般为4 ~ 10页，全面翔实的创业计划书一般控制在40页以内。

对于呈递给投资人的创业计划书，应该装帧精美，封面要简洁有新意，封面的纸质要坚硬耐磨；版本装订要精致，要按照资料的顺序进行排列，并提供目录和页码；最后还要附上创业计划书中支持材料的复印件。

（六）检查

创业计划书应该规范而严谨，所以最后要对创业计划书的文本和内容进行检查，以保证创业计划书的正确和美观。

1. 对文本进行检查

主要是查看文字描述、语言措辞、数据运算等是否准确，以及表格和图形、资料引用、版式、数据处理等是否存在不合理之处。

2. 对内容进行检查

主要是从投资者的角度进行审视，对创业计划书所反映的内容的完整性、科学性和合理性等进行检查。

案例鉴赏

一页纸的计划摘要

大学生张明首次参加了本地各高校联合举办的创新创业大赛。在大赛上，张明展示了和校友们共同研发的室内绿化项目，引起了风险投资者的兴趣。尤其是张明的那份一页纸的计划摘要。那么，张明的计划摘要都有什么内容呢？下面让我们一起来看一看。

项目简介

本公司着力打造“人与自然”和谐共处的居住环境。随着社会经济的发展，人们的居住条件得到了改善，但生存环境却在不断恶化，尤其是装修污染问题日益严重。目前，绝大部分新装修的房屋的室内环境都达不到国家环保的标准，而由于室内空气污染引起的支气管炎、肺癌、呼吸道疾病及白血病患者的数量也在不断增加。因此，如何通过室内绿化设计来美化环境、消除污染将成为人们在装修时最关注的问题。

项目进展

项目初始投资100万元。经过3年的发展，公司营业收入及利润将每年递增，第5年营业收入将达到460万元，税后利润达到120万元。

竞争优势

绿化环保产业是国家重点扶持和重点发展的产业。目前，市场上还没有将室内绿化设计与植物的特效功能（如吸收有害气体等）联系在一起的公司，该领域处于市场空白阶段。另外，地方政府对该产业有相关补贴政策。

产品介绍

通过室内绿化项目，消费者可以在健康与舒适的环境中生活，同时还能减少因室内空气污染而引发的疾病。

任务4 创业计划书展示

一 创业计划书演讲

如果你的创业计划书引起了一位投资人或银行家的兴趣，或者需要与其他竞争者竞争商业机会，那么通常你需要对创业计划书进行口头介绍。对大学生创业者来说，无论是参加各类创业大赛，还是项目具备潜在融资的可能性，都需要公开对创业计划书进行展示和演讲。

二 演讲前的准备

第一，进行演讲之前，需要尽可能地搜集详细的信息，做好充足的准备。一般来说，演讲的对象主要为投资人与客户，有时也包括参加各类创业大赛的评委。主动搜集考官的信息，有的放矢地根据听众调整演讲台词，更容易赢得考官的共鸣。

创业计划书的展示

第二，要弄清楚自己拥有多少时间并提前做好规划。一般来说，路演既有时间较短的电梯路演，也有时间较长的深度路演。演讲的第一条注意事项就是严格控制时间。如果投资人告诉你拥有1小时的发言时间，但最后半小时是用来接受提问的，你就必须在30分钟内结束演讲，不能延时。同时，着装也要得体，正常情况下，身着正装而不应随意穿戴。

第三，演讲开始前要尽可能多地了解场地的情况。如果你要在一个小会议厅里演讲，通常不需要做过多的调整，但如果你要置身于一个较大的舞台，面对更多的观众，类似于一些创业计划书竞赛的最后角逐关头，你就需要扩大幻灯片字体，或设计更新颖的方法，向更多的观众演示。

第四，反复练习演讲也同样重要。许多有经验的创业者在同事和其他观众面前反复练习，以期准确控制演讲时间和获得大家有用的反馈。观摩别人的演讲也是个好办法，从中能总结出一些成功和失败的经验。互联网上有许多演讲的资源。目前，大型创业计划大赛决赛一般提供视频资源或在线直播，大学生创业者可以多观摩优秀演讲，增加自己演讲成功的胜算。

第五，演讲还有关键一步，就是决定由谁来完成。如果是单独创业，很显然演讲将由创业者独自完成。如果是团队创业，就必须决定到底由多少成员参与演讲，这个问题需要一定的决断力。如有充分的理由应该让更多的团队成员参与进来。如果你们整个队伍都参与了演讲并且进展十分顺利，说明你们这个团队的成员之间合作良好，没有任何一个人因作用过于重要而成为焦点。这样可以激起听众的兴趣与注意力，使演讲节奏变化有致，也使听众对每一个参与演讲的人都有所了解。

三 演讲幻灯片的制作

之前我们谈了很多创业计划书的写作技巧，多数是基于“阅读型”的创业计划书，但如果参加创业大赛或者其他形式的路演，这种“阅读型”的创业计划书并不合适。一般而言，需要制作专门的“演讲型”创业计划书，即演讲幻灯片。虽然不同的演讲者之间可能有所差异，但一场20 ~ 30分钟的创业计划书演讲应包含的内容大体上并无二致。除了封面和结尾，演讲幻灯片应该围绕以下几个问题设计，即“What，Why now，How，Why，How much”。

首先是封面。演讲一般由一张标题幻灯片开始，它包括公司名称、标志、创始人姓名、创始人联系方式等内容，目的在于让投资者知道你是谁、做什么项目及如何联系你。

然后是主体内容，主要包括五个部分。

第一部分：What——做什么。用2 ~ 3张幻灯片讲清楚你要做什么。这可能是路演幻灯片中最重要的部分。注意围绕“问题痛点—解决方案—数据验证”的思路，简明扼要阐述项目精华之所在。这几张幻灯片的目的就是让投资人对项目感兴趣，争取更多展示的机会。

第二部分：Why now——行业背景和市场现状。用3 ~ 5张幻灯片讲清楚行业背景、市场发展趋势、市场空间。要说明是在正确的时间做正确的事，而且市场空间大。但值得注意的是，市场大不代表做的事情有需求，要描述在目前的市场背景下，项目抓住了一个用户的痛点，或者项目可以为用户带来更高性价比的产品或服务。要尽量列出与竞争对手的对比分析，表明当前的商业机会。

第三部分：How——如何做。用5 ~ 8张幻灯片讲清楚实现商业模式的具体方案，包括产品的研发、生产、市场、销售策略等。主要描述这个项目是如何实施的，以及最终达成的效果。重点表明产品规划和创业步伐是在小步快走，不断进行阶段性验证，及时调整产品思路和商业模式。

第四部分：Who——谁在做。用2 ~ 3张幻灯片讲清楚团队的股份和分工。需要介绍团队主要成员的背景和特长。强调每个人的能力适合其职能岗位。另用1 ~ 2张幻灯片讲清楚项目和团队的优势。让投资人相信团队的组合适合该创业项目，回答好“为什么你们能做成功？”这个问题。

第五部分：How much——需要多少资金。做好财务预测与融资计划。用2 ~ 3张幻灯片讲清楚财务情况，以及之后3年的财务预测。列清楚项目各阶段的目标，为达成这些目标需要多少资金，以及需要资金的依据。为了融资，出让的股份比例如何，项目的估值及依据，这些也要说清楚。

最后一部分是结尾，即幻灯片的结束页，向听众表示感谢。可以用一两句话做出总结：为什么这是一个好项目？我们得到什么？如何使其更好？

以上是深度演讲的一般体例。有时，创业者仅用很短的时间来陈述自己的创业想法，这种简短而又经过精心设计的陈述被称为电梯式演讲。对于电梯式演讲，创业者通常只有一两分钟的时间来阐述创业项目的价值，因此，创业者事先要准备好鲜明而又简洁的企业描述。

四 创业计划书演讲的技巧

需要注意的是，“演讲型”创业计划书的重点在人，幻灯片作为一个辅导工具，起到“提纲挈领”的作用。人们常常为了听众方便把幻灯片制作得尽可能详细，这是个误区。幻灯片内容应该简明扼要，只包含主要标题和一些解释性语句。除此之外，我们还需要掌握一些演讲技巧，使整体演讲更加精彩。

总体来说，演讲是一次对外的沟通与宣传，需要有明确的主题、自然的仪态、充沛的情感、张弛有度的节奏。当然，进行精彩演讲最重要的一点，就是使演讲生动有趣，充满激情（因场合做到恰到好处）。为了达到这一点，下面提供一些小技巧。比如，介绍个人的经历或趣闻轶事；保持幽默；通过手势和激昂的语调显示你的热情；在关键点介绍时邀请几名观众辅助参与；展示产品的样品等。

以上只是粗略的几条，你也可以使用一些其他的技巧。美国麻省理工学院的一项调查显示：沟通涉及3个层面，视觉（身体语言）占55%，声音（语音语调）占35%，口头表达（用语用词）占10%。还有一些其他的技巧可以很好地帮助演讲者与观众沟通。例如，在演讲中通过向观众提问而有意停顿，或提高你的声调、使用丰富的表情来吸引观众的注意等。

进行演讲时有一个重要的指导思想需要明确，就是演讲不仅要向你的观众传达信息，关键是要感染鼓舞他们。既可以以明显的方式，也可以在不知不觉中感染他们。比如，通过讲故事的方法，设置情境，将观众带入情节中，产生共鸣。注意，这里故事也是沟通的载体，故事的本质在于诉说价值。

案例鉴赏

60秒征服你的投资人

谁都不希望话说一半投资人就打瞌睡了。

投资者见过的自荐人数不胜数。他们听完推荐几分钟内就可以决定你是否值得他花时间、花心思、花银两。以下是沟通技巧，供融资者参考。

1. 以3个“你知道吗？”问句开头，紧扣主题

介绍惊人的研究数据，让听众瞠目结舌，“真的吗？！”

无论你准备解决什么问题、应对什么议题、满足什么需求，都援引最新数据，为这个难题提供全新见解。

引用德高望重的名人的名言，证明某个突如其来的转变趋势、目标人群的骤增或法律法规的相关变化。

2. 用3个形容词修饰你所“想象”的答案

“想象”这个词能够抓住听众的注意力。他们放下手头的邮件，乖乖设想你所说的事物。

把你所提出的承诺浓缩为一句简洁的话，带动决策者的想法，“谁会不想要呢？”

3. 黄金过渡句，“不劳您想象，我们已经发明出来了……”

接着，介绍先例、给出证据，证明这不是天马行空，也不是胡乱猜想，一切木已成舟，你就是负责传递信息的。

或者提供案例研究，证明你所做工作的可信度。

再或者引用某位行业权威的推荐，为你的自荐增加真实性。

为什么“你知道吗”问句屡试不爽？

因为吸引老练决策者的最快方法，就是介绍他们未知但渴望了解的东西。几十秒时间，他们就长知识了。你证明了你是值得他们花时间的，于是他们充满动力，专心听讲。短短一分钟，你就成功地把自己“卖”出去了。

项目小结

本项目主要介绍了创业计划书的概念、功能和作用、展示，以及如何撰写一份有灵魂的创业计划书。大学生创业不是只凭一腔热情和一个想法就能成功的，在创业之前，创业者必须思考怎样赚钱，围绕怎样赚钱这个核心延伸出的一整套方法就是商业模式，而实现商业模式的所有工作的集合就是创业计划。

练习题

练习题答案

一、单选题

1. 创业计划也称（　　）。

A.创业规划　　B.创业构想　　C.商业模式　　D.商业计划

2. 创业计划书的作用不包括（　　）。

A.帮助创业者获取创业支持，成功创业　　B.帮助创业者自我评价，理清思路

C.帮助创业者凝聚共识，有效管理　　D.帮助创业者对外宣传，获得外部资源

3.（　　）是创业计划书的精华部分，是投资者最先看到的内容。

A.企业介绍　　B.计划摘要　　C.财务规划　　D.退出策略

4. 在创业计划书的所有内容中，通常在撰写的最后阶段才完成的是（　　）。

A.封面　　B.退出策略　　C.计划摘要　　D.附录

5. 下列关于创业计划书撰写技巧的说法，错误的是（　　）。

A.承诺投资回报率必须为40% ~ 50%　　B.可以多阅读他人的创业计划书

C.可以制作创业计划书PPT　　D.要注重页面效果和细节

二、多选题

1. 创业计划构想的内容包括（　　）。

A.确定创业企业的使命　　B.明确创业企业的目标

C.设计商业模式　　D.选择产品或服务的市场

2. 创业计划书的内容包括（　　）。

A.封面、计划摘要、企业介绍、产品或服务介绍

B.行业分析、市场预测与分析、营销策略、经营管理计划

C.人员及组织结构、财务规划、风险与风险管理、退出策略、附录

D.商业模式、供应链、团队文化、团队激励机制

3. 创业计划书的撰写原则包括（　　）。

A.保证信息的准确性和可靠性　　B.保证内容的全面性和条理性

C.保证叙述的简洁性和通俗性　　D.保证企业优势的突出性

4. 下列（　　）属于创业计划书的致命错误。

A.创业计划书太花哨，华而不实　　B.执行概要太长且未能说准要点

C.没有对管理团队资历给予清晰的陈述　　D.财务和市场预测不够精准

5. 下列关于创业者向投资者口头陈述创业计划的叙述，不正确的是（　　）。

A.陈述应多使用技术术语，以体现专业性

B.应多陈述产品或服务的技术细节

C.若投资者带着挑剔的眼光指出创业计划的缺陷，说明创业者口头陈述创业计划失败

D.聪明的创业者会预见到潜在投资者会问的问题并积极为之做准备

三、判断题

1. 在撰写创业计划书时，大学生创业者需要保证叙述的简洁性和通俗性。（　　）

2. 在撰写创业计划书时，大学生创业者可以汲取其他优秀创业计划书的优点。（　　）

3. 创业计划书是写给大学生创业者、创业团队成员看的创业备忘录。（　　）

4. 创业计划书的撰写过程具有和创业计划本身同等的价值。（　　）

5. 创业计划书是创业者获取资源的重要工具和途径，不应该提创业项目的缺陷。（　　）

四、测试题

测试你适不适合创业

1. 有一天，你接到了3个邀请，但恰好都是周末同一天的下午：中国的首富在某报告厅讲述他成功的辉煌经历，听了会让人热血沸腾；一个知名老板讲述几起几落的失败故事，不讲辉煌专讲失败的经历；十多年未见的一群同学聚会，不能错过。你会选择哪一个？

（1）听成功故事。

（2）听失败的故事。

（3）选择同学聚会。

2. 你付出了很多才华智慧和心血，为公司谈成了一笔又一笔生意。但很多同事对你很是嫉妒，背后经常说你的坏话，并造谣说你拿了回扣，等等。你会选择怎么做？

（1）一有机会你就跟人解释。

（2）有些沮丧。

（3）一笑了之。

（4）枪打出头鸟，以后少卖力，跟大家一样。

3. 由于工作中的应酬很多，你常常在外面的酒店用餐。你平时喜欢吃东北菜。一次，一个客户招待你，他招待你的酒店你没来过，菜肴风味是贵州风味，你以前从来没吃过。但该酒店虽然是特色贵州菜，但东北菜也有，客户让每人点一个菜，你会点哪一个？

（1）点平时最喜欢吃的菜。

（2）点一个没吃过的贵州菜。

（3）请服务员随便点一个菜。

（4）犹犹豫豫，不知道点什么菜好，不愿自己点菜，最后让对方代劳，点什么吃什么，不挑食。

4. 写字楼里坐在你对面的一个同事，平时工作中有很多地方需要他的配合，他很有才华但是不拘小节，性格孤僻不合群。这次单位组织集体活动，领导让你参与，你是组织者之一。到了旅游景点，大家有说有笑，三五成群地走，唯独他一个人溜边儿没人搭理。看到这个情况，你会怎么做？

（1）既然是出来玩，怎么高兴怎么玩，不管他。

（2）发动几位同事照顾他一下。

（3）心想：真让人扫兴，类似的活动以后再也不喊他了。

5. 公司下班了，你准备加班。突然一个客户来到办公室又喊又嚷，情绪十分激动。而此时，客户经理已经下班了，公司领导在外面开会一天没来。公司里只有十几个跟自己一样加班的同事。客户一直在前台那里嚷嚷。这时，你会怎么做？

（1）你拿起桌子上的电话报警，让警察出面处理。

（2）公司分工明确，不是自己部门的事不必多管。

（3）代表公司出面临时接待一下，周旋、处理、安抚一下。

▶ 项目实训

撰写创业计划书。

▶ 实训目的

1. 了解创业计划书的内容要素。

2. 掌握创业计划书的撰写方法。

▶ 实训流程

1. 找创业计划书模板。

找一份创业计划书空白模板，继续了解创业计划书内容撰写框架。当你有一个创业项目要写创业计划书时，你会如何着手？把你的见解与疑问记录下来。

____

____

____

____

____

2. 找创业计划书范本。

找一份有内容的创业计划书范本，看看它的每一部分是怎么写的，请记录你的收获。

____

____

____

____

____

3. 选择创业项目并讨论。

根据班级实际情况，将班级分成若干小组。各组要认真考虑，分别选择一个创业项目，各小组成员讨论创业计划书的内容和重点，并做好小组记录。

项目名称：
小组成员：
计划书内容：
计划书的重点：

4. 撰写创业计划书。

针对创业项目，各小组分别撰写一份创业计划书，请将撰写过程中遇到的具体问题记录在方框内。

5. 小组交流。

各小组针对撰写创业计划书过程中遇到的问题进行交流，一起分析、解决上一步遇到的问题，并做好记录。

____

____

____

6. 展示创业计划书。

以小组为单位展示撰写的创业计划书。

▶ 实训思考

如果创业之前，不写创业计划书会怎样？在撰写创业计划书的过程中，你有什么感悟？

____

____

____

模块3

创新创业实践

项目 10
企业的注册和选址

知识目标

1. 掌握设立创业企业的流程。
2. 掌握创业相关的法律知识和政策。
3. 掌握企业选址的步骤和策略。

能力目标

1. 能按照规定流程设立一家创业企业。
2. 能运用创业相关的法律知识为自己的创业之路保驾护航。

思政目标

1. 培养求真务实的工作作风和吃苦耐劳的奉献精神。
2. 培养法治观念和竞争意识。

案例引入

选择合适的企业组织形式

学过平面设计的李琴想开一个设计工作室，但由于一时还凑不齐创业所需的资金，便暂时放下了创业的想法，到本地较大的一家平面设计机构——鹏飞公司参加应聘。鹏飞公司的领导看到李琴出色的设计作品时，立即决定聘用她为公司的平面设计师。李琴也非常珍惜这个机会，她刻苦认真、谦虚好学，不断从其他设计师身上学习新的设计技术和理念。

李琴在认真工作和学习的过程中，也始终在为自己的创业做准备。在鹏飞公司工作一年多后，李琴正式辞职，决心用自己的积蓄开始创业。为了节约成本，李琴租下了一栋旧写字楼里的一间仅十几平方米的小办公室。有了办公室之后，李琴又到旧货市场买了办公桌椅、文件柜等办公家具，并把自己家里的计算机搬到办公室进行办公，她还买了一台彩色打印机，所有成本总共不到1万元。

一切准备工作就绪后，李琴到工商管理部门进行注册咨询。咨询后得知，如果注册有限责任公司，各种手续办下来要花2000多元，而注册个体工商户的花费要少很多。于是她就用“李琴设计工作室”的名字办理了个体工商户的注册手续。当领到营业执照时，李琴无比自豪，她的创业梦想终于走出了第一步，接下来就可以开展业务了。

任务1 企业创办的流程

公司设立是指公司设立人依照法定的条件和程序，为组建公司并取得法人资格而必须采取和完成的法律行为，其第一步是公司注册。在国家完成“五证合一”改革后，公司设立的具体流程为办理“五证合一”工商注册—刻章—银行开户—税务登记。

一 “多证合一”工商注册

（一）“多证合一”工商注册的含义

“多证合一”是指商事主体（企业）的营业执照、组织机构代码证、税务登记证、社保登记证、统计登记证、刻章许可证、住房公积金缴存单位登记等证照和事务，在商事登记部门“一表申请、一门受理、一次审核、信息互认、多证合一、档案共享”登记模式的基础上，只发放记载有统一社会信用代码的营业执照。

营业执照办理

“多证合一”实现了企业“一照一码”走天下。“一照”即营业执照，成为企业唯一的“身份证”；而“一码”即统一社会信用代码，则成为企业唯一的“身份证代码”。办理工商注册是设立新企业必不可少的一步。

（二）“多证合一”工商注册的流程

由于各地产业分布存在较大差异，涉企证照数量不一，需要整合的证照也存在较多差异，所以，“多证合一”改革没有具体明确“多证”到底是指哪些证件。这需要由各省（区、市）根据实际情况来确定，大多遵循“能整合的尽量整合”原则。通常，“多证合一”工商注册的流程如下。

1. 提交申请

商事主体申请人通过全流程网上登记系统填写“多证”联合申请书，并把相关材料提交到商事登记部门，由商事登记部门统一受理，实现“一表申请、一门受理”。

2. 商事登记部门审核

商事登记部门审核“多证”联合申请材料后，视为同时经过机构代码部门、税务部门、公安部门及社保部门等相关部门审核。审核通过后，商事登记部门将相关登记信息和办理结果共享至机构代码部门、税务部门、公安部门及社保部门，实现“一次审核”和“信息互认”。

3. 领取证书

经商事登记部门审核通过后，商事主体申请人、法定代表人（法人企业）、负责人

(分公司、分支机构)、投资人(个人独资企业)、执行事务合伙人(合伙企业)或者经营者(个体工商户)即可根据网上注册系统提示，持本人身份证前往指定发照窗口申请领取纸质营业执照。

4．归档

档案原件由商事登记部门保存，档案影像共享给机构代码部门、税务部门、公安部门及社保部门，实现“档案共享”。

(三)“多证合一”工商注册的办理材料

和办理流程一样，“多证合一”工商注册所需的材料也因各地情况不同而有所差异。通常，企业办理“多证合一”需要准备如下材料。

①拟任法定代表人签署的《企业设立登记(一照一码)申请书》(原件1份)。

②经办人身份证明(复印件1份，查验原件)。

③全体股东(发起人)签署的章程(原件1份)。

④股东(发起人)的主体资格证明(复印件1份，自然人身份证明需查验原件，单位资格证明需加盖公章，并注明“与原件一致”)。

⑤法定代表人、执行董事/董事长、董事、监事、经理的任职文件(原件1份)及其身份证明(复印件1份，法定代表人身份证明需查验原件，执行董事/董事长、董事、监事、经理身份证明的复印件上需注明“与原件一致”并由法定代表人签字)。

二 印章刻制与管理

(一)企业印章及其功能

新创企业申请刻制相应的印章，需持营业执照复印件、法定代表人和经办人身份证复印件各一份，以及由企业出具的刻章证明、法人代表授权委托书到公安局指定的机构进行刻章。

以公司为例，公司印章包括公司公章、法人代表章、合同专用章、财务专用章、发票专用章5种。这些印章有各自严格的使用场合，误盖和漏盖都会导致文件失效。

1．公司公章

公章是公司所有印章中最具权威性的，代表着公司的最高效力。不管对内、对外，它都代表了公司法人的意志，使用公章可以代表公司对外签订合同、收发信函、开具公司证明。

2．法人代表章

法人代表章是公司法定代表人的个人用章，它对外具备一定的法律效力，可用于签订合同、出示委托书文件等。

3. 合同专用章

合同专用章是公司对外签订合同时使用的。相关合同的签订在公司经营签约范围内必须盖上合同专用章才能生效，因此它代表着公司可由此享受的权利和应承担的义务，一般公章可以代替合同专用章使用。

4. 财务专用章

财务专用章的用途比较专业化，一般针对单位会计核算和银行结算业务使用。

5. 发票专用章

发票专用章是公司在经营活动中购买或开具发票时需加盖的印章。值得注意的是，在发票专用章缺少时，可以用财务专用章代替，反之则不可行。

（二）公章遗失

公章如果出现遗失、被盗等情况，就可能被他人盗用。为此，企业应该立即采取相应措施，以控制风险、减少损失。公章遗失的具体处理流程如下。

1. 报案

公章遗失，企业应该主动报案。法定代表人需持身份证原件及复印件、营业执照副本原件及复印件到丢失地点所在地的派出所报案，领取报案证明。

2. 登报声明

企业可持报案证明原件及复印件、营业执照副本原件及复印件在市级以上每日公开发行的报纸（如晨报、晚报等）上做登报声明，声明公章作废。报纸会在第二天刊登声明。

3. 补办公章

自登报起公示3天后，公司法人代表需持整张挂失报纸、营业执照副本原件及复印件、法人代表身份证原件及复印件（身份证需正反面复印），以及法定代表人拟写并签名的丢失公章说明材料(需详细写明公章丢失的原因、时间、地点，报案的时间、地点，登报声明的时间和登报所在的版面）到公安局治安科办理新刻印章备案。

4. 刻章

原公章作废，新公章需要3 ~ 7个工作日完成刻制。

案例鉴赏

刻错的公章

俊郎电气从事高低压电器及成套设备、配电开关控制等设备生产，是温州市一家保持较快增长速度的企业。2019年9月，在该公司打算投标新项目时，却意外发现因刻章店的疏忽，企业公章上的备案号错了。公章刻错可不是一件小事。按照以往的惯例，俊郎电气需重新刻制公章，并一一更正之前错误公章涉及的业务，跟国家电网、万科等重要客户逐一办理变更手续，这一整套流程下来需要花费3个多月的时间。并且在刻章期间，公司也无法参与投标、竞标及其他业务拓展，还将严重影响公司短期资金回笼，可以说因为公章的错误，俊郎电气一下子从一家朝阳企业变成了半只脚踏出悬崖的危险企业。

恰好此时温州市经济和信息化局（以下简称“经信局”）的工作人员来到俊郎电气开展“万名干部进万企”的进企问需活动，俊郎电气公司董事长抓住机会向经信局的工作人员陈述了企业遇到的难处。经信局的工作人员当即表示会尽力帮助协调俊郎电气解决这一难题。

为了解决这一难题，温州市经信局有关负责人牵头市县两级经信和公安部门对该问题进行了专题研究。经过6次专题会商后，基于最大限度帮扶企业的原则，公安部门决定主动为企业担责，请示省公安厅，在得到同意批复后，采取“将错就错”的做法，直接在全省企业公章备案号数据库内将俊郎电气的备案号变更为公章上的备案号。

这一做法涉及省、市、县3级公安部门的权限分工，此前从未有先例。最终，在方案出台后的短短3个工作日内，企业难题得到化解。

从这一案例能看出公章对企业来说至关重要，由于公章的错误，俊郎电气面临3个多月内无法开展任何业务的局面，这势必会造成严重的损失。温州市经信局及时协调各部门，采用前所未有的方式帮助俊郎电气解决了难题。由此可见，创业者在拿到公章后一定要仔细核对，确保正确。

三 开立企业银行账户

（一）银行账户的种类

企业的银行存款结算账户分为基本存款账户、一般存款账户、临时存款账户、专用存款账户4种，不同账户具有不同的规定。

存款结算账户分类

1．基本存款账户

基本存款账户是企业的主要存款账户，主要用于办理日常转账结算和现金收付，以及存款单位的工资、奖金等现金的支取。一个企业只能在一家商业银行的一个营业机构开立一个基本存款账户。

2．一般存款账户

一般存款账户是企业因借款或其他结算需要，在开立基本存款账户以外的银行开立的账户。该账户只能办理转账结算和现金的缴存，不能办理现金的支取业务。

3．临时存款账户

临时存款账户是企业的外来临时机构或个体工商户因临时开展经营活动需要开立的账户。该账户可办理转账结算及符合国家现金管理规定的现金业务。

4. 专用存款账户

专用存款账户是企业因基本建设、更新改造或办理信托、政策性房地产开发、信用卡等特定用途开立的账户。企业从该账户支取现金时，必须报当地人民银行审批。

（二）银行开户手续的办理

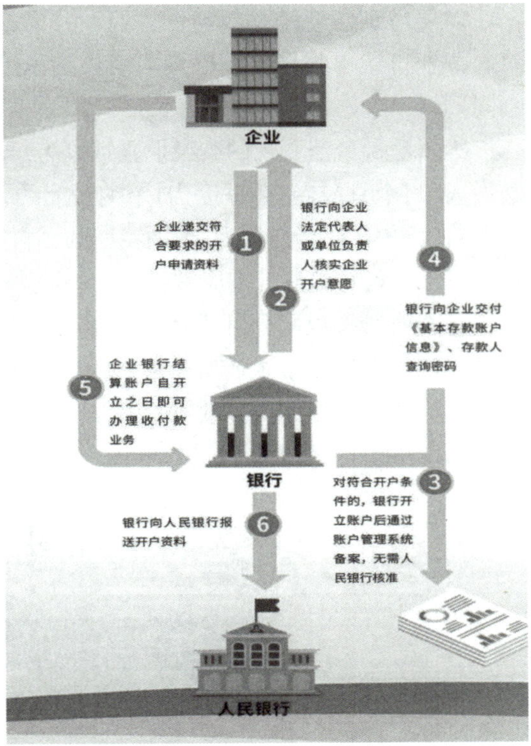

图 10-1　企业开立银行账户流程

2019年2月，中国人民银行发布《中国人民银行关于取消企业银行账户许可有关事宜的决定》，决定自2019年2月25日起在全国范围分批取消企业银行账户许可，在2019年底前实现完全取消。中华人民共和国境内依法设立的企业法人、非企业法人、个体工商户在取消企业银行账户许可地区的银行业金融机构办理基本存款账户、临时存款账户，由核准制改为备案制。中国人民银行不再核发开户许可证，开户许可证不再作为企业办理其他事务的证明文件或依据。这意味着企业只需在银行一端即可完成开户全部事宜，开户环节、开户时间大幅压缩。现在的企业开立银行账户流程如图10-1所示。

办理银行开户手续需要填制开户申请书并提供有关证明文件。开立不同的账户，所需材料也不同。

①开立基本存款账户，需当地市场监督管理部门核发的营业执照正本。

②开立一般存款账户，需借款合同、借款借据或基本存款账户的存款人同意其附属非独立核算单位开户的证明。

③开立临时存款账户，需当地市场监督管理部门核发的临时执照。

④开立专用存款账户，需有关部门的批准文件。

四　企业税务登记

新创企业领取由市场监督管理部门核发加载法人和其他组织统一社会信用代码的营业执照后，虽然无须再次进行税务登记和办理税务登记证，但仍需要前往税务机关办理相应的后续事项，才能正常缴税。企业在银行开立基本存款账户时，企业、银行与税务机关三方需要签订《委托银行划缴税（费）款三方协议书》。

需要特别注意的是，新创企业在办完首次涉税业务后，在之后的经营中要注意按时、按期持续申报税费，以免因延误纳税影响企业的正常经营。各项税收的缴纳时间不同。

①增值税、消费税的纳税期限可以为1日、3日、5日、10日、15日、1个月或者1个季度。纳税人以1个月或者1个季度为1个纳税期的，自期满之日起15日内申报纳税；以1日、3日、5日、10日或者15日为1个纳税期的，自期满之日起5日内预缴税款，于次月1日起15日内申报纳税并结清上月应纳税款。

②企业所得税则分月或者分季预缴，企业应当自月份或者季度终了之日起15日内，向税务机关报送预缴企业所得税纳税申报表并预缴税款，年度终了后45日内申报，5个月内汇算清缴。具体税务政策，大学生创业者可拨打12366纳税服务热线或登录国家税务总局12366纳税服务平台进行咨询。

任务2 创业相关法律知识

一 创业相关法律

（一）企业设立方面的主要法律

设立企业从事经营活动，要到工商行政管理部门办理登记手续，领取营业执照；如果从事特定行业的经营活动，还需先获得有关部门批准。我国企业的组织形式可以是股份有限公司、有限责任公司、个人独资公司、合伙企业，其中以有限责任公司最为常见。企业成立时应该依据《中华人民共和国公司登记管理条例》等法规办理登记手续。另外，在企业创建过程中，还需要建立知识产权保护体系，申请专利、商标和版权保护。这就涉及《中华人民共和国著作权法》《中华人民共和国商标法》《中华人民共和国专利法》等一系列法律。

案例鉴赏

大学生办电影网站遭60万元索赔

大学生小捷在校期间创办了一家免费电影网站，被杭州某影视公司以“版权侵权”起诉，对方索赔60万元。

原来，临近毕业的小捷和几名低年级同学共同投资2万元创办了一家免费电影网站。然而，他怎么也想不到等待他的竟是一场官司。“我们网站上的电影都是通过迅雷下载过来的，但我们并不知道其中几部电影是杭州那家公司代理的，60万元的赔偿对我们这些刚创业的大学生来说是一个沉重的打击。”小捷说，“我们已收到温州市中级人民法院的传票并等待开庭。”小捷说，大学生创业既缺乏经验又缺少创业资本，无意中触碰到法律高压线往往也难以避免，但这样的索赔数额对于他们来说无疑是个天文数字。

小捷的行为已触犯《中华人民共和国版权法》。“版权侵权”分直接侵权和间接侵权。直接侵权是指抄袭、复制，如将版权作品的表达语言复制为另一种语言，或未做任何改编，包括将传统媒体复制为非传统媒体，于互联网上传或下载；出版抄袭作品，如出版由二维作品复制而成的三维作品。间接侵权是指将抄袭作品出口、贩卖、出租或做其他商业用途，以及提供方法、器具或地方进行侵犯版权的行为。

（二）企业发展方面的主要法律

企业设立后，需要进行税务登记和财务方面的工作。这就涉及税法和财务制度，因此，创业者对所得税的规定等需要熟练掌握。与企业经营活动相关的法律很多，创业者应对其有所了解，以保证合法营业，避免触犯法，保障自己的合法权益。创业者在企业经营中具体需要了解的法律包括《中华人民共和国民法典》《中华人民共和国劳动法》《中华人民共和国反不正当竞争法》《中华人民共和国消费者权益保护法》等。

与创业有关的法律主要是知识产权、竞争、质量和劳动等方面的法律。其中，知识产权是人们对自己通过智力活动创造的成果所依法享有的权利。知识产权包括专利、商标、版权等，是企业的重要资产。在创业的大潮中，因商标抢注、专利互撕发生的“血案”屡见不鲜。尤其是创业公司成立之初，很容易忽略知识产权的保护，自己的核心技术、公司商标一不小心就变成了别人的“专利”。

案例鉴赏

“喜茶”商标遭仿冒

美西公司旗下的“喜茶”品牌是我国极具影响力的茶饮料品牌，在特调茶饮服务和商品领域具有极高的知名度及广泛的消费者基础。美西公司旗下的“喜茶”“HEEKCAA”及图形等商业标识已申请商标注册并获准，现均处于有效期内。

2018年，美西公司发现一茶馆未经许可，在其经营场所内的店招、墙饰、茶杯、宣传单等部位大规模使用与公司注册商标相同的“喜茶”“HEEKCAA”及图形商标等标识，严重侵犯了公司的注册商标专用权。

2019年1月8日，美西公司向梧州市工商行政管理部门投诉，经该部门调查，发现茶馆经营的“港座喜茶”餐饮品牌属于某公司的特许经营运营项目。美西公司遂将该公司及茶馆的经营者陈某一并告上法庭，要求立即停止侵权行为，并分别赔偿300万元及100万元。

（三）创业相关法规

对创业者而言，在开始创业前除了要了解创新创业的相关法律条文，还需熟知国家及各级政府部门针对创新创业所设立的相关法规、规章。设立企业时，需要了解《中华人民共和国企业法人登记管理条例》《中华人民共和国公司登记管理条例》等工商管理法规，这样有助于享受税收等优惠政策。

创业者还应该了解《中华人民共和国增值税暂行条例》《中华人民共和国税收征收管理法》等法规及税法和财务制度。聘用员工时涉及社会保险问题，创业者需要了解《工伤保险条例》等诸多法规。

知识链接

特殊领域的税收优惠政策

按照《中华人民共和国企业所得税法实施条例》的规定，企业从事下列项目的所得，免征企业所得税：蔬菜、谷物、薯类、油料、豆类、棉花、麻类、糖料、水果、坚果的种植；农作物新品种的选育；中药材的种植；林木的培育和种植；牲畜、家禽的饲养；林产品的采集；灌溉、农产品初加工、兽医、农技推广、农机作业和维修等农、林、牧、渔服务业项目；远洋捕捞。对个人或个体工商户从事种植业、养殖业、饲养业、捕捞业取得的所得暂不征收个人所得税。直接用于农、林、牧、渔业生产用地，免征城镇土地使用税。纳税人承受荒山、荒沟、荒丘、荒滩土地使用权，用于农、林、牧、渔业生产的，免征契税。

创业初期，资金的缺乏是不少创业者最为急迫的问题，税收优惠政策给予了一定的资金支持，真正起到了“解渴”的作用。

任务3 企业选址的步骤

一 企业选址的重要性

企业选址是关系新企业成败的至关重要的因素，也是创业初期便涉及的几个问题之一。一个好的地理位置也许只能使一个普通的企业生存下去，但一个错误的地理位置却可以使一个优秀的企业失败。

企业选址的重要性可以从以下4个方面来理解。

（一）地址是制定经营战略及目标的重要依据

经营战略及目标的确定，首先要考虑所在区域的社会环境、地理环境、人口、交通状况及市政规划等因素。依据这些因素明确目标市场，按目标顾客的构成及需求特点，确定经营战略及目标，制定包括广告宣传、服务措施在内的各项促销策略。事实表明，经营方向、产品构成和服务水平基本相同的企业，会因为选址的不同，而使经济效益出现明显的差异。不理会企业周围的市场环境及竞争状况，任意或仅凭直观经验来选择企业地址，是难以经受考验并获得成功的。

（二）地址选择是对市场定位的选择

地址在某种程度上决定了客流量的多少、顾客购买力的大小、顾客的消费结构、企业对潜在顾客的吸引程度及企业竞争力的强弱等。选址适当，便占有了“地利”的优势，企业就能吸引大量顾客，生意自然就会兴旺。

（三）地址选择是一项长期性投资

不论是租赁的，还是购买的，地址一旦被确定下来，就需要大量的资金投入。当外部环境发生变化时，企业的地址不能像人、财、物等其他经营要素一样可以做相应的调整，它具有长期性、固定性的特点。因此，对企业地址的选择要做深入的调查和周密的考虑，妥善规划。

（四）地址选择反映了服务理念

地址选择要以便利顾客为首要原则，企业应从节省顾客的购买时间和交通费用的角度出发，最大限度地满足顾客的需要，否则就会失去顾客的信赖和支持，也就失去了存在的基础。

二 选址步骤

一个科学且行之有效的选址过程，一般包括以下3个步骤。

（一）市场信息收集研究

在企业开始选址时，创业者必须首先依据影响选址的各种因素，自己或借助专门调查机构收集市场信息，并对收集到的信息进行整理分析，信息收集研究的效果将对后期的选址决策产生非常重要的影响。

（二）多地点评价

对市场上各种信息收集研究后，创业者应该得到若干关于新企业地址的候选地，此时可以借助科学的定量方法进行评价。目前，采用多因素综合评价法进行选址较为常见，此方法首先赋予不同的因素权重，再给不同选择下的各因素打分，最后求各方案的加权平均值以得出最佳方案。除多因素综合评价法外，收益分析法、运输模型法、重心法等也可以用于选址评价。

（三）最终地点确定

当创业者在分析市场信息的基础上，结合所要进入行业的特点及自己企业的特征，运用以上一种或几种方法进行评估后，将最终确定某一候选地为新企业的地址，从而完成选址决策。

任务4 企业选址的策略

一 考虑影响企业选址的主要因素

（一）市场因素

从顾客角度考虑，要考虑经营地是否接近顾客，周围的顾客是否有足够的购买力，以及所售的商品能否吸引这一带的顾客群。对于零售业和服务业，店铺的客流量和顾客的购买力决定着企业的业务量。

（二）商圈因素

选址时需要对特定商圈进行特定分析，如车站附近是往来旅客集中的地区，适合发展餐饮、食品、生活用品；商业区是居民购物、聊天、休闲的理想场所，除了适宜开设大型综合商场外，特色鲜明的专卖店也很有市场；影剧院、公园名胜附近，适合经营餐饮、食品、娱乐、生活用品等；在居民区，凡能给家庭生活提供独特服务的生意，都能获得较好的发展；在市郊地段，不妨考虑为驾车者提供生活、休息、娱乐和维修车辆等服务。

（三）交通因素

交通因素是指交通是否方便，停车是否方便，货物运输是否方便，乘车来去是否方便。便利的交通不仅对制造型企业很重要，对于服务型、零售型、批发型企业也至关重要。

（四）物业因素

在租用店铺前，创业者应首先了解地段或房屋规划的用途与自己的经营项目是否相符；该物业是否有合法权证；还应考虑该物业的历史、空置待租的原因、坐落地段的声誉与形象等，如是不是环境污染区，有没有治安问题，会不会拆迁等。

企业选址的主要因素

（五）所区因素

所区因素指的是经营业务最好能得到当地所区和政府的支持，至少不能与当地的政策背道而驰。

（六）个人因素

有一些创业者往往容易过多地关注个人因素，如喜欢选择在自己的住所附近经营。这种做法，可能会令创业者丧失更好的机会或因经营受到局限，使企业难以快速发展。

（七）价格因素

创业者在购买商铺或租赁商铺时，要充分考虑价格因素。通常在租房时，租金的支付方式是押一付三，就是在开始时你需要一次性支付4个月的房租。这时，你既要考虑启动资金够不够，还要考虑在生意只投入未产生利润期间你的储备金是否充足；同时，你还要对这个场地的销售额做出初步的预算，看你的盈利是否可以满足租金和管理费用的支出。如果营业额足够大，就算租金贵，也可以租用；但是，如果此地没有生意，就算再便宜也不要租用。

案例鉴赏

4位大学生创业失败的案例

小王是中南大学铁道校区大三学生，大二时他就忙着在学校做市场调查，他认为定位中高档的男士精品店会很受学生欢迎。大三上学期开学不久，他和另外3位有创业想法的同学一拍即合，每人投资4000元准备开店。

校园附近的孙老板有3间紧挨着的店面，其中一个门面闲置着。孙老板同意以12000元转让这个门面两年的使用权。当时孙老板对小王他们说她有这个门面3年的使用权，但不要让房东知道房子已经转租给他们，就说几个大学生是帮她打工的，以此避免房东找麻烦。“我们虽然知道孙老板不是房东，只是租用了房东的房子，但我们不知道一定要经过房东的同意才能租房。”9月10日，涉世未深的几名大学生和孙老板签下了门面转让协议书，并支付了7000元。

当他们开始对门面进行装修时，房东闻讯赶来。房东表示，他和孙老板签订的合同上明确写了该房子只允许做理发店，并且不允许转租。房东阻止他们装修，并和孙老板发生了冲突。

9月底，房东将第一把锁挂了上去，接着孙老板也挂了一把锁。小王等人的玻璃货架等物品都被锁在里面，无奈之下他们也挂了一把锁。现在要进入这个门面，要过三道关。几把锁锁死了他们的创业之路。孙老板从10月20日起就无影无踪，手机也不开机，不做任何解释。房东也不愿意和他们协商，反正房租已经收到了年底。这可苦了几个大学生，交给孙老板的7000元房租，加上门面装修的5000多元，以及进货花去的钱，4人凑的16000元已经所剩无几。后来，孙老板终于出现了，她提出，几个大学生将剩下的5000元交上，再想办法和房东协商。如果要退还7000元的房租，必须把已经装修的门面恢复原状并补偿她2个月的误工费。这些钱来之不易，其中两个家庭条件并不是很好的学生拿出的是自己的学费，他们希望通过创业来缓解家庭的经济压力，而另外一个同学的4000元是他软磨硬泡才从父亲那里“借”来的。这下都打了水漂。

二 确定企业选址的思路

（一）生产性质的企业选址

生产性质的企业在选址时要考虑周边地区具备的生产条件：交通要方便，即便于原料运进和产品运出；生产用电要充足，生产用水要保证；生产所使用的原料基地要尽量距离企业地址不远；所使用的劳动力资源要尽量就地解决；当地税收是否有优惠政策等。如果是一些可能对环境造成影

企业选址调查

响的生产项目，还须考虑环保问题。

（二）商业性质的企业选址

商业性质的企业在选址时应考虑创业地点的实际情况、客流量、店铺租金等方面因素。如在城市，若干个商业圈往往可以带动圈内商业的规模效应，新企业选择建立在商业圈内会较易经营，但与繁华商业圈寸土寸金的消费能力相比，其店铺租金或转让费也十分昂贵，往往会让创业者捉襟见肘，使企业很难在商业圈内得到一席之地。为此，创业者可以在商业圈内利用联合经营、委托代销等方式，或者在商业圈边缘选址，转向“次商圈”，将因此而节省下来的资金用于产品升级、提升服务等。另外，企业在选址时要有“借光”的意识，如在体育馆、展览馆、电影院旁边选址等；选择商圈之外的经营场所，则要注意做出特色，形成自己独特的风格，以达到“酒香不怕巷子深”的效果。

（三）服务性质的企业选址

服务性质的企业在选址时要根据具体的经营对象灵活选址，但对客流量要求较高。在车水马龙、人流量大的地段经营，服务性质的企业成功的概率往往比在人迹罕至的地段要高得多，但也应结合企业的目标消费群体的特点。在选择经营场地时，各行业的考虑重点各不相同，其中有两项因素是不容忽略的，即租金给付能力和租约条件。经营场地租金是企业最固定的营运成本之一，即使休息不营业，也得支出。有些货品流通迅速、空间要求不大的行业，如精品店、高级时装店、餐厅等负担得起高房租，就设于高租金区；而家具店、旧货店等，因为需要较大的空间，最好设在低租金区。

三 企业地址调查

商业选址调查的要点包括以下几点。

（一）家庭状况

家庭状况是影响消费者消费需求的基本因素。家庭状况包括人口数量、收入状况、年龄状况等。

（二）人口密度

一个地区的人口密度可以用每平方千米的人数或户数来衡量。人口密度越高，则选址商店的规模可相应越大。

（三）潜在消费者的数量

每个人都可以是商店的消费者，因此创业者在选择店址时必须了解当地的人口总数、人口密度、人口增长情况、人口年龄结构等。

（四）行人的去向

在新店选址时，创业者要将来往的客流量作为考虑的重点。同时，来往消费者的去向也是一个非常值得研究的问题，即使是同一个人，由于每次外出购物的目的不同，情况也就有所差别，如购买日常生活用品与购买高档艺术品的情况就完全不同。店前经过的行人，有去百货店买东西的，有去吃饭的，有去看电影的，因此创业者在开店的时候，应根据人们去向的差异，选择适当的店址。

（五）交通地理条件

商店附近的交通状况会在很大程度上影响商店的经营状况，尤其是住宅区，上班与下班的高峰时间，街道两旁的行人、车辆呈现明显的差距，因此创业者一般在商店选址时都会考虑交通路线问题。

（六）购买力

消费水平取决于收入水平的高低，因此商店附近人口的收入水平对店址地理条件有决定性的影响。人均收入可通过入户抽样调查获取。在选择店址时，创业者应以处于青年和中年的消费者较多、社会经济地位较高、可支配收入较多者的居住区域作为优先考虑的店址。

（七）竞争程度

如果商店经营的是挑选性不强、购买频率较高的日用消费品，在同一地区又有很多同行在恶性竞争，那么势必会影响商店的经济效益，除非新设的商店有特殊的经营风格、能力或不寻常的商品来源，否则很难成功。当然，在某些环境中，上述情况也并不完全如此，有些行业因同行都集中在一起，反而会形成一条别具特色的商业街。

（八）未来有何变化

创业者在进行选址时要清楚城市建设的规划，包括短期规划和长期规划。有的地点从目前来看是最佳位置，但随着市场的改造和发展将会出现新的变化而不适合开店；反之，有些地点从目前来看不理想，但从规划前景来看会成为有发展前途的新的商业中心。因此，创业者必须放眼未来，从长计议，在了解地区内的交通、街道、市政、绿化、公共设施、住宅及其他建设或改造项目的规划的前提下，做出最佳地点的选择。

双创榜样

创新创业，勤学奋进

马浩正，北京交通大学电气工程学院2018级新能源国际班本科生。2018年7月开始，马浩正作为主创人员成立了教育工作室。在北交大的4年里，他和他的团队共同成长，在创业路上笃志前行。

在成立工作室的第一年，工作室举办了多场公益和商业演讲，在上千人的演讲中，马浩正侃侃而谈，收放自如。这也使得工作室在当地的市场中迅速建立起了知名度，为打造自己的品牌IP及后续的发展做好了铺垫。

从大二学年开始，他攻读金融学双学位，在课程中受到了管理和市场方面的启蒙，让他在团队管理中逐渐轻车熟路。随后，他成立教育科技公司，扩大经营，在创业一线的历练中成长为一名优秀的领导者。从最初的6个人白手起家，到50余人的创业团队，用600余平方米的门店，注册了一家公司，打造了一个品牌，前前后后帮助了上千位学生，在地方教育市场中，站稳了脚跟。而这些的背后，也是一名北交大学子，致力于家乡教育事业的热忱和4年的青春。

在成立教育科技公司后，平台越做越大，他的心境也产生了很大的变化，这一事业也从他的一份热忱，变成了一份责任。他开始思考怎样真正地去为社会做点事情，哪怕只是让社会变好一点点。为此，团队着手向非营利性公益组织转变，他们也正与相关公益组织和机构进行积极联络，计划开展暑期支教助学活动，去帮助更多需要帮助的人。

项目小结

本项目主要介绍了企业创办的流程、创业相关的法律知识、企业选址的步骤和策略。主要让学生能够将所学的理论运用到创业实践中，并在实践中运用创业相关的法律知识规避常见的风险，为学生的创新创业之路指明方向。

练习题

练习题答案

一、单选题

1. 以下关于企业的说法，错误的是（　　）。

A.传统经济学认为企业是创造经济利润的机器和工具

B.社会学认为企业是人的集合，是社会运转的组成部分

C.法学认为企业是一类组织、一种商业模式

D.现代管理学认为企业本质上是“一种资源配置的机制”

2. 开具公司证明应使用（　　）。

A.法人代表章　　B.合同专用章　　C.财务专用章　　D.公司公章

3. 下列关于创业的伦理问题，正确的叙述是（　　）。

A.辞职创业无须尊重原有雇佣协议

B.在任何时候不要用雇主提供的电子邮箱、手机、办公场所来安排创业事宜

C.在正式离职前，把属于雇主的业务机会转移到新企业中符合伦理

D.在正式离职前，新企业与雇主存在某种程度上的竞争关系符合伦理

4. 下列关于企业选址，错误的叙述是（　　）。

A.新创企业的持续竞争力必然受到所在地区商业环境质量的强烈影响

B.创业者进行企业选址时，应考虑注册与经营地点

C.在服务企业选址中，市场因素是主要的选址决策变量

D.在服务企业选址中，创业者可考虑要么将企业建大，要么将企业建在大商店附近

5. 下列关于注册新企业的叙述，错误的是（　　）。

A.注册新企业时，可选择个人独资企业、合伙企业、股份有限公司或有限责任公司等多种法律组织形式

B.注册新企业时，需订立公司章程

C.注册新公司时一般在各行政区工商行政管理局、税务局、银行等部门办理相关手续

D.成立新公司只要不违法经营，无须办理任何注册手续

二、多选题

1. 下列选项哪些属于商业地址调查？（　　）。

A.家庭状况　　B.行人的去向

C.潜在的消费者数量　　D.人口密度

2. 下列选项哪些是确定选址思路时应考虑的？（　　）。

A.生产性质的企业选址　　B.商业性质的企业选址

C.服务性质的企业选址　　D.磋商性质的企业选址

3. 下列选项属于“多证合一”的是（　　）。

A.工商营业执照　　B.组织机构代码证　　C.税务登记证

D.社会保险登记证　　E.统计登记证

4. 下列哪些选项属于创业相关的法律？（　　）。

A.《中华人民共和国公司登记管理条例》　　B.《中华人民共和国著作权法》

C.《中华人民共和国商标法》　　D.《中华人民共和国专利法》

5. 企业选址的重要性有哪些？（　　）。

A.地址是制定经营战略及目标的重要依据　　B.地址选择是对市场定位的选择

C.地址选择是一项长期性投资　　D.地址选择反映了服务理念

三、判断题

1. 大学生创业者可以不在注册企业时实际缴纳资本，而可以自主承诺缴纳时间。（　　）

2. 公司是依照《公司法》在中国境内设立的以营利为目的的企业法人。（　　）

3. 在“互联网+”的冲击下，教育组织和非教育组织的界限会模糊不清，甚至有可能彻底消失。（　　）

4. 公章是公司所有印章中最具权威性的，代表着公司的最高权力。（　　）

5. 如果说资金是企业的“血液”，那么财务管理就是企业的“心脏”。（　　）

四、测试题

创业者个性特征测验

从下列32组句子中，选择最能够反映你个人观点的句子。

1（A）工作一定要完成
（B）我喜欢与优秀的朋友在一起，这样我能够获得他们对我的工作的见解和建议

2（A）当我的责任增加时，我会感到更加快乐
（B）我喜欢把什么事情都事先安顿好

3（A）我绝不做任何可能使自己受损失的事情
（B）理解如何赚钱是创业的第一步

4（A）不管是多好的事情，如果这件事情的失败可能使我招致嘲笑，我就不会冒险
（B）除了工作之外，我还记挂着别人的安康

5（A）我会为自己开创的任何事业而努力
（B）我只会做那些使我开心并有安全感的事

6（A）如果我失败了，别人会嘲笑我
（B）尽管我对自己很有信心，我还是需要别人的建议

7（A）在遇到困难时，我要找到解决的方法
（B）如果在新开创的事业中失败，我会继续目前的工作

8（A）如果我觉得一个想法是好主意，我就会去实践这个想法
（B）我能够比现在做得更好

9（A）工作时，我会注意维系良好的人际关系
（B）不管发生什么事，都是我从经历中学习的机会

10（A）即使我的努力失败了，我也能从中学到东西
（B）我喜欢舒适的生活

11（A）我只会投资比赛或彩票，总有一天幸运会落在我头上的
（B）如果我在工作中失利，我会努力找出原因

12（A）我会尊敬我的员工，并对他们一视同仁
（B）如果能有更好的工作，我就会离开现在的工作

13（A）在实施一个新的想法之前，我会慎重考虑
（B）如果我的叔叔去世，我会先去参加葬礼，即便这会导致公司订单延误好几天

14（A）只有当我拥有资本时，我才能够发展一份事业
（B）我希望能够自己做出重要决定

15（A）当别人的好意和信任被背叛时，我不会坐视不理
（B）如果事情没有按照我的想法发展，我会寻求其他的替代机会
16（A）我可以犯错误
（B）我非常喜欢与朋友谈天
17（A）我希望我的钱能够安全地存在银行里
（B）我完全认可我的工作，同时我也了解它的优势
18（A）我希望能够拥有很多钱从而过上舒适地生活
（B）在做决定时我希望能够得到别人的帮助
19（A）人们首先应该照顾好自己的亲人和朋友
（B）我喜欢解决难题
20（A）即便可能损害自己，我也不会做让别人不开心的事情
（B）钱是事业发展的必需品
21（A）我希望我的事业能够很快发展起来，这样我就不会遇到经济紧张的困境
（B）不能因为不成功就去责备自己
22（A）我应该能够独立地按照自己的想法去做事
（B）只有为自己的未来积累了一大笔钱后我才会幸福
23（A）如果我失败了，那主要是别人的错误造成的
（B）我只会做那些让我感觉舒服且令我满意的事情
24（A）在开始一份工作之前，我会认真考虑它是否会对我的声誉造成不利的影响
（B）我希望自己能和别人一样，也买得起昂贵的东西
25（A）我希望能够有舒适的房子住
（B）我会从失败中吸取教训
26（A）在做任何工作之前，我都要考虑它的长期影响
（B）我希望每件事情都能按照我的想法进行
27（A）金钱能够带来舒适，所以我的主要目标在于赚钱
（B）我喜欢在能够经常见到朋友的地方工作
28（A）我了解自己正在做的事，我不怕受到别人的批评
（B）如果我失败了，我会觉得自己非常差劲
29（A）碰到困难是常有的事，我应该去做一些好的新工作
（B）在开始新工作之前，我会采纳有经验的朋友们的建议
30（A）我的所有经历都会激励我前进
（B）我希望能有很多钱
31（A）我喜欢每天从容不迫，万事顺利，没有任何烦恼
（B）不管遇到多大的障碍，我将努力达到目标
32（A）我不喜欢别人无故干涉我做事
（B）为了赚钱，我可以做任何事情。

个性特征测验评分，测试包括32组句子，在每组中选择（A）或（B），根据下表将每题所得分数相加。

1.（A）1分，（B）2分　2.（A）2分，（B）1分　3.（A）0分，（B）1分　4.（A）0分，（B）1分
5.（A）2分，（B）1分　6.（A）0分，（B）2分　7.（A）2分，（B）0分　8.（A）1分，（B）2分
9.（A）1分，（B）2分　10.（A）2分，（B）1分 11.（A）0分，（B）2分 12.（A）1分，（B）1分
13.（A）2分，（B）0分 14.（A）1分，（B）1分 15.（A）1分，（B）1分 16.（A）2分，（B）1分
17.（A）0分，（B）2分 18.（A）1分，（B）0分 19.（A）0分，（B）2分 20.（A）1分，（B）1分
21.（A）1分，（B）0分 22.（A）1分，（B）1分 23.（A）0分，（B）2分 24.（A）1分，（B）1分
25.（A）1分，（B）2分 26.（A）1分，（B）1分 27.（A）1分，（B）1分 28.（A）2分，（B）0分
29.（A）0分，（B）1分 30.（A）2分，（B）1分 31.（A）1分，（B）2分 32.（A）1分，（B）0分

▶ 项目实训

模拟注册新公司。

▶ 实训目的

1. 了解注册公司的条件。
2. 了解注册公司的相关手续。

▶ 实训流程

1. 了解注册条件。

注册公司的条件有很多，主要有公司股东、监事、董事、公司名称、经营范围、注册资本、注册地址、公司章程、法定代表人等。请各小组在办理注册手续前结合自己的创业项目确定好以上条件，将其写入公司章程，小组成员可以按照公司章程范本撰写本公司章程。

公司章程
第一章 公司名称和地址 第一条 公司名称： 第二条 公司地址： 第二章 公司经营范围 第三条 第三章 公司注册资本 第四条 第四章 股东的名称、出资方式、认缴额、实缴额 第五条 第六条 第五章 公司类型 第七条 第六章 股东的出资方式、出资额和出资时间 第八条 第九条 第七章 公司的机构及其产生办法、职权、议事规则 第十条 第十一条 第十二条 公司法定代表人 第十三条 第十四条 …… 第九章 公司的股权转让 第十章 财务、会计、利润分配及劳动用工制度 …… 第十一章 公司的营业期限 …… 第十二章 公司的解散与清算 …… 第十三章 股东认为需要规定的其他事项 ……

2. 理清注册相关手续。

请查阅相关资料，画出一般公司的注册流程图，并结合你所确定的公司组织形式，了解具体的注册手续。

3. 模拟提交注册申请表。

将注册申请表提交给老师审核。

<table>
<tr><td colspan="7">□企业名称登记申请</td></tr>
<tr><td colspan="2">申请企业名称</td><td colspan="5">（申请集团母公司需填写：集团名称　　　　集团简称：　　　）</td></tr>
<tr><td colspan="2">企业住所地</td><td colspan="5">省（市/自治区）　　　　市（地区/盟/自治州）
县（自治县/旗/自治旗/市/区）</td></tr>
<tr><td colspan="2">注册资本（金）</td><td colspan="2">万元</td><td>币种</td><td colspan="2"></td></tr>
<tr><td colspan="2">投资总额（外）</td><td colspan="2">万元</td><td>币种</td><td colspan="2"></td></tr>
<tr><td colspan="2">企业类型</td><td colspan="2"></td><td>经营期限</td><td colspan="2"></td></tr>
<tr><td colspan="2">经营范围</td><td colspan="5"></td></tr>
<tr><td rowspan="6">投资人</td><td rowspan="6">内资</td><td colspan="2">名称或姓名</td><td colspan="3">证照号码</td></tr>
<tr><td colspan="2"></td><td colspan="3"></td></tr>
<tr><td colspan="2"></td><td colspan="3"></td></tr>
<tr><td colspan="2"></td><td colspan="3"></td></tr>
<tr><td colspan="2"></td><td colspan="3"></td></tr>
<tr><td colspan="2"></td><td colspan="3"></td></tr>
<tr><td rowspan="6">投资人</td><td rowspan="6">外资</td><td>名称或姓名</td><td>国别（地区）</td><td>出资额（万元）</td><td>币种</td><td>出资比例</td></tr>
<tr><td></td><td></td><td></td><td></td><td></td></tr>
<tr><td></td><td></td><td></td><td></td><td></td></tr>
<tr><td></td><td></td><td></td><td></td><td></td></tr>
<tr><td></td><td></td><td></td><td></td><td></td></tr>
<tr><td></td><td></td><td></td><td></td><td></td></tr>
</table>

▶ 实训思考

你觉得在注册新公司时还有哪些问题需要了解？

____

____

项目 11
企业的运营与管理

知识目标

1. 了解如何开发新产品。
2. 熟悉企业如何进行人力资源管理。
3. 掌握对新设企业进行财务管理和营销管理的方法。

能力目标

1. 能够根据市场定位，制定适当的市场营销策略。
2. 能够对市场进行细分，准确把握用户的痛点。

思政目标

1. 通过企业的运营和管理，培养良好的职业素养。
2. 通过开发新产品，培养严谨的工匠精神。

案例引入

王老板与他的企业发展

王老板是广东沿海一家较典型的民营企业的老板，他的企业的创办与管理主要依靠家族资源。王老板的堂兄主管生产；王老板夫人的妹妹掌管财务；王老板的外甥是营销部的主管；王老板的夫人在公司中虽然没有任何明确的职务，但主管销售，对其他事项也有发言权和管理权。特别是王老板不在公司时，王老板的夫人担负起全面的管理责任。

在公司创办阶段，家族成员之间的紧密协作对公司的快速发展起到了非常重要的作用。但公司发展起来后，家族成员在经营、管理权限、利益分配方面难免会出现一些分歧。虽然都是家族成员，但每个家族成员在有些事情和时间的安排上并不易于协调，每个家族成员也有关系亲疏不等的小圈子。家族成员在员工眼中都是“老板”，对于他们的指示都选择听从和执行，但有时这些“老板”的指示相互冲突，造成员工手足无措。对此王老板也有所认识，因此，他注重引进外来人才充实管理层，希望等到条件成熟时把能力不够的家族成员替换下来。但在公司招聘的外来人才中，有些人缺乏职业道德，出现携带公司商业秘密和客户资源投靠外商的情况；有些颇有能力又有事业心，本想在公司好好干一番的人，因为管理太严，得罪了一些老员工，他们就会到各自的“老板”那里告状或寻求庇护，还会散布一些流言蜚语，使这个有能力的人四面受敌，不得不另谋高就；有些人进入公司，对所处环境熟悉后，觉得工作难度较大，害怕担责任，不敢有所作为，他们的“老板”误认为这些人没有能力，没有重用他们，导致他们即使有能力也难以发挥出来。

对此，王老板不得不认真思考：如何既能不亏待家族成员和资格老的创业者，又能引进高质量的人才并留住他们，让他们发挥作用？如何协调家族成员与非家族成员之间的关系？

任务1 新产品的开发

一 新产品方向选择及市场定位

（一）新产品方向细分

在创业初期，产品方向的选择至关重要，选对了方向能让创业者少走很多弯路，提高创业成功率。不少创业者只是盲目跟风，不清楚自己究竟想做什么，结果做了很多产品或项目也没进入理想的行业，浪费了大量的时间和金钱。

行业或产品的分类方法很多，这里将创业产品分为消费品和工业品。通常消费品面对终端消费者，创业门槛低，但竞争激烈，品牌要求高。工业品面对企业，专业性强，但创业门槛高，对人脉和技术要求高。创业者应了解不同消费品和工业品在营销方式上的差异，结合自己的经验、技能及兴趣，选择适合自己的初创产品细分方向。

1. 消费品

个人或家庭生活所需要的消费品，一般可分为4类，即便利品、选购品、特殊品和非寻求品等。不同类别的消费品具有不同的营销特点，如表11-1所示。

表11-1 个人消费品种类及营销特点

营销特点	个人消费品的种类			
	便利品	选购品	特殊品	非寻求品
消费者购买行为	经常购买，少计划和比较	不常购买，多计划和选择，货比三家	重品牌偏好和忠诚，轻品牌比较	产品认知少，购买兴趣小，甚至抵制
价格	低价	高价	高价	不同价格
分销	广泛分销，购买便利	较少渠道，选择性分销	区域内独家分销或授权分销	不同价格
促销	厂商大规模促销	厂商与中间商均有广告和人员推销	厂商和中间商有针对性地促销	特殊广告和人员促销
举例	牙膏、香皂、小食品等	家具、电视机、服装、女子美发等	奢侈品，如珠宝、钻石、名车等	保险、献血、殡葬用品

注：可根据人口、地理、行为和心理等因素对产品做进一步的市场细分。

2. 工业品

依据产品进入生产过程的重要程度，工业品可分为原材料和零部件、生产设备、供应品和商业服务4类，如表11-2所示。

表11-2　工业品种类及其特点

工业品的种类		例子和特点
原材料与零部件	原材料	农、林、渔、畜、矿产等部门所提供的产品，如小麦、原木、原油、铁矿石等。有专门的销售渠道、标准的价格，常为长期销售合同
	零部件和半成品	如轮胎、压缩机等零件；棉纱、坯布、生铁、钢锭等半成品。一般产需双方订立合同后进行生产和交易
生产设备	装备	如厂房、锅炉、机床等生产设备。单价高，直接销售
	附属设备	包括各种便携式设备或工具、办公设备。单价低，使用寿命短，通用程度高，大多通过中间商卖给使用者
供应品	作业用品	如打印纸、油墨等产品。消耗大，需经常购买
	维修用品	主要有扫除用具、油漆、铁钉、螺栓、螺帽等
商业服务		包括产品维修保养服务（如擦洗窗户、修理计算机等）和企业咨询服务（如法律咨询、管理咨询、广告咨询等）。定制化、专业化

（二）产品本质

消费品和工业品有共同的产品本质。创业者可从3个层次上认识产品的本质，进而创新产品和服务，实现差异化，开发具有竞争力的产品。

第一层是核心产品，是指向购买者提供的最基本的利益或服务。核心产品要解决的问题：消费者实际上要购买的是什么？消费者要购买某种产品或服务并不是为了占有或获得该产品或服务本身，而是为了满足某种需要。例如，女性购买化妆品并不是为了获得化妆品，而是为了获得美丽。

第二层是有形产品，是指向市场提供的实体产品或服务的外观，是核心产品借以实现的外在形式。例如，照相机的有形层为它的名称、零部件、款式、特色、包装以及其他属性等。

第三层是延伸产品，是指消费者购买有形产品时所能得到的附加服务和利益。例如，照相机为更好地服务消费者，提供使用说明书，提供及时维修、保修及免费咨询等附加服务。

优秀的创业者不能把产品简单地看作随意卖给消费者的物品，应不断了解消费者对产品的看法，挖掘产品的内涵与外延。对初创产品来讲，应突出核心产品，逐步完善有形产品与延伸产品。

（三）产品定位

产品定位是指产品在行业与市场的细分中建立并保持与众不同位置的过程。定位的实质包括两个方面：第一，与竞争对手差异化；第二，消费者能感知到。

定位的方法很多，初创产品可采用以下5种定位方法。

1．产品属性或用途定位

例如，宝洁“舒肤佳”香皂突出其杀菌功能。

2. 产品档次定位

例如，通用汽车根据汽车的质量或价格，将其产品分为低、中、高3个档次。

3. 比附定位

比附定位也就是与竞争者或知名产品区分，最常用的就是甘居“第二”的方法。例如，蒙牛创业之初就声称是内蒙古草原第二品牌，伊利是第一，要向它学习。

4. 空当定位

例如，九阳豆浆机就是在2008年中国奶制品污染事件影响下，三鹿等一批奶制品企业纷纷倒下时，抢占市场空当，快速切入，销量一路飙升，一举成为我国豆浆机行业数一数二的品牌。

5. 用户类型定位

针对“60后”“70后”“80后”“90后”“00后”等不同用户群体开发不同的产品。例如，抖音主打15秒的短视频产品，迎合了许多年轻人对碎片化传播的需求。

二 透视消费者需求

（一）理解消费者行为要素

创业者在开发产品前，应提出问题：为何（Why）、何时（When）、何地（Where）、何事（What）、何人（Who）、如何（How）。这就构成了消费者行为要素的5W1H法，又称为六何分析法。

透视消费者行为

为何（Why）：消费者的购买行为动机。创业者在开发产品前，应给目标消费者一个明确的购买理由，或者一个令人信服的消费承诺。消费者为什么需要某种商品或服务？为什么从多种商品中选购此种品牌的商品？

何时（When）、何地（Where）：消费时间及消费的场景、地点。创业者必须使用恰当的销售渠道或消费终端，让消费者更快、更方便地实现购买。

何事（What）：消费什么。现代消费观的核心理念是追求绿色、健康、快乐、品质、环保、可持续，这是未来消费的主流。在消费内容方面越来越多地包含互联网、数字、绿色、健康、智能、个性化等概念。创业者应关注消费升级的趋势，如从传统到新兴消费、从物质到精神消费、从基础到健康消费、从线下到线上消费、从非信用到信用消费、从大众到小众消费，由此开发出畅销或热门产品。

何人（Who）：谁在消费、消费者是哪些人。创业者应与时俱进，选择适合自己的目标消费群体。现在，年轻群体、高职高薪群体、活跃的老年人等都是主力消费群体。消费主体会不断变化。创业者应关注新兴群体，通过市场细分获得开发新产品的机会。

如何（How）：如何消费与购买。互联网让个性消费和购买充满无限商机，无论是畅销产品还是冷门产品，99%的产品都有机会被销售，那些原本冷门的、购买密度低的产品有了出头之日，成为目前被各商家寄予厚望的利润增长点，这叫作长尾理论。创业者需关注消费者购买与消费的全过程，如收集资料、比较评价、购买决策、售后服务，通过精准营销找到创业机会。

（二）形成洞察消费者需求的思维

“小白”思维，就是把自己调整到好像什么都不懂、对什么都好奇的状态，在考虑消费者需求时，能切换到消费者的角度去思考。优秀的创业者往往能快速地从消费者的角度去思考问题、开发产品。

共情思维，也称移情或同理心，这是心理学上的一个专业词汇。通俗来讲，就是设身处地，将心比心，让消费者真正有一种被理解的感觉。不少消费者通常不明白自己原本的需求到底是什么，一旦发现你比他更了解他自己，消费者就会认同你，会认为你非常懂他的心思。

洞察人性，这是洞察消费者需求的捷径。不少创业者利用人们的各种心理发现创业机会。例如，早期我们买东西，需要去集市；后来到处出现便利店、商场、超市；再后来出现电话营销，打个电话货就邮寄过来了；现在顾客点一下鼠标便有人送货上门，这些都是利用了人们的心理特点。

（三）挖掘消费者痛点

投资者喜欢问创业者“目标消费者的痛点是什么”，是因为他们想要创业者想清楚自己能给消费者带来什么价值，能满足消费者哪些需求。

从广义上讲，消费者痛点和消费需求是一个概念，都是指消费者尚未得到满足的需求，或者尚未得到完全满足的一种缺失状态。从狭义上讲，消费者痛点是指消费者在体验产品或服务过程中原本的期望没有得到满足而造成的心理落差或不满，这种不满最终在消费者心智模式中形成负面情绪并爆发，这是一种对消费者需求的更精准描述。创业者可从狭义上快速挖掘消费者痛点，通常可遵循以下3个步骤。

步骤1：细分消费者市场。创业者应学会消费者细分，把消费者分成不同的群体，根据不同的群体特征来梳理其需求和焦虑，这样就能相对容易和准确地找到消费者的真正痛点。例如，在智能手机市场上，拍照是需求，但不够精准，自拍的时候不够美、夜间拍照的时候不够清晰才是痛点。

步骤2：聚焦消费场景。创业者应搞清楚消费者具体在什么时间、什么地点使用你的产品和服务。例如，vivo和OPPO手机在东北地区卖得特别好，主要是因为东北的冬天太冷了，滴水成冰，vivo和OPPO手机的耐寒性能较好，所以会有较多人选择。

步骤3：体验消费者使用产品的全过程。创业者通过体验消费过程的每一个环节，真正了解消费者购买、使用产品的实际感受，包括购买时间、金额、精力、情感花费，以及购后使用过程中的真实感受，这样才能挖掘消费者的痛点。例如，维珍航空的理查德·布兰森就因为体验了极其糟糕的航空旅行，洞察到有些消费者宁可多花钱也想改善这种体验，于是他创立了以服务和创新闻名的维珍航空。

三 产品创意

（一）产品创意要素

产品创意要素包括产品属性、品牌、包装、标签和服务，如图11-1所示。这些要素为创业者提供了产生产品创意的诸多机会。

产品属性 → 品牌 → 包装 → 标签 → 服务

图 11-1 产品创意要素

在产品属性上，创业者可以在产品质量、产品特色、产品设计等方面进行创新，既能吸引消费者，又能增加产品的消费者价值。在品牌创建上，创业者可对商品的名称、术语、记号、符号、设计及其组合进行创造性的设计，使其与竞争对手区别开来，使品牌逐步成为向市场传递信息和消费者价值的工具。在包装与标签设计上，创业者可把包括商标的形状、颜色、图案和材料等在内的要素，作为创业营销的重要手段。在服务上，创业者可为产品提供一些有特色、低成本的支持服务，提高消费者满意度，克服创业初期开拓市场所面临的种种挑战。

（二）产品创意来源

创业产品的创意通常来自创业者本人，也可来自合作伙伴，如科学家、工程师、设计师、生产人员、高层管理者、销售人员等。

1. 消费者

消费者的需求和欲望往往是寻找产品创意的最佳起点，创业者可以通过调查了解消费者的需求和欲望，分析消费者的问题和抱怨，进而开发能很好地解决这些问题的新产品。创业者也可以和消费者直接见面交流，以获得一些建议。

2. 竞争者

竞争者也是产品创意的很好来源。创业者可以通过观察竞争者的广告、产品及相关信息来获得产品创意。

3. 分销商和供应商

分销商或经销商更接近市场，他们可以向制造商传递关于消费者的问题和新产品需求的信息。供应商可以将用以开发新产品的最新概念、技术和材料等方面的信息，尽快介绍给生产企业。这些都可以使创业者在开发产品创意方面得到有益的启发。

4. 其他来源

相关贸易杂志、展览会、学术研讨会，以及政府主管部门、新产品咨询机构、广告商、市场调研公司、科研机构和高等院校及专利发明人等都是产品创意的来源。

（三）开发最小化可行产品

常规产品的开发，从调研、设计到开发再到推向市场，是一个漫长的过程，这样会加大创业的风险。创业者开发产品时应先做出一个简单的原型——最小化可行产品（minimum viable product，MVP）。和常规开发方式不同，MVP更侧重于对未知市场的勘测，用最小的代价来验证商业可行性，这样可极大减少试错成本，这是创业者开发新产品的捷径。在开发MVP的过程中，创业者既要注意产品的最小化，又要验证产品的可行性。

产品最小化：这意味着产品仅仅包含最基础或核心的功能。例如，大众点评的创始人张涛花了3天时间做出来大众点评最早的一个网页。以前他羞于给别人看这个网页，因为太简陋了。但是后来，他觉得这个简陋的网页就是MVP。当时他没有跟饭馆签任何协议，而是将旅游手册里的1000多家饭馆录入网站系统。他只想验证一件事，网民在一家饭馆吃完饭是否愿意进行点评。这个MVP是大众点评商业模式最重要的起点。

产品可行性：这就是以MVP进行小样调研，快速进入市场，接触客户并得到反馈。通过反馈不断修改原型，并不断迭代，最终完成正式版的开发。例如，大众点评后来想加入餐馆订餐位服务，市场上有很多解决方案，如电话预订。在经过一番研究之后，他们想到一种声讯电话模式。具体讲，就是用户在手机上提交预订请求，然后用技术把文本转为语音，之后通过声讯电话服务商把用户的要求发送给相应的餐馆，餐馆可以简单地通过按1或者2来选择是否接受预订，最后大众点评用短信通知用户预订结果。这些看似简单，但开发这套系统至少需要3个月时间。而且，创业者还需通过测试并收集用户的反馈，快速迭代，不断调整产品，最终才能验证产品的可行性。

双创榜样

非遗复兴助力乡村振兴

此壹漆艺，起源于2016年9月，是福建工程学院人文学院毕业生林剑军在福建省工艺美术师倪世南老师的指导下创建而成的。他们的初心在于以青年创业者的身份，为德化瓷市场注入大漆元素，助力产业转型发展。

一、创业动机：台湾文创产业的影响

出生于世界陶瓷之都福建省德化县的林剑军，自幼受到陶瓷文化与茶文化的熏陶。2013年，大一下学期，林剑军到台湾旅行时，感受到台湾文创产业的蓬勃发展，并对文创产业产生了浓厚的兴趣。林剑军提到一个有趣的现象：在德化，一个陶瓷杯垫只要10元人民币。但是在台湾，需要300台币（约60元人民币）。“同样的一个产品，在台湾的价格很高，但仍有很多人愿意买单。”为了深入学习台湾文创产业发展经验及专业知识，他申请到台湾某大学进行交换学习，主修品牌管理与文创产业规划，开启台湾文创专业访学之旅。台湾访学归来，林剑军曾在台资企业担任总经理助理。也正是在这样的机缘巧合下，他结识了大漆，为日后的创业埋下了一颗小小的种子。

二、一路走来的困难

如何在传统陶瓷茶器上进行突破性改变与发展，是林剑军在创业之初遇到的困难。“最初是受一个企业的启发，他们在做大漆与铜的结合，而我们刚好也在研究大漆，也就开始思考能不能做创新性结合。”在一位台湾老漆匠的指点下，林剑军萌生了将陶瓷与大漆结合的想法。“漆器是很好的装饰材料，而白瓷的器型比较多变，产品设计上比较容易，在开发器型上也比较简单。我们把陶瓷本身器型的优势跟大漆的装饰作用做更好的结合，对产品的外观升级有很大作用。”在倪世南等多位老匠人的专业指导下，林剑军带领团队刻苦钻研4个月，经过100多次的反复实践，终于研究出大漆与陶瓷相结合的特殊工艺，成为全国首批研究出瓷胎漆器的团队之一。在瓷胎漆器快速发展的同时，林剑军仍然坚持不断创新。他到处拜访名师益友，寻找跟大漆及陶瓷文创相关的产品，进行借鉴学习。在传统的工艺上，再次创新出“大漆+玻璃”“大漆+银器”等大漆与多材料、多工艺结合的产品，实现多项非遗技艺的结合。“产品的创新更容易让消费者接受，有利于企业的推广。在市场上，产品都是有生命周期的，这也促使我们不断创新。”林剑军如是说。

三、角色转换：回乡创业，助力乡村振兴

2018年7月，林剑军担任德化县雷峰镇雷峰村党支部副书记，他的角色在原有的基础上增添了“牵挂人民、贡献人民”的责任感。他努力发挥党员干部的先锋模范作用，积极投入助力家乡的精准扶贫和乡村振兴工作。

“大漆是一个纯手工的工艺，把它引入村里，一方面可以提高村民的收入；另一方面，大漆作为艺术品，对于村民的逐步培养，也可以提高他们的致富能力。”林剑军说。

他满怀乡情，秉承使精美漆器“易于拥有，品之有味”的理念，探寻瓷胎漆器的发展前景。在创业的同时，林剑军也充分发挥带头作用与骨干作用，延伸精准扶贫链条。他开始筹备在雷峰村设立分厂，在劳动就业的同时，提高村民的致富能力，培养农民艺人。

此外，林剑军还为村里引进高校资源。他在雷峰村成立福建工程学院人文学院乡村振兴联络点，充分发挥高校的人才资源优势，以党建引领的方式助力乡村振兴。

任务2 人力资源管理

一 人力资源管理的含义

人力资源管理是企业资源管理的重要内容，所有的企业都是由人组成的，企业价值的实现需要人来完成。松下电器的创始人松下幸之助说过：“企业最好的资产是人。”然而，人恰恰是难以量化、难以评价的对象。因此，人力资源管理是企业管理的一大难点，需要大学生创业者学习科学的理论与方法。

二 人力资源管理的特征

了解人力资源管理的特征能够帮助大学生创业者客观、科学、深入地认识人力资源管理。现代人力资源管理具有以下特征。

（一）以人为本

人力资源管理奉行人本主义思想，将员工视为企业的宝贵财富，强调对员工的关心、爱护，把员工真正作为资源加以保护、利用和开发。

（二）专业性与实践性

人力资源管理具有很细的专业分工和较高的专业性，需要管理者掌握相应的理论知识；同时人力资源管理也是企业管理的基本实践活动，表现出高度的应用性。

（三）双赢性与互惠性

人力资源管理强调管理应该是获取组织绩效和员工满意度的双重结果；强调组织和员工之间的“共同利益”，并重视发掘员工的主动性和责任感，希望企业与员工双赢。

（四）战略性与全面性

人力资源是企业最重要的资源之一，是为企业创造价值的根基。人力资源管理是企业最高层进行的一种决策性、战略性管理。同时人力资源管理也渗透到了企业的每个环节和部门，只要有人参与的活动与有人在的地方，都会体现出人力资源管理的影响。

（五）学科交叉性

人力资源管理还需要使用管理学、心理学、经济学、法学、社会学等多个学科的知识，对管理者素质提出了更高的要求。

（六）系统性和整体性

人力资源管理强调整体地看待人和组织，强调运作的整体性。一方面，人力资源管理的各项职能之间具有一致性；另一方面，人力资源管理与组织中其他战略相配合，支持着整个企业的战略和管理。

案例鉴赏

创业企业的人力资源管理

杭州YT科技有限公司成立于2017年6月，是一家致力于移动互联网教育的科技公司。在短短几年里就取得了非常优异的成绩，成功拿到了2000万元的A轮投资，成了新生代互联网公司的翘楚。

YT公司的成功离不开其先进的管理体系。在人员招聘上，YT公司奉行“简化流程，关注核心要素”的战略，将招聘流程简化为简历筛选、多维面试两大过程。首先由部门负责人负责专业知识领域的面试；其次由公司首席执行官负责应聘人员价值观面试，考核应聘者的抗压能力、团队协作能力，以及对自己的未来是否有规划，是否能为公司提供长远的价值等方面；最后由人力资源部门与应聘者确认薪酬福利等内容。

YT公司用绩效考核作为基础的激励手段，将绩效考核指标分为五大部分，分别是任务达成60%、执行力15%、职业素养及团队协作15%、员工行为规范10%，以此综合判断员工的工作情况。同时，YT公司在创业初就建立了完善的薪酬福利制度，根据考核结果，实行动态工资调整。此外，公司岗位薪酬工资实行“一岗一薪”“一岗多薪”，给予有能力者更多的发展空间，做到能者多劳、多劳多得的薪资制度，使员工的薪酬与个人贡献、个人能力提升速度及个人所承担的责任挂钩。

就这样，YT公司通过创新的、符合公司需要的人力资源管理手段，营造了良好的工作环境与氛围，取得了成功。

YT公司打破了传统企业的人力资源管理模式，根据自身发展需求在人才招聘方面做适度的精简，减少了一切不必要的中间环节，提高了人才招聘的效率。同时通过多维的绩效考核和完善的薪酬福利制度，充分激发了员工的工作动力，取得了成功。

三 人力资源管理的主要活动

（一）人力资源规划

人力资源规划是指将组织对员工数量和质量的需求与人力资源的有效供给相协调。其中需求源于公司运作的现状与预测，供给则涉及内部与外部的有效人力资源量。人力资源规划活动将概括出有关组织的人力需求，并为人员选拔、人员培训等活动提供所需信息。

创新案例

（二）人员招聘

人员招聘是企业寻找、吸引并鼓励符合要求的人到本企业中任职和工作的过程。人员招聘对整个管理过程，乃至整个企业的活动，都具有极其重要的影响，企业需要以职位的要求、人员的素质和能力为依据开展招聘活动。具体的招聘途径包括网络招聘、线下招聘会等。

（三）人员选拔

人员选拔是指从候选者中选出最适合企业岗位要求的人的过程，其途径主要包括内部提升和外部招聘。

（四）绩效评估

绩效评估是指运用数理统计、运筹学原理和特定指标体系，对照统一的标准，按照一定的程序，通过定量和定性对比分析，对员工在职务上的工作行为及工作成果做出客观、公正和准确的综合评判。绩效评估的目的是衡量员工的工作质量，也是员工培训和员工激励的依据。

（五）员工培训

员工培训是指企业为开展业务及培养人才的需要，采用各种方式对员工进行有目的、有计划地培养和训练的管理活动。员工培训包括员工技能培训和员工素质培训两类，具体方法有讲授法、视听技术法、讨论法、案例研讨法、角色扮演法、自学法、互动小组法、网络培训法、场景还原法等。

（六）员工激励

员工激励是指企业通过各种有效的手段，对员工的各种需要予以不同程度地满足或者限制，从而提高员工工作积极性和效率。

（七）劳动关系

涉及劳动关系的环节包括与员工签订劳动协议或雇佣合同、处理员工与公司或员工之间出现的纠纷、明确员工的权利和义务、按照劳动法处理各类员工问题、制定员工投诉制度等。

（八）员工沟通与参与

员工沟通与参与是指构建企业与员工之间、员工与其他员工之间的沟通机制，使企业能够将必要的信息传达给员工，使员工能对公司决策做出贡献，员工之间能够合作。

（九）人事档案记录

员工的人事记录是企业人力资源的第一手资料，对后续的管理有很大的参考价值。需要归档的人事档案记录包括最初的应聘材料和后续工作中添加的反映员工资历、成绩及潜力的资料。

四 人力资源管理的经典方法

（一）“抽屉式”管理

“抽屉式”管理在现代化管理中也叫作“职务分析”，其主要含义就是在每个管理人员办公桌的抽屉里，都有一个明确的职务工作规范。具体包括对每个人的职、责、权、利4个方面进行明确的规定。在管理工作中既不能有职无权，也不能有责无权，更不能有权无责；明确每个人上下左右的对口单位等，理顺企业管理关系。

“抽屉式”管理明确了部门和个人岗位职、责、权、利的关系，是一种非常有效的人力资源管理方法，许多世界500强企业都在实施“抽屉式”管理。企业进行“抽屉式”管理可参考以下5个步骤。

①建立一个由企业各个部门组成的职务分析小组。

②正确处理企业内部集权与分权关系。

③围绕企业的总体目标，层层分解，逐级落实职责权限范围。

④编写“职务说明”“职务规格”，制定出对每个职务工作的要求准则。

⑤结合考核制度制定奖惩制度。

（二）“危机式”管理

企业界认为，如果一位管理者不能很好地与员工沟通，不能向员工表明危机确实存在，那么他很快就会失去信誉，因而也会失去效率和效益。“危机式”管理的核心在于向员工传递这样一个信息：企业时刻处在危机之中，如果不提高工作效率，严格把关工作质量，企业的“末日”很快就会降临。

（三）“一分钟”管理

“一分钟”管理包括一分钟目标、一分钟赞美及一分钟惩罚3项内容。

一分钟目标：企业中的每个员工都将自己的主要目标记在一张纸上。每一个目标及其检验标准，都需要在250个字内表述清楚，使人在一分钟内能读完。这样便于每个员工明确认识自己为何而干、如何去干，并且据此定期检查自己的工作情况。

一分钟赞美：这是一种激励手段，是指管理者经常花费一分钟以内的时间，在职员所做的事情中挑出正确的部分加以赞美。这样可以促使每位员工明确自己所做的事情，更加努力地工作，使自己的行为不断地向完美的方向发展。

一分钟惩罚：在员工出现不当的错误后，管理者及时对其批评，指出其错误。然后提醒员工，你是如何器重他，所不满的是他此时的工作成果，总时间控制在一分钟内。这样可使做错事的员工乐于接受批评，感到愧疚，并注意避免同样错误再次发生。

“一分钟”管理最大的价值在于它大大缩短了管理过程，有立竿见影之效果，而且简单实用。

（四）“破格式”管理

“破格式”管理是与传统论资排辈的管理相对应的管理方法。所谓破格，就是根据能力、绩效决定员工升降去留，而不考虑资历等因素。

（五）“和拢式”管理

“和拢”表示管理必须强调个人和整体的配合，创造整体和个体的高度和谐。“和拢式”管理具有以下特征。

①既有整体性，又有个体性：企业的每个成员对企业产生使命感，“我就是企业”是“和拢式”管理中一句响亮的口号。

②自我组织性：企业是由所有员工支撑起来的，而那些具有创新精神的员工作用尤其大。管理者放手让下属做决策，使他们自我管理，尽情为企业贡献心力。

③波动性：企业人力资源管理必须实行灵活战略，在波动中产生进步和革新。

④相辅相成性：每个员工的生活经历、学识水平各不相同，会产生不同的看法和做法，管理要促使不同的看法、做法相互补充交流，使一种情况下的缺点变成另一种情况下的优点。

⑤个体分散与整体协调性：在“和拢式”管理中，企业中的各单位、小组、个人都是整体中的个体，个体具有分散性、独创性，但是通过协调形成整体。

⑥韵律性：“和拢式”管理促使整个企业与个人之间达成一种融洽和谐、充满活力的氛围，激发人们的内驱力和自豪感。

（六）“走动式”管理

“走动式”管理是指企业主管经常抽空前往各个办公场所走动，以获得更丰富、更直接的员工工作问题，并及时了解下属员工工作困境的一种策略。“走动式”管理是一种方法或技术，不是一种理论，它强调管理者应及时收集第一手信息。“走动式”管理具有以下特点。

①模范性：“走动式”管理具有“身先士卒”的垂范作用，管理者深入基层，切实了解员工的基层情况，甚至与员工一起吃饭、闲话家常。这样的行为能够使员工得到模范的感召，积极沟通和积极合作。

②投资小，收益大：“走动式”管理并不需要太多的资金和技术，但可以切实提高企业的生产力。

③看得见的管理：管理者到达生产第一线，与员工见面、交谈，希望员工能够对他提意见，能够认识他，甚至与他争辩是非。

④现场管理：管理者亲临生产现场，能够及时发现基层的问题，并且基层人员为了应对管理者的“走动”，也会加强自我管理，事先消除一些问题。

⑤员工拥护：管理者的经常性“走动”，会让员工觉得主管重视他们，工作积极性和效率自然会提高。

任务3 财务管理

一 财务管理的含义

财务管理工作是企业管理的基础，一切跟“钱”有关的事项都离不开财务管理。现代管理学将财务管理概括为在一定的整体目标下，关于资产的购置、资本的融通和经营中现金流量及利润分配的管理。财务管理的目标是实现企业产值最大化、利润最大化、股东回报最大化和企业价值最大化。

二 筹资管理

筹资是企业由于自身需要，向企业外部单位或个人，以及从其内部筹集所需资金的一种财务行为。

（一）发行股票

发行股票是股份制公司筹集股权资本的基本方式，是指出售本公司股票筹集资金的行为。股票的发行可以公开，也可以不公开；可以自己发行，也可以由金融机构代销。上市公司的股票可以在证券市场自由交易，非上市公司的股票则只能在区域性股权交易市场流通。

（二）发行债券

发行债券是企业依照债券发行协议，通过发售债券筹集资金的行为。发行债券时，企业需要与投资者约定债券的金额、兑付条件和利率等事项。债券可以向公众公开发行，也可以向特定投资者专项发行。

（三）发行短期融资券

发行短期融资券是指具有法人资格的大型工商企业或金融企业，依照规定的条件和程序发行，并约定在一定期限内还本付息的无担保商业本票，是企业筹措短期资金的直接融资方式。

（四）利用留存收益

留存收益指企业保留内部的收益，是企业取得自有资金的重要方式。

三 投资管理

投资是指企业投入资金，期望在未来可预见的时期内获取收益或实现资本增值的一种经济行为。建设厂房是投资，购买设备是投资，引进专利也是投资，可以说，企业的投资管理就是对企业如何“花钱”进行的一种管理。

新创企业通常实力较弱，商业关系不广泛，资金也有限，因此在投资上更需要小心谨慎。大学生创业者在进行投资管理时，要充分考虑自身的现金流量及拟投资项目的预期收益、风险、投资回报周期等因素，以达成较好的投资效果。

四 资产管理

企业筹资取得的资金一旦被投放或使用，就会形成企业资产。企业财务管理应该对企业所有能以货币计量的经济资源（包括各种财产、债权和其他权利）进行妥善管理。资产管理分为流动资产管理、应收账款管理、存货管理、固定资产管理和无形资产管理。

（一）流动资产管理

货币资金和可交易性金融资产都属于流动资产。流动资产比例过高，会降低投资收益；流动资产比例过低，则不足以应对经营风险与财务风险。因此，企业要根据生产经营的需要确定流动资产的持有量。

（二）应收账款管理

应收账款指企业以“先货后款”的方式销售了产品但还未收回的款项，本质是企业对应付款方的债权。“先货后款”在一定程度上能够增加销售或营业量，并减少产品库存和资金占用，但也会使企业面临坏账风险。新创企业应该根据买方信用决定其赊账的金额和时限，并做好应收账款的监督，及时处理拖欠的账款。

（三）存货管理

存货是指企业在日常生产经营过程中为生产耗用或销售而储备的物资，能够节约采购费用与生产时间，有利于生产的顺利进行。但同时，存货的增加势必占用更多的资金，产生更多的管理费用，使生产成本增加，不利于提高企业的获利能力。因此，企业要合理确定存货的数量，尽量提高存货的使用效率和效益。

（四）固定资产管理

固定资产大多是生产产品所必备的厂房、设备等，具有周转时间较长、变现能力差、资产数量相对稳定等特点。企业可制定固定资产管理制度，按计划进行固定资产的评估、维护、修理、更换。

（五）无形资产管理

无形资产是一切与企业生产经营有关，能够为企业带来经济效益，不具备物质实体的资产，如专利权、商标权、著作权、土地使用权、非专利技术、特许权等。企业应该正确评估无形资产的价值，提高无形资产的利用效果，并加强无形资产的维护。

案例鉴赏

薪水的困惑

王骁和刘成两个同龄的年轻人，同时在一家店铺工作，领着相同的薪水。一段时间后，王骁的薪资不断提高，而刘成的薪资却还停留在原地。刘成很不满意这种不公正待遇，并跑到老板那儿发牢骚，老板一边耐心地听他抱怨，一边在心里盘算怎么向他解释。等到刘成说完后，老板开口说：“刘成，你现在去集市上看看，今天早上有什么卖的？”听到老板的话，刘成去了集市。

刘成从集市上回来后向老板汇报：“今天早上集市上只有一个农民拉了一车土

豆。”老板又问：“有多少？”刘成赶紧戴上帽子又跑到集市上，回来后告诉老板：“一共有40袋土豆。”老板继续问：“价格是多少？”刘成又跑到集市上问价格。听完刘成的汇报，老板不慌不忙地对他说：“好吧，现在请你坐在这把椅子上一句话也不要说，看看王骁是怎么做的。”

于是老板叫来了王骁，让他也去集市上看看有什么卖的。王骁很快从集市上回来并向老板汇报：“集市上只有一个农民在卖土豆，共有40袋。”接着，他介绍了土豆的价格和土豆的质量。由于昨天他们铺子的西红柿卖得很快，库存已经不多，而这个农民1小时后还会卖西红柿，据他了解价格非常公道，他想这么便宜的西红柿老板肯定会买一些，所以他不仅带回了一个西红柿做样品，而且还把那个农民带了回来，现在那个农民正在外面等回话。

此时，老板转向了刘成，说：“现在你肯定知道为什么王骁的薪水比你高了吧？”

管理的对象是人，而人是有差别的，因此，在管理上需要以人为本、因人而异。老板通过一个简单的实验点拨了刘成，让刘成明白了自己的不足，刘成在今后的工作中就能够弥补自己的缺点，这就是成功的管理。

任务4 营销管理

一 营销管理的含义

企业营销是企业通过创造、提供出售，并同其他组织或个人交换产品和价值，以满足需要和欲望的一种社会的、管理的过程。企业的产品需要依靠营销活动实现销售，从而换回现金，然后投入再生产或实现利润。因此，营销管理是企业管理中非常重要的一个工作环节。新创企业的营销管理主要集中在产品策略、产品定价和产品促销上。

二 产品策略

产品策略是企业通过在目标市场中为目标消费者提供其所需求的产品而达到营销目的的一种营销策略。大学生创业者在制定产品策略时，需要对与产品有关的品种、规格、式样、质量、包装、特色、商标、品牌及各种服务措施等可控因素进行组合和运用。

产品组合是指企业生产或销售的全部产品线（一个产品大类，指产品类别中具有密切关系的一组产品）、产品项目（同一产品线内各种不同品种、规格、质量、形式、颜色和价格的产品）的组合。产品组合策略则是针对多种产品制定的扩大、缩减、延伸等适应市场需要的策略。当企业能够面向市场推出多种类型的产品时，可以使用产品组合策略对自己的产品销售结构进行搭配。产品组合策略具体包括以下4种。

营销管理

（一）扩大产品组合策略

扩大产品组合策略主要包括增加产品组合的宽度（企业经营的产品线的数量）、长度（产品线中每种产品的品种、规格等）及深度（企业各条产品线在最终使用、生产条件和分销渠道等方面关联的密切程度）。其中，增加产品组合的宽度是指增加产品线，从而扩大企业的经营范围；增加产品组合的长度及深度则是在已有的产品线中增加新的产品项目。

（二）缩减产品组合策略

缩减产品组合策略主要包括降低产品组合的宽度、长度及深度，如取消一些需求疲软或企业营销能力不足的产品线和产品项目等。

（三）产品线延伸策略

产品线延伸策略主要包括向上延伸、向下延伸和双向延伸3种。其中，向上延伸是指企业在已有产品档次的基础上增加高档产品；向下延伸是指企业在已有产品档次的基础上增加低档产品；双向延伸是指企业在已有产品档次的基础上，同时增加高档产品和低档产品。

（四）产品线现代化策略

产品线现代化策略指企业对产品线实施现代化改造，如设备更新等，将先进技术应用到产品生产过程中。

案例鉴赏

“机票盲盒”营销

疫情的冲击让航空业重创，为了自救，各大平台和航空公司也开始在营销上下功夫，随心飞爆火，2022年各大平台又以爆火的盲盒营销为模型，玩出低价“机票盲盒”新花样，让盲盒营销达到狂欢的顶峰。

营销启示：

盲盒营销的本质是限定秒杀的重新包装。

之所以那么吸引人，一方面是超低的价格让人心动，另一方面是盲盒限量的饥饿营销与随机奖励让人着迷。

当用户的预期与品牌提供的盲盒惊喜相契合，盲盒确实能助力品牌形成自传播。

但需要注意的是，如果品牌提供的盲盒，无法满足用户的预期，那些喜欢“吐槽”的用户也会如品牌期待的那样，形成负面效应。所以盲盒营销作为当下流行的营销手段，品牌是用这种手段来打造口碑和引流，而非销售产品。

三 产品定价

定价对于营销有决定性影响。定价过高，则产品容易滞销；定价过低，则企业所获利润减少。如何确定既能吸引消费者，又能保证企业盈利水平的产品价格呢？大学生创业者可以通过以下方法来实现。

（一）折扣定价

折扣定价是指企业对基本价格做出一定的让步，直接或间接降低产品或服务的价格，其目的是利用较低的价格吸引消费者，让消费者有一种得利的感觉。折扣定价的典型方式有价格折扣、数量折扣和价格折让等。

1. 价格折扣

价格折扣指直接在价格上让步，包括打折、满减等形式，常见的如“全场限时5折”“满300减30”“92抵100”等都属于价格折扣。

2. 数量折扣

数量折扣指价格不变，但是让消费者以同等价格多获得产品或享受服务，吸引消费者多买，如“满10赠2”“买3免1”“充值10次送3次”等。

3. 价格折让

价格折让指消费者需做出一定的“付出”才能享受价格折扣，如“以旧换新”“朋友圈集赞打折”等就是价格折让的表现。

（二）高价策略

高价策略是指利用消费者求购心切的心理，将产品或服务定成高价格，先声夺人占领市场，以迅速增加销量并获利。例如，新品上市时定一个较高的首发价，既能标榜产品的档次，又能利用产品的相对稀缺性获得更大的溢价空间。

（三）心理定价

心理定价是指利用消费者对数字的不同联想而进行定价，具体分为尾数定价、小数定价、整数定价等。

1. 尾数定价

尾数定价指以8、9为尾数，给消费者以“不满10”的感觉，让其认为产品或服务很便宜，如“只卖998元”“惊爆价9999元”等。

2. 小数定价

小数定价指价格带小数，给消费者以“价格经过认真核算，作风严谨”的感觉，常见于超市中周转快的日用品的定价。

3. 整数定价

整数定价指价格不设零头，针对的是消费者求名、求方便的心理，适用于高总价的产品及面向企业用户的产品。

（四）差别定价

差别定价是指对同一种产品或服务采用差异化的价格，利用消费者的比较心理，吸引“自以为得利”的消费者。该定价策略可具体分为时段差别定价、消费者差别定价和时间差别定价。

1. 时段差别定价

时段差别定价指按照不同时段设定不同的价格，以吸引消费者。例如，某些景区会有淡季门票和旺季门票之分，电信公司会有资费较低的夜间流量、夜间通话等。

2. 消费者差别定价

消费者差别定价指针对不同的消费者设定不同的价格。例如，某航空公司在每年寒暑假为教师和学生提供优惠价，海底捞火锅有大学生专属优惠等。

3. 时间差别定价

时间差别定价指根据消费者使用产品或服务的时间来进行定价，对长期使用的消费者给予优惠。例如，游乐园的年票、足球赛的套票等，平均每次的价格就低于正常价格。

（五）招徕定价

招徕定价是指将某种产品或服务的价格定得较低，利用部分消费者求廉的心理，吸引消费者二次消费其他定价正常的产品。例如，超市推出早市特价蔬菜，特价蔬菜本身并不能赚钱，但是可以吸引大量客流，消费者如果购买其他定价正常的产品，就会贡献利润。

（六）组合定价

组合定价是指对于同一个系列的产品，先为一个产品的销售定低价，再以相对高价或正常价格售卖“互补”产品。其目的是通过低价产品带动其他产品的销售，从而获得利润。例如，某剃须刀品牌以非常便宜的价格售卖剃须刀，但是以较高的价格售卖与之配套的替换刀片，这样消费者购买了剃须刀后就会一直购买替换刀片。

（七）关联定价

关联定价是指企业对其关联企业的消费者实行优惠价，吸引消费者在该企业消费后到关联企业消费，双方企业互惠互利。例如，某商场与某酒店合作，推出“在××商场购物满600元，便可在××酒店享受8折住宿、用餐折扣”“在××酒店住宿的消费者，在××商场购物即可享受8折优惠”的活动，结果商场和酒店的营业额双双增加。

（八）结果定价

结果定价是指企业根据产品的使用结果或服务效果进行定价，以吸引消费者放心地购买。例如，某广告公司规定，收费依据广告投放效果而定，效果达不到预期就减免费用。这种定价方式打消了客户的顾虑，广告公司也因此获得了大量客户。

案例鉴赏

促销的魅力

小洁大学毕业后就进入了一直向往的烘焙行业，在家人的帮助下开了一个主打生日蛋糕的烘焙店铺。通过前期的推广、宣传，店铺刚开始生意还不错，但好景不长，店铺销量很快就有了明显的下滑。小洁明白，再不采取相应的营销策略，店铺很快就得关门。

小洁静下心来，认真思考店铺的发展方向。小洁认为，店铺的客源远远不足，加上每位客户每年只过一次生日，所以复购频率很低，因此，他决定从拓宽客源开始。

店铺采用打折的方式吸引消费者来购买一些小点心，然后让消费者填写自己的生日、电话、姓名，同时告知消费者，如果能填写其家人、同事或朋友等一至两个人的生日、电话，店铺就会再赠送250克点心。通过这样的手段，店铺获得了大量潜在客户的信息。每当有人过生日时，店铺都用发短信或打电话的方式来促销蛋糕，并送货上门，货到才付款。

小洁沿着这一思路，开始开展店铺的促销活动，取得了不错的成效。随后，店铺还推出了老顾客回馈活动，只要是店铺的老顾客，购买生日蛋糕一律享受8折优惠。很快，店铺的经营进入了正常的轨道，由此可见挖掘潜在客户的思路是正确的。随着时间的推移，店铺收集的客户信息越来越多，后期的推广就会更容易。

四 产品促销

对于新创企业而言，有效产品促销方式主要包括人员推销、广告促销、销售促进和公共关系促销4种。

（一）人员推销

人员推销是推销员通过口头宣传来说服消费者，实现产品销售的一种直接促销方式。人员推销的主要实施者是推销员。推销员可以通过各种沟通技巧和推销手段来吸引消费者，打消消费者的顾虑，促成消费者的购买，也可以通过优质的服务给消费者留下好的印象，树立良好的企业形象。

在人员推销中，推销员的个人能力直接影响促销效果，因此企业必须培养和提升推销员的推销技能，使推销员能够通过与消费者的交流，获得消费者的信息；能够快速区分并筛选出可发展的潜在消费者，以及需要维护的忠实消费者；能够通过对消费者的维护，与其建立友好的长期合作关系，从而为企业维系稳定的消费群体，保证企业的收益。

（二）广告促销

广告促销是企业通过各种广告媒体向消费者传递消费信息，进而促进产品销售的一种直接促销方式。这是一种企业单方面向消费者传递信息的促销方式，常用的广告媒体有电视、报纸、招牌、路牌、招贴、宣传单、交通工具、包装、广播、网络、新媒体平台等。企业可根据所开展的促销类型选择不同的广告媒体。一般来说，开业促销常选择报纸、宣传单、交通工具、广播、新媒体平台等进行传播。

广告促销需要一定的促销成本，且促销效果与企业所投入的成本关系密切，因此企业必须对广告促销的成本预算进行控制。一般来说，中小企业可以根据自身在某一时期能承担的支出来分配广告费用，也可以根据销售额、预计销售额或单位产品售价的百分比来计算广告费用。有实力的大企业则可以根据竞争者的广告投入成本来控制自己的预算，或根据企业当前阶段的营销目标来决定广告预算。

（三）销售促进

销售促进是一种通过利益刺激消费者需求的、辅助性的、临时性的促销方式，其常见的表现形式有优惠券、降价、奖券、赠品等。销售促进的优势是方式多样、见效较快，能够通过直接的利益刺激消费者立马产生消费行为，但其效果的维持时间较短。为了保证效果，在采用该方式时，企业应结合利益、销售对象、信息传播途径、促销时间等，考虑具体的销售促进方式，在实际操作中，也可以与广告促销搭配使用。

（四）公共关系促销

公共关系促销指企业通过公共关系活动向公众传递企业的信息，建立与公众的友好关系，从而以其知名度、美誉度等带动产品销售的一种间接促销方式。公共关系促销的方式较多：利用各种媒体宣传企业的先进事迹和正面形象；开展联谊庆典等活动，加强企业与公众的联系与接触；参与公益活动或其他社会活动，为企业树立良好的口碑和美誉度；等等。公共关系促销的可信度较高，传达力较强，在树立企业形象、打造企业口碑等方面效果显著。此外，企业也可以通过公共关系促销间接带动产品的销售，甚至能借此开辟新的市场。

项目小结

本项目主要介绍了如何开发新产品、初创企业的人力资源管理、初创企业的财务管理和初创企业的营销管理。其中重点是企业营销管理的实质和过程、制定市场营销组合策略；难点是进行市场细分、选择目标市场和进行市场定位。

练习题

练习题答案

一、单选题

1. 以下企业组织形式中，有独立法人资格的是（　　）。

A.有限责任公司　　B.合伙企业

C.个人独资企业　　D.个体工商户

2. 办理银行销户手续时应遵循的规定不包括（　　）。

A.临时存款账户的使用期限不得超过1年，超过1年将予以销户

B.开户人改变账户名称的应该先进行销户，再开立新账户

C.企业销货款、异地汇入款项中除基建或专项工程拨款外的非专项资金不得进入专用账户

D.一般存款账户借款清偿后，可以保留自用

3. 企业管理的基本原理不包括（　　）。

A.分工原理　　B.人本原理

C.系统原理　　D.整分合原理

4. 某企业将净水器产品的价格定得较低，而配套的滤芯价格较高，这种定价方法是（　　）。

A.折扣定价　　B.组合定价

C.心理定价　　D.招徕定价

5. 下列不属于企业经营期间筹资方式的是（　　）。

A.发行股票　　B.发行汇票

C.发行债券　　D.利用留存收益

二、多选题

1. 企业银行存款结算账户包括（　　）。

A.基本存款账户　　B.一般存款账户

C.临时存款账户　　D.专用存款账户

2. 薪酬定位的策略包括（　　）。

A.市场领先策略　　B.市场跟随策略

C.混合策略　　D.市场滞后策略

3. 产品营销策略包括（　　）。

A.增加产品组合的宽度、长度及深度

B.降低产品组合的宽度、长度及深度

C.在已有产品档次的基础上增加高档产品或低档产品

D.对产品线实施现代化改造，如设备更新等，将先进技术应用到产品生产过程中

4. 对于新创企业而言，有效的产品促销方式主要包括（　　）

A.人员推销　　B.广告促销

C.销售促进　　D.公共关系促销

5. 企业公章一旦遗失，应立即采取的相应措施是（　　）。

A.报案　　B.登报声明

C.补办公章　　D.刻章

三、判断题

1. 一人有限责任公司股东只对公司承担有限责任。（　　）

2. 一个企业能在一家商业银行的一个营业机构开立多个基本存款账户。（　　）

3. 对于新创企业而言，有效的产品促销方式主要包括人员推销、广告促销、销售促进和公共关系促销4种。（　　）

4. 财务管理的目标是实现社会效益最大化和员工收入最大化。（　　）

5. 企业管理中的系统原理是指一切管理活动应以调动人的积极性、挖掘人的潜能为根本。（　　）

四、测试题

创业素质自我测试

（每个题为单选，答对一题为一分）

1. 你在下列哪种条件下会决定创业？

A.等有了一定工作经验以后　　B.等有了一定经济实力以后

C.等找到了天使或风险投资以后　　D.现在就创业，尽管兜里没多少钱

E.一边工作一边琢磨，等想法成熟之后再创业

2. 你认为创业成功的关键是什么？

A.资金实力　　B.好的想法　　C.优秀的团队

D.政府资源和社会关系　　E.专利技术

3. 你认为下列哪一项是创业公司生存的必要因素？

A.高度的灵活性　　B.严格的成本控制　　C.可复制性

D.可扩展性　　E.健康的现金流

4. 开始创业后你立刻要做的事情是什么？

A.找钱、找风险投资　　B.撰写商业计划书　　C.物色创业伙伴

D.着手研发产品　　E.选择办公地点

5. 你认为创业公司应该怎样宣传？

A.低调埋头苦干　　B.努力到处自我宣传

C.看情况顺其自然　　D.借别人的势进行联合推广

6. 你认为招聘员工时最重要的是什么？

A.学历高低　　B.朋友推荐　　C.成本高低　　D.工作经验

7. 你认为产品进入市场的最佳策略是什么？

A.价格低廉　　B.广告投入　　C.口碑营销　　D.品质过硬

8. 和投资人交流最有效的方式是什么？

A.出色的PTT演示　　B.详细的商业计划书和财务预测

C.样品当场测试　　D.有朋友的介绍和推荐

E.通过财务顾问的代理

9. 选择投资人的关键因素是什么？

A.对方是一个知名投资机构　　B.投资方和团队不设对赌条约

C.谁估价高就拿谁的钱　　D.谁出钱快就拿谁的钱

E.只要能融到钱，谁都一样

10. 你认为下列哪一项是风险投资决策中最重要的因素？

A.商业模式　　B.定位　　C.团队

D.现金流　　E.销售合约

11. 从下面哪句话可以知道风险投资其实对你的公司并没有实际兴趣？

A.“我们有兴趣，但是最近太忙，做不了此项目。”

B.“你的项目还偏早一些，我们还要观察一段时间。”

C.“你们如果找到领头的风险投资，我们可以考虑跟投一些。”

D.“我们对这个行业不熟悉，不敢投。”

E.以上任何一句话

12. 创业公司拥有51%的股份就绝对控制公司了吗？

A.正确　　B.错误

13. 创业公司的CEO首要的工作职责是什么？

A.制定公司的远景规划　　B.销售、销售、销售　　C.人性化的管理

D.领导研发团队　　E.获得投资人的投资

14. 凝聚创业团队的最好办法是什么？

A.期权　　B.公司文化　　C.CEO的魅力

D.工资和福利　　E.团队的激情

15. 创业公司的财务预测中最重要的是什么？

A.销售率增长　　B.毛利率

C.成本分析　　D.资产负债表

16. 创业公司的日常运营中，下面哪一项工作最重要？

A.会议记录的及时存档　　B.业绩指标的合理安排和及时跟踪

C.团队的经常性培训　　D.奖罚制度

E.管理流程的ISO9000认证

17. 创业公司的日常运营中，最棘手的问题是什么？

A.人的管理　　B.销售增长

C.研发的速度　　D.资金到位的情况

E.扩张力度

18. 创业公司产品市场推广效果的衡量标准是什么？

A.广告投入量和覆盖面　　B.营销推广的精准程度

C.产品出色的品质保证　　D.广告投入和产品比例

E.产品价格的打折力度

19. 防止竞争的最有效手段是什么？

A.专利　　B.产品包装

C.质量检查　　D.不断研发新产品

E.比竞争对手更快占领市场

20. 创业公司的第一个大客户竟然是个“土财主”，你会怎么样？

A.一视同仁地对他（她）提供你公司的标准服务

B.指导他如何来积极配合你的工作

C.修理他，给他些颜色看看是为了他的提高

D.提供全面服务+免费成长辅导

21. 你认为创业公司的最大风险是什么？

A.市场的变化　　B.融资的失败

C.产品研发的速度　　D.CEO的个人能力与素质

E.决策机制的合理性

22. 当创业公司账上的现金低于3个月运转的时候，应该采取下列哪一种措施？

A.立刻启动股权融资　　B.通知现有公司股东追加投资

C.立刻大幅度削减运营成本，包括裁员　　D.打电话给银行请求贷款

E.把自己的存折和密码交给公司会计

23. 创始人之间发生矛盾时，你会怎样？

A.坚持原则，据理力争 B.决定离开，另起炉灶

C.委曲求全，弃异求同 D.引入新人，控制局势

24. 投资创业公司的理想退出方式是什么？

A.上市 B.被收购 C.团队回购 D.高额分红 E.以上都是

项目实训

模拟企业财务管理。

实训目的

1. 能进行合理的财务运算。
2. 能合理地进行现金管理。

实训流程

1. 编制财务预算。

根据某一新创企业或你自己的企业经营情况，编制现金预算表。

	第一期	第二期	第三期	第四期
支付广告费				
采购原材料				
更新生产设备				
投资新生产线				
借短期贷款				
借长期贷款				
应收款变现收入				
产品研发				
管理费				
维护费				
长期贷款利息				
ISO				
开拓市场				
还短贷本息				
收入小计				
支出小计				
明年初需要偿还的长 / 短贷和利息				
期初现金				
收入合计				
支出合计				
期末现金				

2. 进行现金管理。

在现金预算的基础上，为进行有效现金管理，请按照以下内容制定出相关的控制制度或管理方案。

（1）建立财务控制制度。

____

____

____

（2）现金预算控制方案。

____

____

____

（3）应收账款控制方案。

____

____

____

（4）固定资产控制方案。

____

____

____

（5）成本控制方案。

____

____

____

（6）风险控制方案。

____

____

____

▶ 实训思考

财务管理对企业的发展有哪些影响？你还会通过什么方法来保证企业的财务正常运转？

____

____

____

12

项目 12 企业的风险规避与防范

知识目标

1. 了解创业风险的分类。
2. 熟悉新创企业风险控制方法。
3. 了解大学生创业者如何防范创业风险。

能力目标

1. 能够规避部分创业风险。
2. 能够根据风险将所造成的损失降到最低。

思政目标

1. 许多事情都可能存在风险，我们在日常生活中要能运用正确的方法来规避风险。
2. 通过对“创业企业风险”的学习，培养学生顽强拼搏的精神，使其充分意识到创新强国的伟大意义。

案例引入

“烂”在手里的专利

南京某大学的学生姜益波花费数年时间，成功研制了一套有助于中学生数学学习的“新概念尺规”。历经了两年多的专利申请、公示、批复阶段后，姜益波这项名为“新概念尺规”的研究成果终于顺利获得了国家知识产权局的专利资质认证，被确认为实用新型专利。这一专利成果的市场前景被多方商家看好，一些有意投产的商家很快闻讯而来，希望能尽早地将“新概念尺规”真正引入市场。

姜益波预测他的“新概念尺规”至少可以达到8亿元人民币的产值，因此对这项专利期望的“出手价”高达1600万元。而相关的商家则认为这一“新概念尺规”虽然是好东西，但技术含量并不高，市面上很快就会出现仿品，其收益不像姜益波预测得那么好，因此出价远低于姜益波的期望。

见并无商家愿以此高价接下这一专利，姜益波开始设想自己投产并进行推广。他咨询了一些相关的营销人员，但之后就止步不前。姜益波不懂市场推广的窍门，如果这东西操作得好，可能赚得比1600万元还要多，但也有可能赚不到那么多，所以他还是希望把专利卖给别人，让那些懂生产销售的人去做这方面的工作。

就这样，“新概念尺规”专利依然留在姜益波手里，姜益波为此付出了很多的时间和精力，但最终没能使专利变为收益。

姜益波陷入了临渊羡鱼的风险之中，他拥有一项具有市场价值的专利，本来在创业活动中占据了先机，无论是与商家合作还是自己开发都具有相当高的成功率，但他自己的患得患失和游移不定使他没能获益。

任务1 了解创业风险

一 创业风险概述

（一）创业风险

创业风险，通常指创业者在创业中面临的风险，即由于创业环境的不确定性、创业机会的复杂性、创业者能力与实力的有限性等因素，而导致创业活动偏离预期目标的可能性及其后果。创业风险一般与创业过程中的缺失（缺口）有关。创业过程中，常见的缺口有以下5个。

1．融资缺口

这是最常见的一种缺口。创业者通常可以通过可行性论证证明其创业方向可行，但往往没有足够的资金实现创业项目的商品化，因而融资缺口会给创业带来一定的风险。

2．研究缺口

在将预想的产品转化为商业化产品的过程中，需要做大量复杂而且可能耗资巨大的研究工作，这种研究工作的缺口也可能形成创业风险。

3．资源缺口

创业过程中必备的外在或内在资源缺口，使创业者在创业过程中可能受制于人，甚至可能使创业者无法起步。

4．管理缺口

一是创业者是技术方面的专业人才，他利用某一新技术进行创业，但他不一定具备专业的管理才能，从而形成管理缺口；二是创业者往往有很多“奇思妙想”的商业点子，但可能不擅长管理具体的事务，从而形成管理缺口。

5．信息和信任缺口

该类缺口一般存在于技术人才和管理者（或是投资者）之间，本质上是两种观念的冲突。技术人才从技术层面对产品进行把握，管理者则比较了解将新产品引进市场的程序。二者各有专攻，需要相互依存，但如果技术人才和管理者不能充分信任对方，不能进行有效的交流，则将带来更大的风险。

案例鉴赏

研究缺口致公司走入困境

李全的朋友从事计算机远程控制研究工作，两人看到了这方面的发展前景，便合伙成立了一家计算机远程控制护栏灯公司。李全考虑到该技术先进，同类竞争产品少，就将自己的全部资金投入了这个公司。李全和朋友的设计刚刚完成，就有客户找上门来，看到计算机模拟演示效果后，双方便签订了一个数额巨大的工程订单，由于工期较紧，公司便直接开始大批量生产。然而，护栏灯发到客户手上后，却被发现在实际使用过程中设备的抗干扰性能不过关。客户要求退货，李全和朋友的公司面临巨大的经济损失。

公司刚成立就遭受不合格产品积压、资金周转不灵的问题，导致公司陷入了极大的困境。

（二）创业风险的特征

1. 客观性

创业本身就是一个识别风险和应对风险的过程，风险的出现是不以人的意志为转移的，因此创业风险的存在是客观的，如天气变化、地质变化等。

2. 不确定性

由于创业所依赖的条件及影响创业的因素具有不确定性，这些因素是不断变化、不断发展乃至难以预料的，因此造成了创业风险的不确定性。如产品在创业初期是“热门”的，但研发生产出来后，可能由于市面上大量的同类产品的出现，使其失去了市场竞争力。

3. 双重性

创业有成功或失败的两种可能性，创业风险也具有带来盈利或亏损的双重性。在创业活动中，往往风险越大的创业项目，回报越高，潜能也越大。所以，有时候回避风险，同样意味着回避收益。例如，高收益理财产品就明显具有双重性。

4. 可变性

随着影响创业的因素发生变化，创业风险的大小、性质也会发生变化。如在一定时期，融资缺口可能是最大的创业风险，而过一段时间由于环境因素的改变，研究缺口又可能成为最主要的创业风险。

5. 可识别性

根据创业风险的特征和性质，创业风险是可以被识别和划分的。可识别性这一特征可以帮助创业者更好地识别创业风险，并规避创业风险。

6. 相关性

创业风险与创业者的行为紧密相连。针对同一创业风险，采取不同的对策，可能会出现不同的结果。例如，技术型的创业者进行技术改良型的创业可能表现为低创业风险，而对于管理型的创业者，则可能表现为高创业风险。

二 创业各阶段的风险

（一）创业前期的风险

创业前期指打算创业到创业初期这一阶段，该阶段是企业的筹备阶段，是创业者决定创业并寻找创业机会的阶段。因为创业者可能刚接触创业，对于创业风险没有太多的认识，所以很多创业计划都是在创业前期“流产”的。创业前期的创业风险主要有以下4种。

1. 悲观主义

创业艰难，唯有坚持才可“守得云开见月明”。如果创业者一味悲观，碰到问题就灰心丧气，失去激情和雄心壮志，失去面对现实的勇气，那么失败可能是难以避免的。

2. 方向不明

方向即创业的道路、思路，这是创业活动总体的走向与原则。如果经营行为或投入产业错误，那么创业活动也就大概率要化为泡影了。

3. 合伙人选择不慎

合伙人是关乎创业成败的关键因素。选择了不恰当的合伙人不仅无法产生互激效应，获取更大的价值，还会互相拖累。

4. 盲目融资

资本是创业必须面对的问题。只有创业者具有足够的实力，才能吸引投资者，资本也才有可能流入创业企业，从长远来看，选择投资者应当谨慎。盲目融资可能会使公司深陷债务泥潭，甚至失去控制。

（二）创业中期的风险

创业风险

创业中期（成立企业1 ~ 3年）是创业企业大规模倒闭的时期，是一个企业成功与失败的重要拐点，处在创业过程中的人往往会在不知不觉中走入一些误区。下面将分析创业中期的一些共性风险。

1. 目标游离

在创业遇到困难的时候创业者可能会尝试更改创业方向和领域，但无论是公司领域、管理风格还是产品设计都没有绝对正确的选择，只有适合自己的选择。创业企业本身在资源资本上就有限，如果频繁更换目标往往会导致无法做好任何一件事。

2. 业务领域不明

每个企业在初创时几乎都只有单一的业务，但在企业经营过程中也可能会因为有利可图而发展一些“副业”，试图开展多样化经营，拓展盈利渠道，造成业务领域不明。其实初创企业往往没有足够的实力多业并举，这样反而会使核心领域衰退。

3. 急功近利

创业初期有一段只见投入不见产出的时期，而创业者可能还背负债务和理想，这就导致急功近利现象的出现。过于追求利而润削减开支可能会导致产品质量下降、开发投入下降、营销投入下降等，为企业发展埋下隐患。

4. 孤军奋战

在创业中期，企业得到了发展，生产经营也会越来越多地和外界产生联系，创业者无法靠企业自己解决所有问题。此时，企业需要有一个良好的社会关系网络，需要合适的合作伙伴、供应商、经销商等。

5. 管理人员选择不当

在创业中期，创业者已经无法完全亲力亲为，而需要设立管理人员管理公司各方面事务。管理人员是公司整体管理制度、管理方案的编制者及执行者，对公司的运营有重大影响，一旦管理人员出现问题，公司的运作也会出现问题。

6. 无财税意识

企业创立并运行后，就要一直与财务、税务和工商管理部门产生联系。一些个人组建的创业企业，企业领导人既不具备财务记账意识，也没有财务专业知识，这样不仅无法了解自己企业的经营状况，也有违规风险。

7. 无成本观念

成本是生产和销售一定种类与数量的产品所耗费资源的经济价值，包括材料费用、折旧费用、工资费用、销售活动费用等。很多初创企业没有成本观念，为企业经营带来了风险。

（三）创业后期的风险

创业后期通常是指企业成立3年以后。此时企业通常已经有了较为稳定的市场份额与核心消费人群，在营业收入上有了一定的保证，同时内部的组织构架和制度也趋于稳定，能够平稳运作。但此时企业仍然面临各种各样的风险。

1. 盲目冒进

当企业初具规模小有成就时，许多企业容易被自己营造的区域性知名度冲昏头脑，趁着手里有一定储蓄，不顾发展实际，盲目开拓超越实力的大市场。此时，如有意外，就可能造成巨大的损失，最终导致前期所有的努力都功亏一篑。

2. 好大喜功

随着企业规模的扩大和实力的增强，个人追求财富的欲望膨胀，再加上市场环境的规范化和竞争的激烈化，部分创业者的追求会有脱离实际的倾向，如盲目追求规模、知名度、市场占有率，而忽视了产品与服务这一根基。

3. 安于现状

有些创业者在事业小有成就之时就失去了进取心，不再计划将企业做大做强，也不再积极拓展新的业务。同时也不再敢于面对风险，只希望凭借现有的产品和市场持续盈利，最终只会被社会淘汰。

4. 管理危机

一些创业者无比珍惜自己一手创立的企业，坚持将企业牢牢控制在自己手上，一方面牢牢把持话语权，拒绝新资本进入，拒绝使用职业经理人管理，拒绝摊薄自己的股权；另一方面任人唯亲，将自己的“心腹”安插在公司的行政、人力和财务等关键岗位上，而不管他们是否有能力胜任，这样的企业很容易失败。

案例鉴赏

盲目合作导致创业失败

小王和小张同在一家公司上班。一天，小王在网上看到一家店铺的衣服很有特色，且价格适中，正好小张经过，两人一交流，认为这是个不错的商机，便准备合伙开一家店铺当小老板。

很快两人各投入2万元，选好了店铺，第一批货也到了。开业第一天两人兴致勃勃，那天店里的人很多，但是却没有一个人购买。第二天下大雨，逛街的人很少，自然也没有生意。第3天人又多了起来，但只有小张一人看守店铺，他因急于给顾客结账而错收了100元假钱，同时店里两件衣服失踪，相当于没赚反亏。连续过了一段时间，店里生意起起伏伏，小王由于还在公司上班，来店里的时间较少。小张独自一人在店里工作，当店里生意不好时，想到自己没有其他收入，心里很不平衡，内心充满了对小王的抱怨。

不到半年，在小王和小张大吵一架后，店铺正式关门，合伙也正式画上句号。

任务2 新创企业风险控制

一 新创企业风险识别

识别企业风险是正确应对企业风险的基础和前提。如果大学生创业者在危机爆发前能准确感知并分析风险，就能够为后续应对风险赢得时间。新创企业风险识别的方法主要有头脑风暴法和德尔菲法两种。

创业案例

（一）头脑风暴法

头脑风暴法又称智力激励法、自由思考法等，它是由美国创造学家亚历克斯·奥斯本提出的一种激发思维的方法。头脑风暴法主要是通过小型会议的形式，让所有与会人员在畅所欲言的气氛中，自由交换想法或点子，最终建立对讨论主题的全面认识。头脑风暴法是一个横向思维的过程，其目的是通过多人讨论，互相激发思维，全面认识问题。

1．头脑风暴法的开展过程

大学生创业者对当前企业风险的认识可通过头脑风暴法识别，具体流程如下。

①选取参与者。大学生创业者可以选取5 ~ 10人作为头脑风暴会议的参与者。与会人员要具备头脑风暴法的相关基础知识，并对“可能存在的企业风险”这一议题进行准备。

②确定会议的主持人和记录员。主持人要熟悉有关头脑风暴法的一切细节，掌握头脑风暴法的基本原则和操作要点；记录员要认真记录，方便会后总结。

③畅谈。畅谈是头脑风暴的关键阶段。该阶段的主要进程如下：由主持人引导与会人员围绕“可能存在的企业风险”自由发言，提出各种设想，使彼此相互启发、相互补充，真正做到知无不言，言无不尽；直到与会人员都无法再提出构想时，结束会议。

④得出结论。讨论结束后，主持人和记录员共同回忆会议过程，仔细对发言内容进行整理与归纳。最后将所有信息进行对比和筛选，确定企业当前或接下来需要面对哪些风险。如果无法得到有效结论，则需要再次进行会议（可以变更参与者、主持人等）。

2．头脑风暴法的运用原则

为了更好地运用头脑风暴法，使与会人员的思维活动真正起到互激效应，与会人员必须严格遵循以下原则。

①自由畅想。在头脑风暴的过程中，与会人员需要集中注意力，就会议的中心议题各抒己见。主持人应营造一种自由、活跃的氛围，激发与会人员提出各种不同的设想，使与会人员的思想彻底解放，这是头脑风暴法的关键。

②以量求质。会议上需要大量的创意或设想，创意越多，产生有效创意的可能性就越大。

③见解无专利。会议中，与会人员除了提出自己的创意外，还可以鼓励其他与会人员对自己提出的创意进行补充、完善，从而产生新的创意。不要怕别人占用自己的创意，创意加上创意便可产生新的创意。

④延迟评判。与会人员不能随意评判会议中提出的各种意见、方案。在头脑风暴过程中产生的任何想法都是有价值的，与会人员要认真对待会议中提出的任何一种设想，而不管其是否适当和可行，否则很可能影响他人的思绪，从而导致会议失败。

（二）德尔菲法

德尔菲法也称专家调查法，1946年由美国兰德公司首创，其本质是一种反馈匿名函询法。在实施德尔菲法的整个过程中，各个专家彼此间没有联系，有效避免了专家间的互相影响。

1．德尔菲法的实施流程

德尔菲法简便易行，具有一定的科学性和实用性，其实施流程如下。

①选择并邀请专家。根据待解决问题的特点，选择并邀请相关领域或有相关经验的专家参与德尔菲调查。

②独立发表意见。将所有与讨论议题相关的信息分别提供给每位专家，请他们各自独立发表自己的意见。

③综合反馈意见。收集并归纳专家们的意见后，对所有意见进行统计分析，形成一份综合意见。将综合意见反馈给各位专家，请他们再次发表意见。如果各专家分歧很大，必要时也可以开会集中讨论。

④反复论证意见。多次反复论证，最后形成一份代表专家组意见的方案。

2．德尔菲法的实施原则

为保证德尔菲法的实施效果，大学生创业者在实施德尔菲法时需遵循以下原则。

①选择的专家应有一定的代表性、权威性。

②设计的问题应该措辞准确，不能有歧义；征询的问题一次不宜太多，不要问与预测目的无关的问题，列入征询的问题不应相互交叉；所提的问题应是专家都能答复的问题，而且应尽可能保证所有专家都能从同一角度理解。

③进行统计分析时，应该区别对待不同的问题；对于不同专家的权威性应给予不同权重，不能一概而论。

④提供的信息应该尽量充分，以便专家做出判断。

⑤问题要集中，有针对性，不要过于分散；问题要先简单后复杂，先综合后局部，这样容易激发专家回答问题的兴趣。

⑥避免组合事件。每次向专家提出的问题应该是独立的，不要拼凑成一系列事件的组合。

二 新创企业风险评估

（一）企业风险评估的定义

企业风险评估是指在风险事件还未发生时，就风险事件对企业的资产、经营秩序、对外形象等各个方面带来的影响或损失的可能性进行量化估计。企业风险评估的定义包括以下3个方面。

新创企业风险评估的方法

①对风险本身的界定，包括风险发生的可能性、风险强度、风险持续时间、风险发生的区域及关键风险点。

②对风险作用方式的界定，包括对企业产生的影响（包括直接影响和间接影响）、是否会引发其他的相关风险、风险对企业的作用范围等。

③对风险后果的界定。若风险发生，企业应该预估风险事件可能对企业造成的亏损

值；如果可以避免或降低风险，那么企业将付出多大的代价，或者得到哪些益处。

（二）企业风险评估的主要任务

企业风险评估主要有以下4项任务。

①识别企业面临的各种风险。

②评估风险概率及负面影响。

③确定组织承受风险的能力。

④根据风险等级和风险可能被控制的优先级，推荐降低风险的策略。

（三）风险评估过程要点

为实现科学全面的风险评估，大学生创业者应该掌握以下要点。

①确定保护对象（或资产）的身份，衡量它的直接和间接价值。

②及时发现对象（或资产）在未来可能面临的风险，随时分析风险产生的原因和发生的可能性。

③分析对象（或资产）的弱点及弱点被利用的程度。

④分析企业遭受的损失和产生的负面影响。

⑤分析企业采取何种有效措施，可以将企业因风险而产生的损失降到最低。

（四）风险评估的方法

1. 定性评估法

定性评估法是目前运用最为广泛的一种方法，带有很强的主观性，往往需要主持风险评估的人凭借经验，或者根据业界的标准和惯例，为企业资产价值、风险发生的可能性、企业弱点被利用的容易度、企业现有控制措施的效力等定性分级。例如，某企业对自己的流动资产风险进行定性：流动资产大于100万元，风险低；流动资产50万～100万元，风险中等；流动资产少于50万元，风险高。

定性评估法的具体操作方式多种多样，大学生创业者可采取小组讨论、检查列表、调查问卷、人员访谈等方式对风险进行评估。定性评估法操作起来相对容易，但可能因为操作者经验和直觉的偏差而使分析结果失准。

2. 基线评估法

新创企业的商业运作往往并不复杂，因此可以采用基线评估法简单、直接地对风险进行评估。基线评估法的操作流程如下。

①综合分析企业自身情况，如所处行业、营销环境、生产能力、工艺水平等。

②为各个风险可能发生的环节设立基线，如设立“原材料储备应满足5天的生产需求”。基线的设计可以参考国家规范、行业惯例、行业内领先企业的标准等。

③将企业实际情况与基线进行对比，偏离基线越多，相关风险越高。例如，“原

材料储备只能满足3天的生产需求”，其风险就高于“原材料储备只能满足4天的生产需求”。

基线评估法的优点是需要的资源少、周期短、操作简单，其缺点在于基线水平的高低难以设定，如果基线本身不科学，则评估结果也不准确。同时，如果企业的商业运作流程比较复杂，各要素之间互相影响的程度较大，则基线评估法会失去高效率这一优势，且准确度也会下降。

3. 矩阵评估法

矩阵评估法是综合风险发生的概率和风险造成的危害两方面因素来评估风险的严重程度，计算公式为“风险发生的可能性×风险的危害性＝风险值”。风险值越大，该风险的严重程度就越高。

三 新创企业风险管理

企业风险管理是对企业内可能产生的各种风险进行识别、衡量、分析、评价，并适时采取及时有效的方法进行防范和控制，用最经济合理的方法来综合处理风险，以实现最大安全保障的一种科学管理方法。新创企业在风险管理上可采用以下策略。

新创企业风险管理

（一）构建风险管理体系

企业所面临的风险是全面的、系统性的，如果以“头痛医头，脚痛医脚”的思路进行风险管理，就难以取得满意的效果。因此，新创企业需要在建立之初，就建立自己的风险管理体系，系统地应对各种风险。新创企业的风险管理体系如图12-1所示。

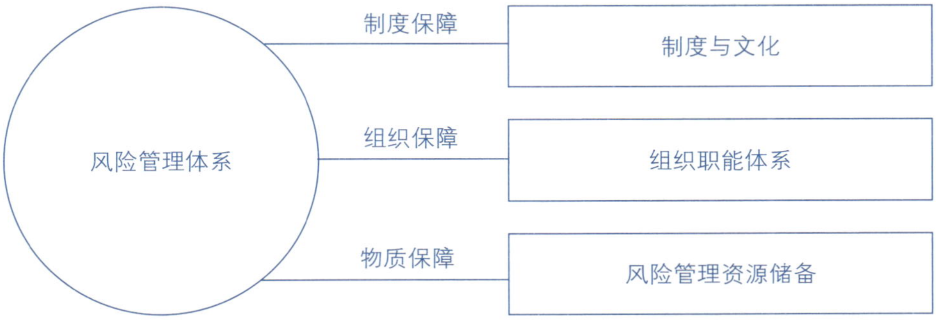

图 12-1 风险管理体系

1. 制度与文化

新创企业需要在正式运营初期就有与风险相关的制度，如生产资金管理制度、财务审核制度、运输安全制度等。同时，企业还要建立“重视风险”的企业文化，利用宣传手段使员工树立起风险意识。

2. 组织职能体系

组织职能体系主要包括规范的公司法人治理结构、风险管理职能部门、内部审计部门和法律事务部门，以及其他有关职能部门、业务单位等。新创企业应建立综合风险管理体系，使各部门职责分明，沟通顺畅。

3. 风险管理资源储备

企业要防患于未然，就要在风险未发生时准备好应对风险的物资。若等到风险发生才准备物资，就会错过挽回损失的“黄金时间”。

（二）树立全面风险管理意识

全面风险管理是指企业围绕总体经营目标，通过在企业管理的各个环节和经营过程中执行风险管理的基本流程，培育良好的风险管理文化，建立健全风险管理策略，从而为实现风险管理的总体目标提供合理保证的过程和方法。新创企业虽然难以实施全面风险管理，但是应该树立起全面风险管理意识。全面风险管理意识具体包括以下几点。

1. 全面收集风险信息

全面收集企业经营期间产生的各类信息，以尽可能识别风险。全面收集外部可靠信息，判断行业发展趋势。

2. 全面落实员工责任

为企业的每个成员划分风险管理责任，使其承担与自己行为相关的风险管理责任。例如，基层员工应该发现风险立即上报，管理人员应该妥善处理风险事项，企业高层应该综合考量企业状况，做出风险决策。

3. 全面排查风险隐患

新创企业应该对自身的风险隐患进行全面排查，如排查车间生产安全保护设施、排查财务账目、排查仪器设备运行状况等，以掌握各个风险因素的状况，制订有针对性的应对计划。

（三）加强风险监控

风险监控是指在决策主体的运行过程中，对风险的发展与变化情况进行全程监督的行为。风险监控有其必要性，因为风险会随着内外部环境的变化而变化，有可能在经营活动的推进过程中增大、衰退或消失，也有可能由于环境的变化生成新的风险。例如，原材料储量受到生产消耗量和供应量的双重影响而时刻变化，可能出现消耗量太大、储备不足的风险，也可能出现供应量太大、储备过剩的风险。这就需要企业长期监控原材料储量，储量低则增加购买量或要求供应商提前发货，储量高则减少购买量或要求供应商延迟发货。企业对原材料储量的监控越密切，就越能及时应对风险。因此，新创企业要加强风险监控，时刻跟踪已有风险的变化情况，并关注新风险的产生。

（四）制定风险预案

企业风险一旦爆发，往往会随着时间的推移造成逐渐增大的损失，因此企业需要抢占“黄金时间”，努力将风险扑灭于“萌芽时期”。为了达成这一效果，新创企业需要事先制定风险预案，有条件的还可以组织专项演习。这样，当风险真正发生时，各部门就能够按部就班，迅速处理风险事件，减少损失。

四 新创企业的风险控制

企业面临的风险是复杂多变的，因此企业风险的控制要因地制宜和讲究方法。风险控制的法有风险转移、风险回避、风险保留、风险防范和风险损失控制5种类型。

（一）风险转移

风险转移是指企业通过合同或非合同的方式将风险转移到个人或另一家公司的处理方式。通常情况下，风险转移的具体方法包括保险转移风险法、分散转移风险法和对冲转移风险法3种。

1．保险转移风险法

企业采取购买保险的方式进行风险转移，可以减少企业亏损。例如，某企业为生产车间投保500万元保额的财产险，当生产车间受到自然灾害或发生意外事故造成损失后，企业就可以要求保险公司赔付，相当于用保费将风险转移给了保险公司。但是，保险转移风险法本身要求企业付出代价（保费），如果风险没有发生，则保费没有发挥作用，相当于通过一个固定的损失来换取风险转移。

2．分散转移风险法

分散转移风险法的实质是利用企业联营、多种经营及对外投资多元化的方法，来减少非系统性的风险。例如，企业可以通过与其他企业共同投资、共享收益，共担风险较大的投资项目，从而避免因独家经营而产生的各项问题，尤其是重大财务风险。需要注意的是，采取分散转移风险法后，企业的收益要与其他企业共享，因此收益水平可能会降低。

3．对冲转移风险法

风险对冲是通过投资或购买与标的资产收益波动负相关的某种资产或衍生产品，来冲销标的资产潜在的风险损失的一种风险管理策略。风险对冲不仅能够管理风险，而且能够根据投资者的风险承受能力和个人偏好，通过调节对冲比率使得风险降低到预期水平。例如，企业在生产经营和材料采购过程中，可以利用数量相对、盈亏相抵的方法来转移风险。

（二）风险回避

风险回避是最常见、最有效的应对风险的手段，是指放弃、停止或拒绝进行具有风险的行为，如中止交易、缩小交易规模、离开市场、拒绝合作等。企业如果发现项目风险发生的概率很高，可能的损失也很大，而收益有限，或者没有其他有效的对策来降低风险时，应采取放弃项目、放弃原有计划或改变目标等方法，使风险不发生或不进一步恶化，从而避免可能产生的潜在损失。风险回避具有简单易行、全面彻底的优点，能将风险的概率降低到零，但是，风险回避同时也放弃了潜在的利益。

（三）风险保留

风险保留也称为风险承担，是指企业以其内部资源来弥补损失，即企业在明确风险存在后不特别应对，自行承担风险。该方法适用于风险既无法转移又无法规避的情况，可以在风险低、潜在损失小、潜在收益高的项目上采用。需要注意的是，风险保留并非完全忽视风险而硬干、蛮干，在行动中仍需注意风险的变化发展状况。

（四）风险防范

风险防范是利用某种措施来防范有风险事件的发生，通常是指企业在日常生产与经营过程中，进行风险预测评估后采取的风险控制方法。企业可以有目的地通过计划、组织、控制和监察等活动来进行风险防范。例如，对于财务风险，企业可以通过完善财务制度、建立科学的财务管理组织体系、加强账目审查、加强内部监督等方式进行防范。

（五）风险损失控制

风险损失控制是指企业不降低企业风险发生的概率，而是选择降低风险发生后的危害，如将风险资产与企业剥离、设置修理或重建基金等。

控制损失通常只有在损失大且无法避免或转嫁的情况下使用。例如，企业面对洪涝灾害，无法整体搬迁，就只能加强防水、转移重要设备和文件等方式来减轻损失。

双创榜样

向死而生，力挽狂澜

李志彬就读于浙江万里学院商学院。2015年4月—2016年11月，他带领两个小伙伴负责华为终端EMUI的每月定量UI框架设计工作。在18个月签约工作期间，他们独立设计了56套华为手机终端的UI适配作品，维护了3个500人华为爱好者粉丝群，实现总独立销量226万次。项目获得2016年第八届“全国高等学校信息技术与创新实践活动大赛”NOC大赛全国决赛一等奖，截至项目转型前实现综合盈利86万余元。

2015年10月，李志彬投资25万元尝试了校园网络大电影的摄制及出品工作，最终片名定为《校花股神》，该片2015年12月在爱奇艺、优酷、乐视网同时上线付费点播，为团队的转型打下了一定基础。

一年后，看到网络影视剧的爆炸式发展，李志彬带领团队转型，筹建宁波鱼骨头文化传媒有限公司，除保留原有广告设计、UI设计的业务路线外，全力进军影视传媒行业。1个月后，他们团队得到了宁波湖畔文化产业园的天使扶持，完成了原始团队、原始资金的人员和资产重组，确定了最终3位核心股东，组成了一支各怀本领的9人队伍，筹备了400平方米的办公场地，开始二次创业。

2017年8月—11月，他们拍摄了系列热门爱奇艺独播网剧和热点网络大电影，代表作：爱奇艺热门网络连续剧《白衣校花与大长腿3》《极恶必诛》《法网铁拳》《邪不胜正》《罪不可逭》等，公司还拥有《阳间巡逻人》《倾世谋妃》等大型小说储备IP，项目启动后产值已超1400万元，2018年产值超4000万元。

两年多的创业生涯每一步都充满艰辛。2017年，整个团队都处于高负荷状态。刚从学校迈入社会，他们也因为自己的年少与经验匮乏付出了血淋淋的代价。最难的是2017年8月，一周内同时遭遇人事大地震、资金匮乏等。赚钱已经变得次要，带领团队走下去、把事情做好、不辜负合作伙伴，是最重要的。“否则怎么面对一直陪我吃苦并且在毫无成就可言的情况下付出的天使合伙人？”李志彬说，“我曾看到过有的创业者晚上在地上爬行减压，看的时候差点落泪：有点责任心的创业者不仅孤独而且精神压力特别大，在所有人面前都要装作坚强，背后怎么减压只有自己知道了。”有心人天不负，也是在2017年8月，他们拿到了爱奇艺（北京）和东阳横瑞影视的近700万元天使投资，三方签署了合作协议。

“创业少不了坚持。坚持梦想也好，坚持赚大钱也好，坚持对员工负责也好，反正创业者必须应该坚持某种东西。”李志彬说。创业初期，如果不是想打造自己的舞台，他肯定会留在华为设计中心拿50万元以上的年薪。他说：“如果不是不甘平庸，也不会一直失败还一直尝试。每个阶段最重要的坚持不同。我不知道其他创业者是否有这样感想，但是我确定创业者一定要坚持某种东西。”

任务3 大学生创业风险防范

一 大学生创业过程中常见的风险

（一）创业心态——心态不成熟，难以承受挫折

大学生长期待在校园里，对社会缺乏了解，更缺少创业经验，其创业思想往往是因一时创业激情而起，把创业问题简单化、理想化，对创业过于自信和自负，对困难估计不足，认为自己学历高、成绩好，还获得过各种奖励，动手创业就能成功。还有些人过分夸大创业困难，过高估计创业压力，过低估计自身价值，妄自菲薄，没有信心和勇气面对创业，根本不愿意动手尝试。另外，大学生创业没有经受过挫折的考验，心理承受能力和自我调节能力较差，创业受挫后产生强烈的挫折感，忧心忡忡，胆怯心虚，不能正确认识自己的创业优势，甚至把自身的长处看成短处，在创业竞争中信心不足，自我设限，错失许多机会，严重影响了创业的成功。

大学生创业常见风险

（二）项目风险——企业形态选择盲目，缺乏针对性

大学生创业激情高，但容易盲目选择项目，多数没有进行前期调查及绩效分析，看到别人干什么自己也跟着模仿，缺乏针对自己特长及条件的调查分析，企业形态选择盲目。例如，加盟联营经营型创业模式虽可以直接享受知名品牌的影响，复制他人的成功经验，并能获得资源支持，降低经营成本，但也存在着虚假宣传、缴纳高额加盟费，甚至以合法形式掩盖非法目的等不良现象。大学生创业者一旦被天花乱坠的宣传语所迷惑，就容易不收集资料，也不进行实地考察和市场分析，盲目选择加盟连锁。由于不适合自己的实际情况，企业发展风险较大，影响大学生创业成功。

（三）资金风险——融资渠道单一，企业发展缺乏动力

大学生长期生活在校园里，没有资金来源，更无资金积累，再加上大学生的交往对象多为处境相同的学生，社会关系简单，人际交往单一，很少能够从同学处筹措到创业资金，并且刚出校门的大学生想轻松地从银行贷到资金也十分困难。目前，大学生的创业资金更多的是靠父母、亲戚的帮助，融资渠道单一，资金来源不稳定，资金数额较小，创业之初资金的局限性为后期企业发展埋下隐患。企业创办起来后，由于缺少发展资金，造成企业的现金流中断，不能支持企业的正常运作，使企业发展缺乏动力或发展停滞不前，甚至倒闭，最终出现创业失败的悲惨结局。

（四）技术风险

技术风险是指在企业技术创新的过程中，因技术因素导致创业失败的可能性。

1．技术成功的不确定性

创新技术从研究开发到实现产品化、产业化的过程中，任何一个环节的技术障碍，都将使产品创新前功尽弃，归于失败。

2．技术前景、技术寿命的不确定性

如果用以创业的技术创新不能够实现工业化，或不能在高技术寿命周期内迅速实现产业化，收回初始投资并取得利润，则创业必然夭折。

3．技术效果的不确定性

一项高技术产品即使能成功地开发和生产，但若达不到创业前所预期的效果，结果也会造成大的损失，甚至创业夭折。

（五）市场风险

市场风险是指市场主体从事经济活动所面临的盈利或亏损的可能性和不确定性。

1．市场需求量

产品的市场容量较小或者短期内不能为市场所接受，那么产品的市场价值就无法实现，投资就无法收回，从而造成创业夭折。

2．市场接受需要时间

一个全新的产品，打开市场需要一定的过程与时间，若创业企业缺乏雄厚的财力投入到营销推广中去，则产品为市场所接受的过程就会更长，因而不可避免地出现产品销售不畅问题，前期投入难以回收，从而给创业企业资金周转带来极大困难。

3．市场价格

产品价格超出了市场的承受力，就很难为市场所接受，技术产品的商业化、产业化就无法实现，投资也就无法收回。当某种新产品逐渐被市场所接受和吸纳时，其高额的利润会吸引来众多的竞争者，可能造成供大于求的局面，导致价格下跌，从而影响高技术产品创新的投资回报。

4．市场战略

一项好的高技术产品，如果没有好的市场战略规划，相反在价格定位、用户选择、上市时机、市场区域划分等方面出现失误，就会给产品的市场开拓造成困难，甚至功亏一篑。

（六）管理风险

1．管理者风险

一些大学生创业者虽然技术出类拔萃，但理财、营销、沟通、管理方面的能力普遍不足。发达国家创业企业的成功经验之一，就是技术专家、管理专家、财务专家、营销专家的有机组合，形成团队的整体优势，从而为创业企业奠定坚实的组织基础。那种由技术所有者包揽一切、集众权于一身的家长式管理，往往由于管理水平、管理模式等方面的问题，导致创业夭折。

2. 决策风险

无论是政治、军事还是商业，由于决策失误而造成失败的事例实在是太多了。对于大学生创业者而言，绝不可以根据自己的喜怒哀乐或不切合实际的个人偏好而做出决策。不进行科学分析，仅凭个人经验或凭运气的决策方式都可能导致惨重的失败。

3. 组织和人力资源风险

组织和人力资源风险是指由于创业企业的团队分歧、组织结构不合理、用人不当所带来的风险。创业企业的迅速发展如果不伴随着组织结构、用人机制的相应调整，往往会成为创业企业潜在危机的根源。

现代企业越来越重视团队的力量。团队的力量越大，产生的风险也越大。一旦创业团队的核心成员在某些问题上产生分歧不能达到统一，就极有可能会对企业造成强烈的冲击。事实上，做好团队的协作并非易事，特别是与股权、利益相关联时，很多初创时很好的伙伴都会闹得不欢而散。

4. 法律观念不强，维权意识淡薄

大学生创业者社会经验不丰富，市场敏感度不强，法律观念薄弱，在创业开始乃至整个过程中都有可能深陷法律陷阱，从而对企业造成致命的打击。例如，个人合伙制企业投资者要承担无限连带责任，如果企业对他人的人身造成损害或对财产造成损失，企业不但要以自身财产赔偿对方损失，在企业财产不足以赔偿对方损失时，投资合伙人还要以个人财产赔偿给对方造成的损失。所以，大学生创业选择合伙制企业模式一定要慎重考虑。

案例鉴赏

万达集团是我国房地产行业的头部企业，在2015年时即拥有6300多亿元人民币的总资产。在国内大获成功后，万达集团即开始了“全球购”模式，花费26亿美元收购全美第二大院线AMC，3.2亿英镑收购英国圣汐游艇公司，2.6亿欧元买下西班牙马德里地标建筑西班牙大厦……据报道，万达集团的海外投资额达到惊人的100亿美元。

但两年后，万达集团陷入了危机。2017年6月22日，万达股价暴跌9.87%，同期多只万达债券跌幅超过2%，市场一片哗然。2017年，万达集团累计负债4000亿元人民币，其中一半即将到期。同时，万达集团的海外投资大量失败。例如，AMC严重亏损，几乎到了破产边缘。

在危急时刻，万达集团决定“断臂求生”。2018年1月，万达集团以340亿元的价格出售万达商业14%的股份；同年2月，万达影业引入78亿元人民币股权投资……

2017年至2018年的两年时间内，万达集团虽然解决了短期债务，但资产缩水1700亿元人民币。与此同时，万达集团也开始了“轻资产计划”。

2018年后，万达集团将经营重心从商业管理和地产转移到文化和金融，其成果在2020年显现。2020年，万达集团租金收入同比增长8.1%，万达影业全国票房市场占有率达到15.4%，上座率为全国平均值的1.5倍，单银幕产出是全国平均值的1.9倍，集团初步转型成功。

万达集团能够在危机之下转型成功，就在于其对风险资产的成功处理，将文化旅游项目、酒店等高风险的资产一一出售，及时“止血”；同时积极地为万达商业和万达影业等有潜力的子公司引入新的、有实力的股东，在文化和金融领域取得了成功。

二 大学生创业风险管控对策

（一）调整心态，做好创业准备

对自己充分了解，是大学生进行创业的前提。大学生创业时要对自己的个性特征、特长等有充分的了解，选择适合自己个性特征及符合个人兴趣爱好的项目进行创业，同时创业者要掌握广博的知识，具有一专多能的知识结构，才能进行创造性思维，做出正确的创业决策。大学生创业前还要积累一些有关市场开拓、企业运营方面的经验，通过在企业打工或者实习、参加创业培训、接受专业指导，来积累创业知识，提高创业成功率。大学生创业者还应当锻炼受挫能力，遇到挫折后应放下心理包袱，仔细寻找失利的原因，属于主观原因的，要适当调整自己的动机、追求和行为，避免下次出现同样的错误；属于客观或社会因素中自己无能为力的因素的，也不要过于自责、自卑或固执，应坦然面对，灵活处理，争取新的机会。即使失败，也要振作起来，使自己始终保持昂扬的斗志、必胜的信心，直至创业成功。

（二）审时度势，创业应有选择地量力而行

创业路途充满艰辛，绝不是一蹴而就的。因此，创业应找到合适的切入点，选择合适的时机、合适的项目和合适的规模来进行。大学生创业者大多手中资金较少，创业经验不足，可以选择起点低、启动资金少的项目进行创业。再者，大学生创业要选择一种适合自己的企业法律形态，创业者选择个体工商户、合伙制企业的形态模式时，虽没有最低注册资本的要求，但创业者或投资人要对企业承担无限连带责任，企业如果经营不善欠下债务，股东要对企业的债务承担继续偿还的责任，创业时应慎重选择。

（三）充分利用优惠政策，迈出创业坚实的第一步

支持大学生创业，已经成为各级政府重要的工作。近年来，相关部门陆续出台了许多优惠政策，鼓励和支持大学生创业。虽然有些优惠政策在实施过程中出现配套措施不到位、具体操作繁琐等情况，但大学生创业者一定要充分了解这些优惠政策，并把它们充分运用到自己的创业实践中。具体来说，高校要向大学毕业生详细宣讲政府出台的创业优惠政策，使大学生创业时对自己能享受到的优惠政策熟记在心；相关部门对这些优惠政策要出台具体实施办法及操作指引等，方便大学生创业者操作实施，使党和政府支持大学生创业的优惠政策成为帮助大学生创业的阳光雨露，使大学生迈出创业坚实的第一步。

（四）多渠道融资，降低创业资金风险

虽然大学生创业融资渠道相对较少，但社会相关各方仍能为大学生创业提供资金。政府为大学生创业提供贴息贷款，有经营项目，能够提供有稳定收入的行政、事业单位的正式职工作为担保人，大学生创业者就可以申请最高额度为10万元、期限为1年的政府贴息贷款，从而帮助大学生创业。大学生创业还可以得到各类创业基金的资金支持。大学生创业者还可以引入风险投资，虽然风险投资风险高，但回报也高。风险投资者比较关注创业管理团队的构成、管理者的素质、创业者自身持续奋斗的精神等，具有良好的创业团队、独一无二的技术支撑、光明的市场前景的创业项目，有可能得到风险投资者的青睐，从而获得创业资金。

创业风险及防范

（五）树立团队意识，与他人合作共赢

一个人的能力是有限的，创业一定要抛弃单打独斗、孤军奋战的个人英雄主义思想，牢固树立团队合作共赢的理念。大学生创业应建立一个由各方面专才组成的合作团队，大家既有共同的理想，又能有效地使技术创新与经济管理互补，保证团队形成最大合力，在市场竞争中取胜，推动企业发展，取得创业成功。

（六）重法治淡人情，在法律规则中稳步发展

市场经济是法治经济，从企业的产生到发展必须在法律框架下进行，符合法律规定。虽然中国人很重视人情、关系，但要想使企业稳步发展，把企业做大做强，大学生创业者从一开始就应该依法办事，淡化人情，让法律成为大学生创业成功的基石。

项目小结

本项目主要介绍了创业风险的防范、新创企业风险控制、大学生防范创业风险。创业就意味着高回报与高风险并存，初入社会的大学生只有学会如何规避风险才能在创业的游戏中持续下去。

?练习题

练习题答案

一、单选题

1. 下列关于企业风险来源的说法，前后两项对应不正确的是（　　）。

   A.资金不足→融资缺口　　B.技术落伍→研究缺口

   C.设备老旧→资源缺口　　D.交流不畅→管理缺口

2. 下列说法中，关于新创企业风险的基本特征描述不正确的是（　　）。

   A.客观存在性是企业风险的首要特征，所以企业无法对风险加以控制。

   B.企业风险具体在何时发生、会造成怎样的后果、产生多大的影响等，都是动态变化的

   C.大学生创业者等企业管理者的知识和能力往往是有限的，对企业风险的识别、测量和控制也是有限的

   D.企业风险既代表着危机，又代表着机会，两者同时存在

3. 根据风险形成的原因，企业风险可以分为（　　）。

   A.技术风险、市场风险、政治风险、管理风险、生产风险和经济风险

   B.安全性风险、收益性风险和流动性风险

   C.主观风险和客观风险

   D.局部性风险和全局性风险

4. 大学生创业者实施德尔菲法时，需遵循的原则不包括（　　）。

   A.选择的专家应有一定的代表性、权威性

   B.提供的信息应该尽量充分，以便专家作出判断

   C.及时向专家告知其他专家的看法

   D.避免组合事件

5. 企业风险评估的定义不包括（　　）。

   A.对风险类别的界定　　B.对风险本身的界定

   C.对风险作用方式的界定　　D.对风险后果的界定

二、多选题

1. 企业风险评估的主要任务包括（　　）。

A.识别企业面临的各种风险　B.评估风险概率及负面影响

C.确定组织承受风险的能力

D.根据风险等级和风险可能被控制的优先等级推荐降低风险的策略

2. 全面风险管理意识具体包括（　　）。

A.全面收集风险信息　B.全面落实员工责任

C.全面排查风险隐患　D.全面建立风险管理体系

3. 风险控制的方法包括（　　）。

A.风险防范　B.风险保留

C.风险转移　D.风险回避

4. 德尔菲法的实施流程包括（　　）。

A.选择并邀请专家　B.独立发表意见　C.综合反馈意见

D.反复多次　E.风险感知与决策能力

5. 企业风险的基本特征包括（　　）。

A.客观存在性　B.可识别性、可测量性和可控性

C.不确定性和易变性　D.双重性和相对性

三、判断题

1. 风险是指可能带来损失的情况。（　　）

2. 不确定性和易变性是指风险不会因为人的思想、想法而发生改变。（　　）

3. 技术风险指由于技术方面的因素及其变化的不确定性导致的风险。（　　）

4. 头脑风暴法能有效避免专家间的互相影响。（　　）

5. 企业风险评估包括评估风险概率及风险的负面影响。（　　）

四、测试题

看看你适合在什么行业创业

创业是一个充满成就感和诱惑力的词语，但并非每一个人都适合走这条路，下面是一套创业测试题，测一测你适合在什么行业创业？

1. 在圆形、三角形、S形3种图形中，你更喜欢哪一种？

A.圆形——2分　B.三角形——1分　C.S形——0分

2. 以下几种文学作品你更喜欢哪一种？

A.诗歌——0分　B.小说——1分　C.哲理散文——2分

3. 你对学习演奏一种乐器是否有兴趣？

A.没有——2分　B.非常希望有机会能学习——0分　C.说不上——1分

4. 你觉得自己的性格属于哪种？

A.比较安静——2分　B.比较爱动——0分　C.介于两者之间——1分

5. 你做事情条理性强吗？

A.很差，乱透了——0分　B.我做事总是井井有条——2分　C.不算很好——1分

6. 你上学的时候，哪一门功课学得最好？

A.数学——2分　B.语文——1分　C.外语——0分

7. 你在衣着化妆方面是否很有天赋？

A.是——0分　B.不是——2分　C.说不上——1分

8. 公司组织的节日活动需要大家演节目，你会：

A.我可不擅长——2分

B.我非常乐意有机会让大家见识我这方面的才艺——0分

C.虽然不很擅长，也会尽力——1分

9. 周末如果有空闲，你会选择哪种休闲方式？

A.看书——2分　B.逛街购物——1分　C.动手做些小饰品——0分

10. 外出旅行，你更喜欢去哪些地方？

A.风景优美的人间仙境——1分　B.充满文化气息的名胜古迹——2分

C.不为人知的山野小景——0分

11. 朋友在一起讨论问题，通常情况下，你的见解：

A.总能令人耳目一新——0分　B.与他人大致相同——2分

C.偶尔也有一番见地——1分

12. 如果某件事吸引了你，你会：

A.通常都是被事物的表象或者有趣的地方所吸引——0分

B.如果被吸引，我就一定要对它探个究竟——2分

C.如果可能的话，我也会参与其中——1分

13. 你喜欢陶艺吗？

A.似乎很时尚，我也想把它作为一种休闲方式——1分

B.不是很喜欢，但我想了解人们为什么喜欢陶艺——2分

C.非常喜欢，自己动手做些陶艺品会独具特色——0分

14. 下面的场景你更喜欢哪个？

A.静谧深邃的森林——2分　B.蓝天白云下的草场——0分

C.怪石林立的高山峭壁——1分

15. 如果能力许可，在人事经理、记者和自由画家3种职业中，你会选择哪一种？

A.善于处理人际关系的人事经理——2分

B.能言善辩、可能接触社会各色人等的记者——1分

C.尽管有可能非常清贫，但是可以率性生活的自由画家——0分

项目实训

用SWOT法分析创业风险。

实训目的

1. 掌握用SWOT法分析创业风险的方法。
2. 使大学生对创业风险有一定的了解，并学会如何去规避这些风险。

实训流程

1. 对创业项目进行SWOT分析。

通过利用SWOT法对创业风险进行分析，使大学生能够真正认识到创业风险及其利弊，能够从本质上去对待创业风险。

优势（S）	劣势（W）
机会（O）	威胁（T）

2. 制定防范措施。

以小组为单位进行讨论，通过对创业风险进行分析，来制定相应的防范措施。

（1）从行业环境角度分析。

____

____

____

（2）从市场发展走向角度分析。

____

____

____

（3）从影响因素角度分析。

____

____

____

（4）从竞争指数角度分析。

____

____

____

3. 总结并汇报。

通过对创业风险进行分析，小组之间进行讨论，并撰写一篇关于创业风险的报告（500字），最后选出一名代表进行汇报。

▶ 实训思考

通过对创业风险进行分析，你从中学到了什么？

____

____

____

项目 13 创新创业大赛实践

知识目标

1. 熟悉中国“互联网+”大学生创业创新大赛。
2. 了解好项目的来源。
3. 掌握项目展示和答辩的技巧。

能力目标

1. 能够选择合适的创业项目。
2. 能够对自己的创业项目进行一次精彩的展示。

思政目标

1. 通过创新创业大赛的实践，深刻认识和理解创新的内涵，感受价值创造的过程，并深刻理解创新理论。
2. 积极落实习近平总书记“惟创新者进，惟创新者强，惟创新者胜”的重要指示精神。

案例引入

电子商务“三创赛”推动个人成长

大学在忙碌的学习和社会实践中很快就过去了，在大学期间陈浩参加了全国大学生电子商务“创新、创意及创业”挑战赛（简称“三创赛”），给自己的大学生活增添了一些色彩。当时陈浩在读大三，在导师的带领下，他和其他3个同学一起参加了全国大学生电子商务“创新、创意及创业”挑战赛。陈浩所在团队的参赛作品是“米器网”，通过校内竞赛后进入了省级选拔赛。在准备省级选拔赛期间，团队成员分工合作，有的负责完善策划案，有的负责技术咨询，有的负责演讲，各司其职。但在经过大赛组织委员会的层层筛选后，陈浩所在团队的项目还是因为创新不足、可行性差而遗憾出局。虽然此次参赛成绩不是很理想，但此次经历对陈浩了解创业、理解电商仍大有益处。同时，参加比赛不仅是对陈浩综合能力的锻炼，也是其自我提升的过程。

通过此次比赛，陈浩所在的团队收获的不仅仅是理论知识和技术，更重要的是团队之间分工合作的经历。他们了解了比赛的各项流程，积累了丰富的经验，明确了自己专业知识的短板。更重要的是，此次经历对陈浩毕业后的自主创业产生了重要影响。

任务1 “互联网+”创新创业大赛

一 “互联网+”大学生创新创业大赛简介——以第七届为例

第七届中国国际“互联网+”大学生创新创业大赛于2021年4月正式启动。这次大赛聚焦建党百年的特殊时点、进入新发展阶段的战略起点、第一次在革命老区办赛的特殊地点，围绕“更中国、更国际、更教育、更全面、更创新”的办赛目标，做强“底色”、点亮“红色”、突出“本色”、再添“成色”，力争办一届更出彩、更惊艳的国际大赛。

“互联网+”创新创业大赛介绍

（一）大赛特色

1. 做强创新创业“底色”，赛事规模再创新高

第七届中国国际“互联网+”大学生创新创业大赛共有来自国内外121个国家和地区的4347所院校的228万余个项目、956万余人次报名参赛，参赛项目数增幅达55%，参赛人次增长51%。尽管受到疫情影响，仍有来自国外117个国家和地区的1263所学校、5531个项目、15611人报名参赛，增幅分别达到68%和74%，基本囊括了哈佛大学、麻省理工学院、牛津大学、剑桥大学等世界排名前100的大学。职教赛道共计2116所院校、86万余个项目、330万余人次报名参赛。萌芽赛道共计228个项目参赛。为适应赛事发展，总决赛入围项目由1600个增加到3500个，金牌数量由158个增加到320个。可以说，本届大赛实现了“三个覆盖”：中国内地院校参赛全覆盖、教育全学段参赛全覆盖、世界百强大学参赛基本覆盖。

2. 点亮课程思政“红色”，红旅活动星火燎原

2021年6月11日，在江西井冈山举行了大赛“青年红色筑梦之旅”全国启动仪式，并于上海、深圳、嘉兴、延安、雄安等5地联动举行，1200多万人次在线观看直播。各地各高校紧扣“建党百年”主题，全程贯穿“四史”教育，2586所院校的40万个创新创业团队、181万名大学生参加活动，对接农户105万户、企业2.1万多家，签订合作协议3万余项。产生了良好的经济效益和社会效益。

3. 坚守育人育才“本色”，让大赛讲好立德树人故事

第七届中国国际“互联网+”大学生创新创业大赛进一步回归教育本质，力争从“稚嫩”中突出“不平凡”。新设“本科生创意组”，并设置单独的晋级通道，保障在校大学生深度参赛，让更多创新创业的“未来之星”能脱颖而出。增加了参赛人员年龄不超过35周岁的限制，让更多青年学生有展示机会。大赛同期举办的“创新创业成果展”，突出展示各地各高校落实立德树人根本任务、培养大众创业、万众创新生力军的成果。

4. 再添高质量发展“成色”，大赛赛道进一步拓展

为引导高校把创新创业教育与破解产业实际技术难题有机结合，本届大赛新增了产业命题赛道。产业出题、高校揭榜，华为、腾讯、京东、字节跳动、南方航空等多家知名企业高度关注、积极参与，国内共有1024所高校的10466个项目、59454人次报名参赛，有力促进了赛事成果转化与产学研深度融合，营造了协同培养创新创业人才的良好生态，推动了高校毕业生更高质量创业就业。

（二）主要任务

1. 以赛促教，探索人才培养新途径

全面推进高校课程思政建设，深化创新创业教育改革，引领各类学校人才培养模式深刻变革，建构素质教育发展新格局，形成新的人才培养质量观和质量标准，切实提高学生的创新精神、创业意识和创新创业能力。

2. 以赛促学，培养创新创业生力军

服务构建新发展格局和高水平自立自强，激发学生的创造力，激励广大青年扎根中国大地了解国情民情，在创新创业中增长智慧才干，坚定执着追理想，实事求是闯新路，把激昂的青春梦融入伟大的中国梦，努力成长为德才兼备的有为人才。

3. 以赛促创，搭建产教融合新平台

把教育融入经济社会产业发展，推动互联网、大数据、人工智能等领域成果转化和产学研用融合，促进教育链、人才链与产业链、创新链有机衔接，以创新引领创业、以创业带动就业，努力形成高校毕业生更高质量创业就业的新局面。

双创榜样

兼顾比赛付出和收获，他始终在路上

管邓平，华南理工大学2018级市场营销班的一名学生，他参加过很多次的比赛，比如第十二届“挑战杯”，第六届中国国际“互联网+”大学生创新创业大赛等。从最开始懵懵懂懂的新人变成一个比赛场上的老手，他花了一年多的时间。

日常生活中，在很多人选择刷手机、打游戏的同时，他挤出时间来修改参加比赛的商业计划书；节假日里，大家选择出游的时候，他正在与队友们前往市场调研的路上；甚至在寒暑假，他都在自学着视频剪辑、SPSS统计软件的运用等各种专业技能。因为他相信现在付出的努力总有一天会派上用场，天道酬勤在管邓平身上也得到了很好的体现。为了做好参赛所需要的一个PPT，他会对PPT内容进行一次又一次的修改、核对相关数据，确保逻辑清晰、数据准确，提高所展示内容的说服力；为了使参赛的视频以最好的效果呈现在评委面前，他会向专业人士虚心请教，尽可能地呈现出最完美的效果；为了保证在登台展示的时候不怯场，他会在每一次展示之前准备好稿子，提前练习十几遍，给自己更多的信心和底气。管邓平在点滴小事上的耐心、细心及追求极致完美，都是他能够成功的关键。

管邓平表示自己在比赛中最大的收获是：“坚持”和“不断学习”。

“打比赛不能带有太强的功利性”，这是管邓平长期以来的比赛经验。最开始打比赛的时候，他也总希望自己拿奖，但对于没有经验的新手，这是很困难的，新人在比赛中更多的是处于弱势，这样功利心会让人变得很灰心。所以不能让功利心迷惑了自己，每一段比赛结果固然重要，但是不断学习和积累的过程对于我们的提高与发展更为重要。每一次比赛都是对个人和团队能力的一个考验，在比赛中，只有不断学习和优化，才能够取得进步。

没有什么事情是一帆风顺的。管邓平的众多比赛经历中，印象最深刻的一次就是出现团队架构问题的那一次。在一次比赛开始之初，他们团队就发现了一个问题：团队成员架构不妥当。一个团队里不仅需要商科的学生去做策划书和PPT内容，还需要一些精于设计的同学去考虑策划书和PPT的排版及美观方面的设计。但是他们最开始的成员都是管院的商科学生，队员的长处重叠，使得他们在比赛中处于不利的境地，为了解决这个问题，他们专门邀请设计学院的同学加入，优化团队成员的组成架构，转被动为主动。这次的事件也让他明白，在比赛中，一定要及时发现问题，尽快解决，才不至于引起更大的后果。

功夫不负有心人，经过了多次比赛的历练，他对待比赛变得得心应手。凭借着丰富的经验和踏实努力的态度，最终，他获得了第六届中国国际“互联网+”大学生创新创业大赛广东省金奖、第十二届“挑战杯”中国大学生创业计划竞赛全国铜奖、2019—2020年度省级大学生创新创业训练计划项目优秀结题等众多奖项。这些奖项是他长期努力的结果，也是对他个人的肯定。

二 参赛要求

①参赛项目能够将移动互联网、云计算、大数据、人工智能、物联网、下一代通信技术、区块链等新一代信息技术与经济社会各领域紧密结合，服务新型基础设施建设，培育新产品、新服务、新业态、新模式；发挥互联网在促进产业升级及信息化和工业化深度融合中的作用，促进制造业、农业、能源、环保等产业转型升级；发挥互联网在社会服务中的作用，创新网络化服务模式，促进互联网与教育、医疗、交通、金融、消费生活等深度融合。

②参赛项目须真实、健康、合法，无任何不良信息，项目立意应弘扬正能量，践行社会主义核心价值观。参赛项目不得侵犯他人知识产权；所涉及的发明创造、专利技术、资源等必须拥有清晰合法的知识产权或物权；抄袭盗用他人成果、提供虚假材料等违反相关法律法规的行为，一经发现即刻丧失参赛相关权利并自负一切法律责任。

③参赛项目涉及他人知识产权的，报名时须提交完整的具有法律效力的所有人书面授权许可书等；已在主管部门完成登记注册的创业项目，报名时须提交营业执照、登记证书、组织机构代码证等相关证件的扫描件，以及单位概况、法定代表人情况、股权结构等资料。参赛项目可提供当前真实财务数据、已获投资情况、带动就业情况等相关证明材料。在大赛通知发布前，已获投资1000万元及以上或在2020年及之前任意一个年度的收入达到1000万元及以上的参赛项目，请在总决赛时提供投资协议、投资款证明等佐证材料。

④参赛项目不得含有任何违反《中华人民共和国宪法》及其他法律、法规的内容。须尊重中国文化，符合公序良俗。

⑤参赛项目根据各赛道相应的要求，只能选择一个符合要求的赛道报名参赛。已获本大赛往届总决赛各赛道金奖和银奖的项目，不可报名参加本届大赛。

⑥参赛人员（不含师生共创参赛项目成员中的教师）年龄不超过35岁（1986年3月1日之后出生）。

三 参赛组别

（一）职教赛道

职教赛道分为创意组与创业组，具体参赛条件如下。

1. 创意组

参赛项目具有较好的创意和较为成型的产品原型、服务模式或针对生产加工工艺进行创新的改良技术，在2021年5月31日（以下时间均包含当日）前尚未完成工商登记注册。参赛申报人须为团队负责人，须为全日制在校学生。

2. 创业组

参赛项目在2021年5月31日前已完成工商登记注册，且公司注册年限不超过5年（2016年3月1日后注册）。参赛申报人须为企业法人代表，须为全日制在校学生或毕业5年内的毕业生（2016年之后毕业）。企业法人在大赛通知发布之日后进行变更的不予认可。已完成工商登记注册参赛项目的股权结构中，企业法人代表的股权不得少于10%，参赛成员合计不得少于1/3。

学校科技成果转化的项目须参加创业组（不能参加创意组，科技成果的完成人、所有人中有参赛申报人的除外），允许将拥有科研成果的教师的股权与学生所持股权合并计算，合并计算的股权不得少于51%（学生团队所持股权比例不得低于 26%）。教师持股比例大于学生团队持股比例的项目，只能参加高教主赛道师生共创组，不能报名参加职教赛道。

（二）“青年红色筑梦之旅”赛道

根据项目性质和特点，“青年红色筑梦之旅”赛道分为公益组、商业组。

1．公益组

①参赛项目以社会价值为导向，在公益服务领域具有较好的创意、产品或服务模式的创业计划和实践。

②参赛申报主体为独立的公益项目或者社会组织，注册或未注册成立公益机构（或社会组织）的项目均可参赛。

③师生共创的公益项目，若符合“青年红色筑梦之旅”赛道要求，可以参加该组。

2．商业组

①参赛项目以商业手段解决农业农村和城乡社区发展的痛点问题、助力精准扶贫和乡村振兴，实现经济价值和社会价值的融合。

②注册或未注册成立公司的项目均可参赛。已完成工商登记注册参赛项目的股权结构中，企业法人代表的股权不得少于10%，参赛成员股权合计不得少于1/3。如已注册成立机构或公司，学生须为法人代表。

③师生共创的商业项目不能参加“青年红色筑梦之旅”赛道，可参加高教主赛道。

（三）高教主赛道

高教主赛道根据参赛项目所处的创业阶段、已获投资情况和项目特点，分为创意组、初创组、成长组、师生共创组。由于高教主赛道主要为本科生、研究生报名赛道，故本次校选赛主赛道只开放师生共创组，具体参赛条件如下。

师生共创组：基于国家级重大、重点科研项目的科研成果转化项目，或者教师与学生共同参与创业且教师所占权重比例大于学生（如已注册成立公司，教师持股比例大于学生）的项目参加师生共创组进行比赛，并符合以下条件。

①参赛项目如已注册成立公司，公司注册年限不得超过5年（2016年3月1日后注册），师生均可为公司法人代表。企业法人代表在大赛通知发布之日后进行变更的不予认可。股权结构中，师生股权合并计算不低于51%，且学生参赛成员合计股份不低于10%。

②参赛申报人须为在校生，或毕业5年以内的毕业生（2016年之后毕业，不含在职生）。

③参赛项目中的教师须为高校在编教师（2021年6月1日前正式入职）。

头脑风暴

大三学生王松在老师的指导下，选择了一个不错的项目，准备参加第七届中国国际“互联网＋”大学生创新创业大赛。通过对大赛章程的简单了解后，王松意识到，组建团队是当前的首要任务，于是，王松找了本学院的其他两位同学一起来参加比赛。由于王松团队的参赛项目科研性强，所以遇到问题时很难找到现成的解决方案，需要自己想办法。因此，在项目开发的前期，每个成员都感觉自己像是在瞎忙，什么成果都没有，但是随着团队成员们对项目所在行业的逐渐了解，并积极学习一些新技术后，项目最初遇到的问题现在都有了解决方案。半年后，王松的项目成熟了。

大赛已经正式开始报名，王松通过登录“全国大学生创业服务网”进行了报名。在高校初赛阶段，王松通过路演将项目重点向评委进行了充分的展示，并从背景分析、市场需要、竞争对手、财务预测、未来规划等方面对项目进行了详细阐述，得到了评委们的一致好评，项目也顺利进入了省级复赛阶段。成功晋级后，在指导老师的带领下，团队开始为省级复赛做准备，并对目前项目可能存在的问题做出改变，对计划书和PPT也进行了完善。有了初赛的经历，此次复赛王松团队更加自信，在答辩过程中，语言表达简明扼要，条理清晰。但事与愿违，评委认为王松团队的项目可行性不够高，王松所在团队最终还是没能进入全国总决赛。

王松觉得虽然此次比赛的结果没有达到预期，但对自己来说，这是一个开阔视野的好机会。经过比赛的历练，王松的管理能力、沟通能力、演说能力都有很大的提升。同时，这次经历也为王松以后的发展指明了方向。

问题讨论：

（1）王松团队未能进入全国总决赛的原因是什么？

（2）参加大赛前，作为参赛人员需要做哪些准备？

（3）在项目展示与答辩环节，参赛人员应如何应对？

任务2 好项目的来源

一 选择创业项目的基本原则

（一）知己知彼原则

大学生创业者在选择创业项目时需要铭记4个字：知己知彼。

所谓知己，就是指大学生创业者在选择创业项目之前，应该对自己的状况有一个清楚的认识和判断。例如，自己可以提供多少创业资金，自己的兴趣和爱好是什么，自己的知识积累和人脉状况如何，自己在性格上有哪些优点和弱点等。从大学生创业者自身的角度来看，自我认识越深入详尽，就越容易找到适合自己的创业项目。

所谓知彼，就是要了解创业地区的社会经济环境。既要认真分析当地的发展政策（包括产业结构政策、金融政策、税收政策等），又要认真分析当地的消费情况（如居民的购买力水平、购买习惯等），还要认真分析当地的自然资源和人文资源（包括具有市场开发价值的工业原料和农林渔牧产品、传统的生产加工技术、独特的自然环境和人文景观等）。

如何选择创业项目

（二）量力而行原则

创业是一种风险投资，每位大学生创业者都应该遵循量力而行的原则。若大学生创业者是借钱创业，就更应该规避风险较大的创业项目，把为数不多的资金投入风险较小、规模较小的创业项目当中，从而积少成多，逐步发展。

大学生创业者在创业之初普遍缺乏资金和客户等资源。因此，为了尽快脱离创业的“初始危险期”，使创业项目的运作进入良性循环，在同等条件下，大学生创业者应优先考虑“短平快”的创业项目。

（三）短平快原则

“短平快”的创业项目可以迅速收回投资成本，降低投资风险，即使项目后期的成长不好，大学生创业者也可以选择继续经营，或主动退出，利用挖掘到的“第一桶金”另寻出路。

（四）自由资源优先原则

大学生创业者在了解了创业环境之后，应该从中甄选出可以重点利用和开发的资源。甄选时应贯彻自有资源优先原则。

自有资源就是大学生创业者本人拥有的或可以直接控制的资源，包括专有技术、行业从业经验、经营管理能力、个人社会关系、私有物质资产等。与其他非自有资源相比，自有资源的获取和使用成本往往较低。

（五）以市场为导向原则

不少大学生创业者一味地认为，哪个行业热门、利润高，创业时就应选择哪个行业。其实这种想法是错误的。大学生创业者必须树立“企业是为解决消费者需求而存在的”这一理念，这样才能确保企业稳定发展。

创业项目的选择是以市场为导向的，必须从社会需求出发。大学生创业者要想明确社会需求，就一定要做好市场调查。尤其是对于首次创业的大学生创业者而言，对市场进行详细调研更是不可缺少。

（六）因时而动原则

在开创自己的一番事业前，大学生创业者应该了解国家目前正在扶持、鼓励和限制的行业。大学生创业者若是选择了国家政策扶持、鼓励的行业，企业今后的发展将更加顺利。因此，选择创业项目时要因时而动，大学生创业者应密切关注以下两个时间段的市场行情。

1．当前行情

当前行情包括当前的市场需求、市场空白和市场上畅销的产品。大学生创业者若想选择当前畅销的产品，则一定要冷静分析，明确其畅销的真正原因。

2．未来前景

大学生创业者应仔细分析行业未来的发展前景，如该行业是否符合国家产业政策，是否符合人们的消费发展趋势等。

（七）项目特色原则

创业项目有特色是企业能持续发展的必要条件。这里所说的特色可以理解为：别人没有的、先人发现的、与众不同的、强于他人的。只有选择有特色的项目，才有可能在激烈的市场竞争中占有一席之地。因此，大学生创业者选择的创业项目一定要有特色。

（八）合法性原则

创业项目要在国家允许进入的行业和领域中选择。国家对部分领域是明令禁止的，如军火的生产和经营、非法传销等；对部分领域是有所限制的，如制药等；对部分行业是有资质限制准入门槛的，如大型的建筑安装工程、矿山开采等。而国家对生产普通民用商品的领域基本没有什么限制。大学生创业者所选择的创业项目及经营范围一定要符合法律法规，否则将面临严重的后果。

二　选择创业项目的策略

（一）先加后减策略

大学生创业者在选择创业项目时，要开阔视野、扩展思维、拓宽选择范围，即“做加法”。具体做法如下。

①多阅读一些创业人物传记、贸易出版物、财经图书等来开阔自己的视野，培养自己的创业感觉和兴趣。

②多参加一些投资贸易洽谈会、博览会及有针对性的创业项目洽谈会、创业项目大赛等，从而开阔眼界、刺激思维。

③多参加一些创业讲座、小企业管理课程等，多结交经销商、批发商、企业人士等，通过与他们的相识、交流，以及向他们请教来获取项目信息。

④通过“创业计划大赛”“创意吧”等创新活动，打开自己的创新思维，获取项目信息。

“做加法”后，大学生创业者脑海中可能会产生许多的创业项目，此时就需要结合相关的评价指标、筛选机制，将一些不能做或不适合的项目逐一排除，即“做减法”，如将政策限制的项目、启动资金较大的项目、不环保的项目排除掉。

（二）条件筛选原则

1．根据自己的兴趣进行筛选

大学生创业者可以把最想做的创业项目挑选出来，即从兴趣出发。兴趣是一个人进行认识和实践的动力，影响着大学生创业者的能力和知识结构的形成。如果选择了自己感兴趣的创业项目，大学生创业者就会倾注全部心血，用坚韧的意志来督促自己不断努力。

2．根据自己的能力进行筛选

大学生创业者可以把自己能够做的创业项目挑选出来，即从自有资源出发。在选择创业项目时，大学生创业者虽然要考虑自己的兴趣，但又不能只凭借兴趣，否则还是有很大的风险。自有资源一般包括技术专长、行业经验、经营策略、管理能力及个人社会关系等，这些是完成创业项目的切实保障。

3．根据市场需求进行筛选

大学生创业者可以把具有市场需求的创业项目挑选出来。选择创业项目时必须以经济效益为导向，从市场需求出发，才能取得理想的结果。

经过以上3轮筛选后，能够同时满足3个条件的创业项目就是适合大学生创业者的创业项目。

（三）市场调查策略

1．确定调查目标

大学生创业者要确定市场调查的目标，即明确目标人群的组成，判断自己的产品或服务能否满足其需求等。

2．把握调查要点

把握调查要点的关键是满足客户的需求。客户需求就是客户通过购买大学生创业者的产品或服务来实现的需求的满足。客户需求的满足分为以下两种情形。

①这种需求已经存在，但还没有被满足。

②已有的产品或服务能够满足客户需求，但大学生创业者提供的产品或服务的客户价值更高。所以，大学生创业者应该用有限的资源创造出最大的客户价值。

3．处理与分析数据

大学生创业者应对调查结果进行数据处理与分析，通过对数据的处理与分析，了解创业项目的市场需求，从而对项目进行有效的市场预测和决策，为创业成功提供保障。

案例鉴赏

破版卖报纸，5年赚足一百万

在大街上叫卖报纸，这是很多人都不屑去做的事情，但有一个女大学生却心甘情愿地做起了报贩，并且在短短5年时间内成为百万富翁。

几年前，刘海玲怀揣着计算机专业本科文凭和大学英语四级证书，准备寻找一个施展才华的舞台，干一番轰轰烈烈的事业。然而，应聘多次却屡屡碰壁，她不得不把求职标准一降再降。后来，她得知郑州《大河报》要招聘发行员，虽然月薪非常低，但急于就业的她还是去报了名。

在卖报过程中，她发现《大河报》是河南省发行量较大的一份报纸，每天有40多个版面，内容很丰富，包括国际新闻、国内新闻、军事、经济、体育、娱乐、股票、房产、汽车、生活等各方面，每块内容相对集中和独立。有些读者只对40多个版面中的某个版面感兴趣，如投资股票的人只对股票版感兴趣，爱好体育的人只关注体育版，想买房的人只对购房信息和房产版感兴趣，还有的人买报纸只是为了看招聘信息，对其他版面只是粗粗浏览，甚至看都不看一眼。对以上各类读者来说，掏钱买其他版面纯属浪费。

为了迎合这类特定读者的需求，刘海玲灵活经营，打破报纸惯例，破版卖报，可以不买整份报纸，只买其中一个专版，每版0.1元；也可以把报纸借回去，把需要的招工信息和购房信息抄下来，然后再把报纸还回来，每次0.1元。这样一来，一份价值0.5元的报纸经常被她卖到4元。由于巧卖报纸，她每月能额外多赚500多元。

巧卖《大河报》尝到甜头以后，她又把《南方周末》等其他报纸也破版出售，受到了读者的欢迎。由于卖报方式独特，她渐渐成为安阳家喻户晓的人物，很多人专门找她订报、买报。

如何进一步吸引读者呢？她做了很多调查，想了很多办法。她发现，报纸的保存价值比较小，家里堆积那么多废报纸是一件很麻烦的事情，于是她就采取回收旧报纸抵报款的征订方式，也就是说，向她订报，只要每月看过的报纸到月底由她来回收，180元一年的报纸，订户只需缴纳50元。这招可不得了，因为没有什么报纸能如此便宜。她迅速成为安阳推销报刊的大户。

有了一些积蓄以后，她买下了一家书报亭。后来，她开始经营好几家书报亭。有一次她到广州旅游，发现广州街头的书报亭里的报刊品种比较丰富，比安阳的报刊市场多几十种，有些大的书报摊经营的报刊多达200多种。和广州的报刊零售市场相比，安阳的报刊市场真是冷清，因为安阳的报刊发行是由邮局一家垄断性经营，导致报刊发行受阻。刘海玲产生了一个大胆的想法：何不自己成立一家报刊批发中心，和邮局竞争，激活安阳的报刊亭市场呢？

回到安阳以后，她成立了安阳市首家报刊批发中心，随即和国内50多家报刊社建立了合作关系。几年以后，刘海玲成为豫北地区最大的报刊经销商，全国有200多家报刊社与她建立了长期合作关系。

正如一个名人说的，成功不在于你干什么，而在于你怎么干。刘海玲卖报纸，起点看起来很低，可是她却开创了破版销售报纸的先河，把0.5元的报纸卖到了4元钱，几年时间就赚来百万财富。

三 对创业项目进行评估

（一）创业项目的评估准则

评估创业项目

创业项目的评估准则主要包括市场和效益两个方面。

1．市场方面的评估准则

市场方面的评估准则主要包括市场定位、市场规模和市场占有率3个方面。

（1）市场定位

评估创业项目首先要评估的就是这个项目的市场定位是否准确。一个好的创业项目必然要有特定的市场定位，能够满足消费者的需求，为消费者带来利益。因此，评估者在评估创业项目的时候，可从市场定位是否明确、消费者需求分析是否清晰、产品线是否可以持续衍生等方面来判断创业项目可能具有的市场价值。

（2）市场规模

市场规模大小与成长空间也是影响创业项目成败的重要因素之一。一般而言，市场规模如果较大，其进入门槛就会相对较低，市场竞争也不会太过激烈。但一个十分成熟的市场，即使规模很大，由于成长空间较少，利润空间必然很小，也是不宜进入的。

（3）市场占有率

市场占有率这一指标可以显示出创业项目未来的市场竞争力。一般而言，要成为市场中的领跑者，至少需要拥有20%的市场占有率。如果市场占有率低于5%，则这个创业项目的市场竞争力显然不足，自然也会影响企业的价值。

2．效益方面的评估准则

效益方面的评估准则主要包括以下两个方面。

（1）合理的税后净利

一般而言，具有吸引力的创业项目至少能够创造15%的税后净利。如果创业项目预期的税后净利在5%以下，那可能就不是一个好的创业项目。

（2）投资回报率

考虑到创业可能面临的各项风险，合理的投资回报率应该在25%以上。一般而言，投资回报率低于8%的创业项目，不值得考虑。

（二）效益方面的评估指标

创业项目的评估指标主要包括企业未来的市场评估、产品与技术评估、项目投资规模评估、经营管理评估、财务评估、风险评估等，如表13-1所示。建立客观、可操作、有前瞻性的评估指标体系，可以帮助大学生创业者全方位了解创业项目的各方面信息。

表13-1　创业项目评估指标体系

评估内容	评估指标
市场评估	市场需求量预测、目标人群收入水平、市场接受时间、市场竞争激励程度
产品与技术评估	替代产品、技术的先进性、技术的发展前景等
项目投资规模评估	需要的资金数量、生产规模、生产能力等
经营管理评估	经营规模、创业团队、员工技能等
财务评估	净利润增长率预测、销售收入增长率预测、投资回报率预测、内部收益率预测等
风险评估	财务风险、行业风险、退出壁垒等

另外，大学生创业者可以根据自身或行业特点，确定出每一项评估内容的具体指标。对于一些定性的指标，大学生创业者要通过量表的形式将其进行定量化处理，给每个指标打分，然后再根据给出的权重计算出最后得分。

一般情况下，优秀的创业项目通常具有以下7项明显特征。

①有比较优秀的掌舵人和能力互补的骨干团队成员。

②有独特的核心竞争优势和核心价值。

③发展规划及措施清晰、可行。

④股权结构清晰，主营业务突出，市场前景好。

⑤有创新的技术或商业模式。

⑥具有非常好的成长性。

⑦财务规划、盈利能力及现金流量表现良好。

任务3 项目展示和答辩技巧

一 路演——项目展示的高效手段

创业者可以通过路演将想法推介出去，吸引投资者投资。路演可以使创业者少走弯路，节省时间和精力。

（一）路演的目的及形式

路演是指在公共场所进行演说、演示产品、推介理念，以及向他人推广自己的公司、团队、产品和想法的一种方式。通过路演，可以让投资者真正读懂企业的项目，从而做出更为准确的判断。

什么是路演

1. 路演的目的

创业者路演的目的是通过对创业项目的公开展示，促进投资者与创业者之间的沟通和交流，进而吸引投资者进行投资。

路演是吸引投资者投资的手段。在通常情况下，投资者每天看到的创业计划书和接触到的项目很多，有的投资者甚至一天就要阅读上百份创业计划书，所以在筛选项目时只能凭借一些市场份额、盈利水平等硬性指标进行判断，很难了解项目的独特之处，进而导致很多优秀的创业设想与投资者擦肩而过。而路演可以同时让多个投资者认真聆听创业者的讲解和说明，同时还可以让投资者们有一个思考和交流的过程。

2. 路演的形式

路演的主要形式是举行推介会。在推介会上，创业者需要向投资者就公司的产品、发展方向、盈利模式等做详细介绍，充分阐述企业的投资价值，让投资者能深入了解具体情况，并能准确回答投资者所关心的问题。

通常来说，路演推介会可以分为以下3种形式。

（1）参观型推介会

参观型推介会是指企业邀请投资人到企业内部来参观，使投资人在参观企业的过程中感受到公司的文化、产品的好坏，从而产生投资的兴趣。参观型推介会适合于具有创新能力及有影响力的企业。

（2）活动型推介会

活动型推介会是指企业通过举办沙龙的方式来吸引投资人，这种形式的路演有利于培养企业与投资者之间的关系，具有可观的长期效果，适用于企业文化和精神很突出，能够吸引和影响投资人的企业。

（3）现场展示型推介会

现场展示型推介会就是让企业和投资人直接对接、直接负责，让企业与投资人心交心，让投资当场发生，这样做的好处是便捷，而且成功率极高。

（二）路演的五大要素

路演的最终目的就是让创业者、投资者双方进行高效对接。在路演平台上，创业者需要事先做好准备，去阐述自己的创业项目并与投资者进行现场问答。要想项目路演成功，创业者就要学会合理处理以下五大关键要素。

1. 有一个大愿景

在路演中，创业者需要展示一个吸引人的大愿景，告诉投资者企业未来的发展方向。

2. 详细解释如何使用投资

投资者很关心创业者在获得投资后会怎样使用这笔资金，这也是问答的焦点。创业者需要了解不同部门的资金使用情况，以及每一个商业项目的资金使用情况，然后向投资者传达包含企业运营成本、收入增长率、利润等的详细财务规划，或者提出一个可预知投资回报率的营销策略，向投资者表达其投资的收益情况。

3. 展现竞争力

无论创业项目的产品或服务是否已经产生收入，创业者都需要在路演时向投资者展示出该产品或服务已经拥有的竞争力。

4. 团队构成

创业者在路演中应该对自己的核心团队进行介绍，最好是给团队中的创始人做一个包括创始人的工作履历及具体工作内容的个人介绍。

5. 解决痛点的能力

所有出色的路演，几乎都是围绕某个行业痛点来展开的，首先描述该痛点再给出自己的解决方案。

（三）为路演准备的资料

路演是面对多个投资者进行的创业项目展示，要想展示得准确、得体，又令人信服，就需要在路演前进行充分的准备。大学生创业者应该为路演准备的相关资料大概包括以下3个方面。

1. 路演台本

路演的第一个环节就是创业者以创业项目为主题进行演讲。为了保证演讲质量，避免忘词、表述混乱，创业者应先将演讲内容进行梳理并记录下来，并根据路演时间安排准备台本，具体方法如下。

①根据路演结构撰写演讲内容。路演可以分为项目介绍和项目展示两大部分，在项目介绍部分，需要说明项目是做什么的、市场有多大及项目的增长潜力有多大；在项目

展示部分，创业者需要围绕自己的项目，阐明项目解决的痛点、竞争优势，并介绍团队成员，提出融资需求。

②梳理演讲内容并标注重点。创业者应该对演讲台本的逻辑关系、核心数据进行梳理，切忌表述前后矛盾、数据错误。同时在台本上标注重点，概括核心内容，做到详略得当。另外，在语言表述上应该力求简洁明了，切忌废话连篇、表述不清。

③对提问环节进行准备。投资者针对演讲内容进行提问，创业者也要事先对提问环节进行准备。创业者可以在路演前进行角色互换，假设创业者自己是投资者，想一想有哪些问题是投资者提问概率较大的，提前准备这些问题的答案。

2．路演PPT

PPT演示文档清晰直观，其画面可以作为创业者演讲的补充，一份图文并茂、文字精练的PPT，可以为演讲者提示思路，让投资者抓住演讲重点。对于路演所用的PPT，创业者需要注意以下3点。

①篇幅：路演PPT的篇幅控制在15页左右为宜。创业者根据路演台本上标注的重点，把想要强调的关键内容，比如产品或服务、市场状况、竞争分析、商业模式、团队介绍、融资需求等，醒目地展示给投资者。

②制作：路演PPT在版式设计、色彩风格上要统一，不宜过于花哨（艺术类项目除外）；多用图表少用文字，大篇幅的文字会占用投资者大部分的注意力，让其感到疲劳；在话题承接的地方，可以使用过渡页或使用问句引入下一个话题，吸引投资者的注意。

③内容：路演PPT的内容应该包括痛点（需求）与时机、解决方案、市场规模、产品或服务展示、竞争优势、商业模式、团队和融资计划等，创业者应根据具体的情况进行灵活调整。

3．完整的创业计划书

一份完整的创业计划书几乎囊括了投资人感兴趣的所有内容，内容比创业者进行的演讲要充分和具体一些。投资者如果有意向就会仔细阅读创业计划书，对创业者、创业公司和创业项目进行更深入地了解。

二 路演的步骤与技巧

（一）路演的步骤

路演需要进行公开演讲，演讲的对象又是手握资金的投资人，这种局面无疑会使很多创业者紧张。其实路演的过程通常可以分为5步，创业者只要严格按照这5个步骤进行路演，基本上可以保证路演的效果。

路演和答辩技巧

①提出问题：指创业者首先应该提出一些具有社会共性的问题，这样不仅可以引起投资者的兴趣，也可以为后面将要推介的项目或产品做铺垫。

②扩大问题：指挖掘顾客的痛点。

③提出解决方案：指创业者在此次路演中要推介的项目。

④给出顾客见证：指人们都喜欢听自己所认识和了解的事物，如果创业者没有任何案例，投资者就会感觉这个产品不太真实。

⑤邀请投资者参与：风险投资者往往拥有企业的部分控制权，部分风险投资者在投资的时候还会要求在董事会中的席位及一些特定的否决权。为降低投资风险，风险投资者在向企业注入资金的同时，必然介入该企业的经营管理，参与企业的战略决策。

（二）路演的技巧

1. 路演的内容

路演的内容就是要向受众传达的内容，也是路演能否成功的一个前提条件。路演的内容一定要提前准备好，要符合所讲的主题，并且要具备良好的逻辑，介绍时一定要抓住要点。如果时间充裕，路演前可以多排练，以保证对内容的熟悉程度。

2. 语音、语速、语调

创业者需要声情并茂地将路演信息传达给投资者。语音是指创业者要发对音；语调是指演讲要有感情，这样更易于投资者接受和理解；在语速问题上，创业者需要让投资者能够清楚地了解创业者传达的信息要点，同时还要注意保持良好的节奏感，在指定时间内不急不缓地完成一场完整的路演。

3. 个人状态

在路演活动中，投资者还会对创业者本身进行评判，在向投资者推介自己的创业项目时应表现出充满激情、积极向上的个人状态，展现出对自己项目的信心，以及愿意为项目付出巨大努力的准备。

4. 肢体语言

肢体语言是指利用人的身体部位来传达人的思想，如手势、面部表情等。使用肢体语言的目的除了沟通，还有一项就是与投资者互动，创业者应该使用肢体语言让投资者感受到创业者对他们的关注度。

5. 表露个人素质

投资者首先需要创业者有聆听别人的能力。如果创业者在推介自己的项目时只顾表现自己而不顾投资者的感受，则很难让自己的项目受到投资者的青睐。与此同时，创业者需要诚实地回答投资者的问题，不要夸大其词，要让投资者觉得创业者是可以信任的。

6. 运用数据支持

运用数据明确告诉投资者企业的目标人群、项目实施计划及自己的竞争优势，同时再给投资者提供一份详细准确的财务预测。虽然数据略显枯燥，但是创业者应该牢记，只有数据才是最直观、最有说服力的。

项目小结

本项目主要介绍了中国"互联网+"大学生创新创业大赛、好项目的来源，以及项目展示和答辩技巧。通过创业实践，学生逐渐培养自己的创新意识和实践能力，并带动更多的大学生把自主创新、张扬个性、创业挑战作为新的人生目标，使他们在创新创业之路上走得更稳、更好。

练习题

练习题答案

一、单选题

1. 第七届中国国际"互联网+"大学生创新创业大赛的主要目标是（　　）。

A.更中国、更国际、更教育

B.更国际、更教育、更全面

C.更教育、更全面、更创新

D.更中国、更国际、更教育、更全面、更创新

2. 下列不属于第七届中国国际"互联网+"大学生创新创业大赛的特色是（　　）。

A.做强创新创业"底色"，赛事规模再创新高

B.点亮课程思政"红色"，红旅活动星火燎原

C.坚守育人育才"本色"，让大赛讲好立德树人故事

D.更国际

3. 下列不属于第七届中国国际"互联网+"大学生创新创业大赛的主要任务是（　　）。

A.以赛促教，探索人才培养新途径

B.以赛促学，培养创新创业生力军

C.以赛促创，搭建产教融合新平台

D.让学生发现商机

4. 好项目来源于（　　）。

A.跟风　　B.专家建议　　C.教科书上的案例　　D.市场调查

5. 下列关于路演的说法正确的是（　　）。

A.路演是在马路边上演讲

B.路演需要演讲者制作PPT

C.路演的目的是锻炼胆量

D.路演会带来风险

二、多选题

1. 第七届中国国际“互联网+”大学生创新创业大赛的主要目标有（　　）。

A.更中国　B.更国际　C.更教育　D.更全面　E.更创新

2. 下列属于第七届中国国际“互联网+”大学生创新创业大赛参赛组别的是（　　）。

A.职教赛道　B.“青年红色筑梦之旅”赛道

C.高教主赛道　D.非职教赛道

3. 选择创业项目的主要原则有（　　）。

A.知己知彼原则　B.量力而行原则

C.短平快原则　D.多多益善原则

4. 选择创业项目的策略有（　　）。

A.先加后减策略　B.条件筛选原则

C.市场调查策略　D.先礼后兵策略

5. 下面哪些是选择创业项目的误区？（　　）。

A.盲目创业　B.贪大求全

C.认真做市场调查　D.直接照搬其他企业创业模式

三、判断题

1. 首届中国“互联网+”大学生创新创业大赛于2018年举行。（　　）

2. 第七届中国国际“互联网+”大学生创新创业大赛的本质是传统产业的在线化、数据化。（　　）

3. 自己无法发掘好项目。（　　）

4. 路演对项目展示没有帮助。（　　）

5. 大学生在选择创业项目时可以由着自己的性子来做选择。（　　）

四、测试题

国际标准AQ测试

AQ（逆境商数）是我们在面对逆境时的处理能力。明确地描绘出一个人的挫折忍受力。根据AQ专家保罗•史托兹博士的研究，一个人AQ愈高，愈能以弹性面对逆境，积极乐观，接受困难的挑战，发挥创意找出解决方案，因此能不屈不挠，愈挫愈勇，而终究表现卓越。

（一）将下列选项填到答案中

A. 很符合我的情况

B. 比较符合我的情况

C. 不能肯定

D. 不太符合我的情况

E. 根本不符合我的情况

（二）问题

1 若把考试卷拿到一个安静、无人的房间去做，我的成绩可能好一些。（　）

2 我在正式考试或测验时所取得的成绩比平时的要好得多。（　）

3 尽管我已经把演讲稿记得很牢，可是在讲演的时候却总要出些差错。（　）

4 如果有必要，我可以通宵达旦地工作和学习。（　）

5 夏天我比别人更怕热，冬天比别人更怕冷。（　）

6 即使在混乱嘈杂的环境里，我仍能集中精力高效率地学习和工作。（　）

7 体检时，医生都说我心跳过速，其实我的脉搏很正常。（　）

8 会议上发言时，我比别人更镇定、更自然。（　）

9 当家人的朋友来时，我常常想方设法躲避他们。（　）

10 外出时，我很快能适应当地的生活习俗。（　）

11 遇重大比赛时，场面越热烈，我的成绩越差。（　）

12 讨论问题时，我能流利地表达自己的看法。（　）

13 很多事情我更愿一个人做而不愿多人合作。（　）

14 考虑到大家要相安共处，有时我常不能坚定自己的立场或意见。（　）

15 在公众面前或面对生人时，我常有心跳加快的感觉。（　）

16 我能注意到应该注意到的细节，不管当时的情况多么紧迫。（　）

17 与别人讲座时，我常觉自己没话说，但事后却能发觉自己有很多理由能反驳对方。（　）

18 我正式的考试成绩比平时的要好。（　）

19 每到一个新的地方，我往往会患有一些诸如失眠、心烦、吃不好、拉肚子等的小毛病。（　）

20 夜间走路，我能比别人看得更清楚。（　）

三、评分

凡属单号题（如1、3、5等）从A到E的选项答案分别记A（1分）、B（2分）、C（3分）、D（4分）、E（5分）。凡属双号题（如2、4、6等）从A到E的选项答案分别记A（5分）、B（4分）、C（3分）、D（2分）、E（1分）。

▶ 项目实训

模拟参加创新创业大赛。

▶ 实训目的

1. 熟悉创新创业大赛流程。

2. 检验自己的创新创业能力。

实训流程

1. 请同学们自行分组，并如实填写分组信息。

（1）小组人数：____________________人（不超过10人）。

（2）小组组长：____________________。

（3）小组成员：____________________。

2. 各小组成员通过网络、学校创业指导等途径了解创新创业大赛，回答如下问题。

（1）我国比较权威的创新创业大赛有哪些？

____

____

____

（2）今年可参加的创新创业大赛是什么？

____

____

____

（3）你会选择哪一个创新创业大赛，为什么？

____

____

____

3. 每个小组成员明确可参加的创新创业大赛，选择参赛项目，并回答如下问题。

（1）小组的参赛项目是什么？

____

____

____

（2）小组参赛项目的优势是什么？

____

____

____

4. 每个小组按参赛要求填写参赛申请表。

<table>
<tr><td>所在省
（区、市）</td><td colspan="3"></td><td>学校名称
（全称）</td><td colspan="2"></td></tr>
<tr><td>项目名称</td><td colspan="6"></td></tr>
<tr><td>项目类型</td><td colspan="6"></td></tr>
<tr><td>项目组别</td><td colspan="6"></td></tr>
<tr><td rowspan="5">团队成员
（最多 10 人）</td><td>姓名</td><td>性别</td><td>学院</td><td>年级、专业</td><td>联系方式</td><td>备注
（负责人）</td></tr>
<tr><td></td><td></td><td></td><td></td><td></td><td></td></tr>
<tr><td></td><td></td><td></td><td></td><td></td><td></td></tr>
<tr><td></td><td></td><td></td><td></td><td></td><td></td></tr>
<tr><td></td><td></td><td></td><td></td><td></td><td></td></tr>
<tr><td rowspan="3">指导教师
（最多 3 人）</td><td>姓名</td><td>性别</td><td>学院</td><td>职称</td><td>职务</td><td>联系方式</td></tr>
<tr><td></td><td></td><td></td><td></td><td></td><td></td></tr>
<tr><td></td><td></td><td></td><td></td><td></td><td></td></tr>
<tr><td>项目简介
（500 字以内）</td><td colspan="6"></td></tr>
<tr><td>社会价值
（500 字以内）</td><td colspan="6"></td></tr>
<tr><td>实践过程
（500 字以内）</td><td colspan="6"></td></tr>
<tr><td>创新意义
（500 字以内）</td><td colspan="6"></td></tr>
<tr><td>发展前景
（500 字以内）</td><td colspan="6"></td></tr>
<tr><td>团队协作
（500 字以内）</td><td colspan="6"></td></tr>
<tr><td>项目介绍材料</td><td colspan="6"></td></tr>
<tr><td>其他相关
证明材料</td><td colspan="6"></td></tr>
</table>

▶ 实训思考

总结模拟报名参加创新创业大赛的收获？

____

____

____

参考文献

[1] 陈林，詹放.大学生创新创业教程[M].北京：电子工业出版社，2020.

[2] 储克森，姚晓峰.创新创业教育[M].北京：机械工业出版社，2020.

[3] 范云峰.大学生创新创业实训[M].青岛：中国海洋大学出版社，2019.

[4] 李贺，王畅.大学生创新创业基础[M].北京：北京理工大学出版社，2019.

[5] 李红梅，赵婷.大学生创新创业指导实务[M].北京：电子工业出版社，2019.

[6] 刘湘辉，王金吉.大学生创新创业概论[M].北京：国家行政学院出版社，2018.

[7] 刘晓莹，杨诗源."互联网+"时代艺术类大学生创新创业基础教程[M].厦门：厦门大学出版社，2019.

[8] 徐军，徐全忠.大学生创新创业基础[M].北京：高等教育出版社，2020.

[9] 杨京智.大学生创新创业基础：大赛案例版[M].北京：人民邮电出版社，2020.

[10] 姚飞.大学生创业管理基础[M].北京：人民邮电出版社，2021.

[11] 张桂书，谢永亮.大学生创新创业实务[M].青岛：中国海洋大学出版社，2019.

[12] 张敏华，李栋.大学生创新创业基础[M].北京：人民邮电出版社，2021.

[13] 张汝山.大学生创新创业教育[M].北京：高等教育出版社，2020.

[14] 钟宇，胡俊岩.大学生创新创业基础[M].北京：北京理工大学出版社，2020.

[15] 周恢，钟晓红.创新创业教育[M].北京：北京理工大学出版社，2019.

[16] 朱刚利，莫桂海，刘浩宇.大学生创新创业[M].北京：北京师范大学出版社，2020.

ZHEJIANG UNIVERSITY PRESS
浙江大学出版社

互联网+教育+出版

立方书

教育信息化趋势下，课堂教学的创新催生教材的创新，互联网+教育的融合创新，教材呈现全新的表现形式——教材即课堂。

轻松备课　分享资源　发送通知　作业评测　互动讨论

“一本书”带来“一个课堂”　教学改革从“扫一扫”开始

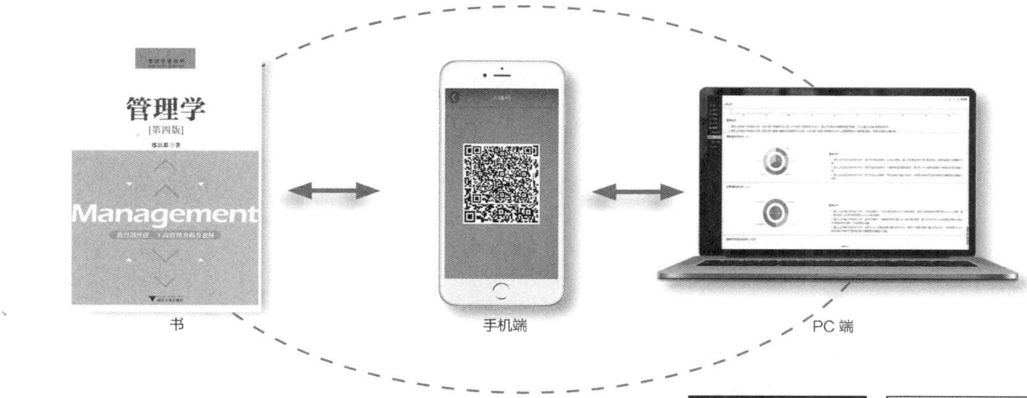

打造中国大学课堂新模式

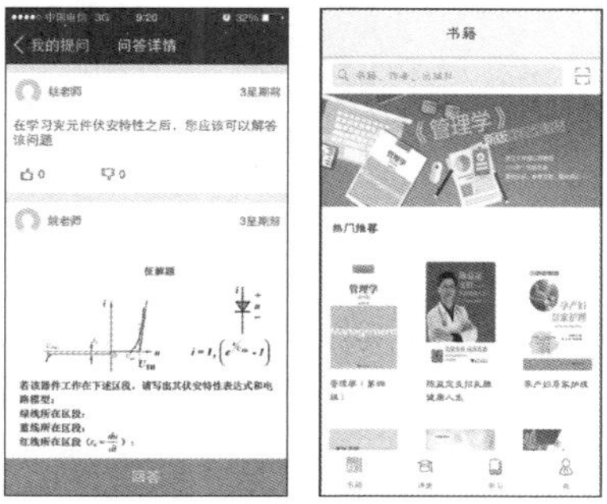

【创新的教学体验】

开课教师可免费申请“立方书”开课，利用本书配套的资源及自己上传的资源进行教学。

【方便的班级管理】

教师可以轻松创建、管理自己的课堂，后台控制简便，可视化操作，一体化管理。

【完善的教学功能】

课程模块、资源内容随心排列，备课、开课，管理学生、发送通知、分享资源、布置和批改作业、组织讨论答疑、开展教学互动。

扫一扫 下载APP

教师开课流程

- 在APP内扫描封面二维码，申请资源
- 开通教师权限，登录网站
- 创建课堂，生成课堂二维码
- 学生扫码加入课堂，轻松上课

网站地址：www.lifangshu.com

技术支持：lifangshu2015@126.com；电话：0571-88273329